アタッチメント・神経科学・マインドフルネスとの出会い

トラウマを抱える子どものこころを育むもの

Nurturing
Children

From Trauma to Growth Using
Attachment Theory,
Psychoanalysis and Neurobiology
By Graham Music

グレイアム・
ミュージック 著

鵜飼奈津子・藤森旭人 監訳

誠信書房

Nurturing Children:
From Trauma to Growth Using Attachment Theory,
Psychoanalysis and Neurobiology 1st edition
by Graham Music

日本語版に寄せて

　今，大きな喜びとともにいささか不安を感じながら，*Nurturing Children*の日本語版のために，この文章を書いています。私の最初の主著である*Nurturing Natures*が日本で翻訳出版されたとき（『子どものこころの発達を支えるもの——アタッチメントと神経科学，そして，精神分析の出会うところ』2016年，誠信書房刊），私はいたく感激しました。*Nurturing Natures*は，ある意味で，本書とその後の私の他の著作の土台となったものでした。*Nurturing Natures*では主に，臨床に役立つと私が考えた調査・研究や発達に関する知見を紹介しました。つまり，調査・研究が前面に出た著作だったのです。私は当時，そこに提示した考え方や調査・研究が，日本の文化に容易に通じるものなのかどうかということに，かなりの不安を抱いていました。しかし，日本でもおおむね受け入れられていると聞き，安堵と喜びを感じています。実際，文化の問題はそれぞれの章の中核であり，私は努めて，ヨーロッパ中心主義，あるいは西洋支配的にならないようにと試みてはいたのです。

　しかし，本書*Nurturing Children*は，それとはまったく異なる類の本です。この本では，臨床の仕事とそこで繰り広げられる物語を前面に押し出しています。すべての章に，調査・研究と精神分析理論が浸透してはいるものの，どちらかと言えばそれらは背景であり，それぞれの章は，臨床的な物語を中心に構成されています。つまり，子どもの心理療法士[†訳注1]としての人生のなかで，私が夢中になったテーマについて詳しく説明しようとしたものなのです。それぞれの章には，精神分析，神経生物学，またその他の発達調査・研究から，幾重にも関連したテーマが流れています。そして，これらがいかに，心的変化に対するこの数十年間の私のアプローチ，またセラピーについての考え方やその方法を発展させるのに役立ってきたのかということがテーマです。

---

　†1　本書では，psychotherapistを心理療法士，therapistをセラピスト，psychotherapyを心理療法，therapyをセラピーと訳している。

　たとえば，治療関係におけるミスマッチと修復に関する冒頭の章は，乳児期に関する調査・研究に深く根ざしています。また，精神分析的治療において，対となる両当事者がその中心的役割を果たし，両者共に相手から多くを学び，そしてミスマッチの修復を通してレジリエンスと希望が育まれるという，二者モデルの心理療法の考えに率直に向き合うものです。こうしたアプローチはもちろん，乳児観察と乳児調査・研究の両方から大きな影響を受けたものです。

　同様に，ネグレクトに関する章では，初期のネグレクトが脳や神経系に与える深刻な影響について私たちが学んできたこと，そしてそれがどう治療的スキルに影響をおよぼすのかについて，正面から取り組んでいます。扉を閉ざし，エネルギーや欲求に欠けているような子どもの場合，たとえば，多動で落ち着きのない子どもとはまったく異なる方法で，より積極的に働きかける必要があります。このような子どもたちに対する私の取り組みの多くは，アン・アルヴァレスや，アンナ・フロイト，メラニー・クライン，ドナルド・ウィニコットといった，英国の古典的伝統に基づくさまざまな先駆者の仕事の影響を受けています。

　ここ数十年で心理療法が変化したのは，患者の発達過程における脳や神経系，そして全身の状態に与えるトラウマの影響についての認識の増大に，適応しなければならなくなったからです。これは，精神分析的背景を持つ心理療法を行う多くの者にとっては，ある種のチャレンジでした。また，ベッセル・ヴァン・ダー・コークなどの影響を受けて，私たちは，トラウマが身体や神経系にどのように影響するのかを真摯に受け止め，トラウマを抱えた子どもへのアプローチの方法を発展させなければなりませんでした。実際，私の近著 *Respark* では，良いセラピストが目指すべきものとして，「神経系のささやき手（nervous system whisperer）」という造語を用いました。これは，自分自身や他者の身体の状態に非常によく気がついている人という意味です。

　トラウマに対応する治療技法を柔軟に適応していく必要性とともに，少なくとも英国では，セラピストに紹介されてくるケースはますます複雑化しており，トラウマと神経発達の問題の両方が絡んでいることが多いという事実があります。深刻なネグレクトやトラウマが，こころの発達にどのような影

響を与えうるのか，あるいは，適切に発達することを妨げるのか，また，こうした能力を再び育むためにはどのような作業が必要なのか。これらのことは，本書ではスチュアートの事例に見られます。これは，私がかつて教わった，より普通の神経症の子どもたちに対するものとは，まったく異なるレベルでの仕事です。こうした子どもたちは，すでにより良い心的装置を身につけており，スチュアートのような子どもたちに対してはできないような解釈にも反応することができるのです。スチュアートのような子どもたちに対して，私たちは，時にはほとんどゼロから，あるいは少なくともより基本的なところから，こうした心的・情緒的プロセスの装置を実際に構築する仕事をしているのです。そうすることで，これらの剥奪された子どもたちは，通常なら早期乳児期にあるようなレベルに到達することができるのです。

　その他，本書ではより現代的なテーマも扱い，その臨床的かつ理論的記述をしています。一つは攻撃性とサディズムの問題です。その前兆は何なのか，さまざまな暴力の種類（たとえば，より冷たく無慈悲な形態とは対照的な，より反応的なもの）と，そしてそれぞれにどう対処するのかといったことです。

　実際，その他の新しいテーマも，この分野の巨人で，私やその前の世代のセラピストにとっては光り輝くような存在であったセラピストたちによる書物には，載っていないものばかりです。たとえば，若者がスクリーン上で楽しむさまざまな活動，特にポルノグラフィーやゲームなどに対する依存，あるいは依存とまではいかないにしても，執着に関する問題です。表面に見える主題は異なっても，こうした活動の背後にあるもの，たとえば親密さや情緒的な苦痛に対する防御の類は，私たちがこれまでに取り組んできたものと臨床的に類似しているということを私は見出してきました。しかし，非常に異なっているのは，その防衛が取る形であり，さらに重要なのは，その習慣性です。これは，治療プロセスにまったく新しい負荷を与えるものです。これらのテーマを扱う各章では，より伝統的な精神分析的，かつ発達研究に裏打ちされたアプローチが，新たな理解と融合しています。

　要するに，本書は，私が長年にわたって行ってきた子どもや若者のセラピーと，それに関する考えや著作をまとめたものだと言えます。これらの問題が日本の文化や関心事と共鳴するものなのかどうか，また，本書で提示し

た問題が日本の臨床の場に応用できるのかどうか，日本の皆さんからの
フィードバックをいただきたいと思っています。

　最後に，この企画を実現してくれ，また日本での精神分析に裏打ちされた
心理療法の発展に尽力している鵜飼奈津子さんに感謝の意を表します。

　私への連絡は grahammusic@gmail.com までお願いします。また，私が発
行しているニュースレターの購読は https://nurturingnatures.co.uk/sign-
up/で受け付けています。皆様のご意見をお待ちしています。

　　2022年4月

　　　　　　　　　Graham Music（グレイアム・ミュージック）

謝　辞

　本書の草稿を読み，そのアイディアについて議論してくれた以下の方々に感謝したい。もちろん，彼らは本書に責任を負うものではないが，その寛大な支援と思慮深さにとても感謝している。Sue Beecraft, Jed Cameron, Geraldine Crehan, Ricky Emanuel, Sue Gerhardt, Rob Glanz, Paul Gordon, Simon Lynne, Jane O'Rourke, Roz Read, Di Sofer, Peter Speier, Karen Treisman, そして Helen Wright。

　特に Lawrence Dodgson には「寛容の窓（window of tolerance）」のイラスト，また International Center for Compassionate Organizations には三つの輪モデルの画像（図9-2）の使用許可をいただいたことに感謝する。臨床素材の使用を許可してくれた Becky Hall にも感謝する。

　本書の執筆中に私を支え，身体的にも情緒的にも不在になってしまうのを我慢してくれた家族，特に Sue と Rose，そして多くの良き友人にも感謝する。とりわけ，長年にわたって複雑な問題に直面し，より強く，そして豊かな人生を送ることのできる術を見出す勇気を見せてくれた，クライエントと患者に感謝する。

　本書に収められた物語と臨床記述に関しては，最善を尽くしてその匿名性の維持に努め，個人情報が特定できないようにしている。もちろん，可能な限り素材の使用許可を求めた。特定の個人が認識されないよう，かなりの改変を行った事例もあるが，出会いの情緒的な真実と，そこから学んだ事柄については，できる限りその真実性を保つよう努めた。

　初出からの抜粋を許可してくれた以下の諸誌にも感謝する。

第1章：Music, G. (2004) The old one-two. *Journal of Child Psychotherapy*, **30**(1), 21-37.

第2章：Music, G. (2005) Surfacing the depths: Thoughts on imitation, resonance and growth. *Journal of Child Psychotherapy*, **31**(1), 72-90.

第5章：Music, G.（2014）Top down and bottom up: Trauma, executive functioning, emotional-regulation, the brain and child psychotherapy. *Journal of Child Psychotherapy*, **40**(1), 3-19.

第7章：Music, G.（2009）Neglecting neglect: Some thoughts about children who have lacked good input, and are 'undrawn' and 'unenjoyed'. *Journal of Child Psychotherapy*, **35**(2), 142-156.

第8章：Music, G.（2015）Bringing up the bodies: Psyche-soma, body awareness and feeling at ease. *British Journal of Psychotherapy*, **31**(1), 4-19.

第10章：Music, G.（2016）Angel and devils: Sadism and violence in children. *Journal of Child Psychotherapy*, **42**(3), 302-317.

第11章：Music, G.（2012）Selfless genes, altruism and trauma: Research and clinical implications. *British Journal of Psychotherapy*, **28**(2), 154-171.

第12章：Music, G.（2014）The buzz trap: Speeded-up lives, distractedness, impulsiveness and decreasing empathy. *Psychodynamic Practice*, **20**(3), 228-249.

第13章：Music, G.（2008）From scapegoating to thinking and finding a home: Delivering therapeutic work in schools. *Journal of Child Psychotherapy*, **34**(1), 43-61.

監訳者まえがき

　このたび，Graham Music 先生の『トラウマを抱える子どものこころを育むもの——アタッチメント・神経科学・マインドフルネスとの出会い』を翻訳・出版できる運びとなり，喜ばしい気持ちでいっぱいです。

　2016年に出版した，Music 先生の前著『子どものこころの発達を支えるもの——アタッチメントと神経科学，そして精神分析の出会うところ』は，臨床心理士や精神科医など，いわゆる子どもの心の専門家と言われる方々にとどまらず，保育士や幼稚園，小・中学校の教員，子どもが暮らす施設の職員，そして保健師やソーシャルワーカーなど，日々，子どものこころの成長と発達に関心をもって，広く子どもとその家族にかかわる仕事をしておられる多くの方々の支持，そしてフィードバックを得ながら，すでに，6年もの月日が流れた，まさにロングセラーとなりました。

　おそらく，前著に触れた日本の読者のなかには，さて，この Music 先生という方は，実際にはどのような臨床をされているんだろうか？ そんな関心をお持ちになった方も多いのではないでしょうか。

　本書は，Music 先生ご自身が「日本語版に寄せて」で記してくださっているように，調査・研究領域における成果をまとめた前著とはかなり趣が異なり，先生の臨床例を中心にまとめられた一冊です。これをこうして，日本の読者の皆様にお届けできることになり，感慨もひとしおです。本書からは，Music 先生が，まさに，調査・研究，あるいは教育一辺倒に傾いた，いわゆる鍵カッコつきの「臨床家」ではなく，真に調査・研究と臨床を両輪に据えた，いずれにも偏ることのないバランスを持った臨床家であることが伝わってくるものと思います。

　精神分析的心理療法を核に，幅広い調査・研究の知見を取り入れ，また，それを背景に，特に身体の感覚——心拍数や呼吸，そして姿勢など，実際の身体の反応も含まれます——に注目したアプローチを取り入れた多くの臨床例からは，先生の臨床実践の広がりと深まりの両方を感じ取ることができるのではないでしょうか。読者は，実際に自分がその場にいるような，あるいは自分自身がセラピストになったような臨場感をもって，まさに，翻訳の作

業を進める私自身がそうであったように，ドキドキしながら本書に紹介されている臨床例を読み進めていかれることになるものと思います。実際，日本においても，従来の古典的な精神分析的心理療法の技法のみでは，関係を築くことが難しい子どもたちが増えてきていることは周知のとおりです。大きな社会の変化の渦のなかにあって，核として変わらないものを大切にしながら，同時に必要なアップデートを重ねていくことが，まさに現在の私たち臨床家に求められているあり方なのだと言えるでしょう。

　非常にあわただしく，また，多くのタスクを抱える日常において，Music先生は仕事と私生活のバランスをとることを大切にしておられるとおっしゃっています。本書の随所で触れられているように，Music先生は，ご自身がヨガやメディテーションなどの"身体的"な実践を通して，ご自身のこころの健康と安定を保つことを常に意識されています。また，ご家族や友人などとの社会的なつながりをとても大切にされていることも，先生がこれまでに書いてこられた著書の「まえがき」や「謝辞」などから，うかがうことができます。まさに，あわただしく流れていく時間のなかで，ほんの四半世紀前には想像すらつかなかったような，インターネットの世界を通じた膨大な情報量におぼれそうになる，そんな私たちの生活において，ますます仕事と私生活のバランスを意識すること，そして，自らのこころとからだの両方の声に耳を傾け，そこに対して思いやりのこころを持つこと。そのようなことを，今般のパンデミックの襲来とともに，私自身も今，自らに問い直しをしているところです。

　本書の翻訳の企画は，監訳者の一人である藤森と翻訳者の一人である安達を中心に進められたものです。

　また，原稿のとりまとめにあたっては，Universal School CLECIO Jr.の浅見隆史さんにご協力をいただきましたことを，記して感謝申し上げます。

　最後になりましたが，前著に引き続き，今回もMusic先生の著書に深く共鳴いただき，出版までの道のりを支えていただきました，誠信書房の中澤美穂さんに感謝の意を表します。

　2022年　初夏

鵜飼 奈津子

目　次

日本語版に寄せて　*iii*

謝　辞　*vii*

監訳者まえがき　*ix*

第1章　イントロダクション ―――――――――――――― *1*
　共感，そして理解されたと感じること…*3*　　私の視点…*6*
　エビデンスベース？…*9*　　本書について…*14*

第2章　片足を溝に入れて ―――――――――――――― *18*
　ジョージィ：治療の一場面…*18*
　感情移入，治療同盟，そして共感ある同伴者…*21*　　モリー…*23*
　感情移入では十分ではない…*25*　　互恵性…*27*
　必要な攻撃性，リビドー，そして生…*29*
　絶望の外で共にいること…*30*

第3章　レジリエンス，不一致，そして修復 ――――――― *34*
　可能性の発見：マイケル…*34*　　断裂と修復：サマンサとジミー…*37*
　再び，モリー…*40*　　もう恥ずかしがり屋じゃない…*43*
　レジリエンスと可能性…*45*

第4章　アタッチメント
　　　：神経質で不安が高く，疑い深い子ども ――――――― *47*
　アンビヴァレント型アタッチメント：グレース…*49*
　適応的なアタッチメント…*55*　　自己はどのように育つのか…*56*
　無秩序，混沌，硬直，そしてトラウマ…*57*　　おわりに…*63*

第5章　スチュアート
　　　：育ちゆく「内的実行性」と考えるこころ —————— *64*
　イントロダクション…*64*　　初期…*65*　　自己調整と実行機能…*68*
　再び，スチュアート…*71*　　実行機能とセラピーのレベル…*74*
　スチュアートと記憶…*75*　　終結…*78*　　おわりに…*80*

第6章　左半球が支配し，感情は回避される
　　　：ジェニーとエドワード —————————————— *82*
　ジェニー…*83*　　アタッチメントの回避と情緒の脱活性化…*88*
　エドワード…*90*　　6カ月後…*93*　　終結間近…*96*
　最後のセッション…*98*

第7章　ネグレクトされた子どもたち
　　　：ネグレクトはいとも簡単にネグレクトされてしまうが，
　　　　それが危険な理由 ————————————————— *101*
　ネグレクトの深刻な影響…*101*
　アタッチメント理論と発達科学を通じて理解すること…*104*
　ある事例…*105*　　さらに，ネグレクト，発達，そして脳について…*109*
　もう一つの事例：マーティン…*111*
　考えること，共感，そして内的な自由を維持すること…*113*
　喜びと楽しみ…*116*　　おわりに…*118*

第8章　身体を育むこと：身体的気づきと安楽な自己 ——— *120*
　イントロダクション…*120*　　こころ-身体，実存，そして退行…*121*
　ポーラ…*123*　　迷走神経と自律神経系…*125*　　実例…*127*
　身体的気づきの力…*130*　　おわりに…*133*

第9章　トラウマ：慎重に歩を進めること ——————————— *135*

失敗から学ぶ：ローリー…*135*　　私自身に関する閑話…*137*
フレッド…*138*　　安全を第一に…*140*
あまり深刻ではないケース…*141*　　アラン…*145*
ジェイド：虐待のケース…*149*

第10章　天使と悪魔：子どものサディズムと暴力 ——————— *156*

サディズム，攻撃性，そして嗜癖…*156*　　冷酷な攻撃者たち…*160*
ソフィア：コア・コンプレックスの要素を持つ，カッとなる攻撃性…*165*
おわりに…*171*

第11章　利他と思いやり：いかにオン/オフできるのか ————— *172*

テリー…*173*　　人間の乳児は他者の助けになりたいと思っている…*177*
思いやりの現れ：再びソフィア…*179*　　フレッド…*180*
病的な思いやり？…*183*　　おわりに…*183*

第12章　依存，テクノロジー，そしてウェブ
　　　　：古いシステムを乗っ取る新たな危険 ——————— *186*

デジタル世界と新たな課題…*186*　　セクスティング…*188*
マーシャとソーシャルメディア…*190*
ポルノグラフィー：別の類の物語…*192*
科学と調査・研究…*195*　　ポルノグラフィー乱用の事例：マノ…*197*
情緒調整と衝動性…*202*

第13章　非難せずコンテインすることで，スケープゴートを解放する
　　　　：学校での治療的仕事に関する考察 ——————— *205*

はじめに：誰がクライエントなのだろう…*205*　　いくつかの例…*206*
コートニー：スケープゴートからの脱却…*209*　　おわりに…*217*

第14章 むすびとして ——————————————————— *219*

文　献　*226*
監訳者あとがき　*244*
人名索引　*246*
事項索引　*248*

第1章

イントロダクション

Introduction

　本書は，情緒的問題を抱える子どもや若者を助けるために必要な鍵となる事柄を抽出するものである。成長，変化，ウェルビーイング，そして良い人生（Good Life）は，感情を理解され，意味のある人間関係を経験し，そして他者のこころの中に抱えられることから生まれる。本書を構成する物語は，成長を促進するような人間関係が内包する，治癒の潜在力を説明するものである。

　これは当たり前のことのように聞こえるかもしれないが，短期治療，エビデンスベースの実践，そして応急処置的な解決といったイデオロギーを強調する風土においては，カウンターカルチャーであると言える。いわゆるエビデンスベースの治療のエビデンスは，良くても不安定なものである（Shedler, 2018）。こうした方法の多くは，深く個人的な出会い，困難な考えや感情に耐えること，そして時間をかけるといったあらゆるコミットメントを避ける。最新の発達調査・研究，神経生物学的調査・研究，アタッチメント調査・研究，そして精神分析とシステム思考の豊かさは，何十年にもわたる臨床経験とともに，変化がいかに起こるのかについて，より関係性に基づいた説明を示唆するものである。このことは，子どもと若者の物語を中心に展開する，以下に続く各章に見られる。

　私は，心理療法士として30年以上，子ども，若者，家族，親，そして成人と仕事をしてきた。こうした仕事では，昨日と今日の確信が明日の愚直な信念になるようなことがあっても，決して学びが終わることはない。私は，心理的変化がどのように根づいていくのか，そして予期せぬ捻れや歪みにもかかわらず，いかに癒しと成長への力が獲得されていくのかを見てきた。本書のそれぞれの物語が，このことをうまく描き出せることを望んでいる。

　私自身の治療人生について言えば，私がひとりのセラピストになる道を見

出すのに，とてつもなく素晴らしい教師やスーパーヴァイザー，そしてセラピストたちに助けられてきた。タビストックセンター，アンナ・フロイト・センター，ポートマンクリニック，子どもの精神保健センターといった世界的に有名な組織で仕事をし，さらに，この業界で最も著名な人々と共に訓練を受け，仕事をしてきた。さらに重要なことは，何年にもわたって，地域の子ども精神保健サービス，学校，GP クリニック，思春期専門セラピーチーム，その他さまざまな設定で，当たり前のように仕事をしてきたということである。こうした仕事を通して出会う人々の生活に没頭することから，真の学びが起こるのである。

　こうした仕事がもたらす可能性に，私は絶えず興奮している。子どもの発達，何が食い違うのか，どのように，そしてなぜ，レジリエンスと希望は育まれるのか。よりポジティブな人生の軌道を取り戻すために，私たちにできることとできないことは何なのか，といったことを理解するうえで，際限なく興味深い方法がある。うまくいくときというのは，理論とその学習によるところは最小限で，むしろ主には私自身や他者の複雑なこころの状態や感情について，意味のある，思いやりに満ちた，情緒的接触ができたことによるのである。

　困難を抱える子どもを助けようとする人は，皆そうだろうが，私はしばしば何ができるのかについて落胆を感じる。私たちには考えもつかないような経験をした子ども，厳しい生活環境，そして専門家や社会としての私たちが，いかにこうした子どもたちを失望させているのかといったことに直面するのは，耐えがたいほどの苦痛になりうる。彼らのこころの中の恐怖は，しばしば攻撃性と破壊性，そして虚無的な考えや願望に満ちており，それに直面するのは苦痛なことである。おそらく，より悪いことには，トラウマティックな体験が自己破壊的なパターンを導き，不信，絶望，怒りと苦々しさのなかで，自身に対する信頼や希望，あるいは喜びをほとんど抱くことなく生きることになるとすれば，それは耐えがたいことである。

　私たちは治療的仕事において，神経生物学，アタッチメント理論，精神分析，システム思考，そしてさらにより多くの方向性を持つものの統合が求められるような，パラダイムシフトの最前線にいると信じている。そのような統合の結果，常に新たな洞察が展開するならば，それは魅力的なことであ

る。新しいアイディアに開かれているには，興味と好奇心とともに，勇気と謙虚さが必要である。何よりも，私たちの仕事には，情熱，職業意識，そして，自分自身や私たちのところにやって来る人たちについて，新たな科学的，臨床的発見と，人生について学び続けたいという確かな願望が求められる。14世紀ペルシャのスーフィー詩人ハフィズは，思考を制限する狭量な檻について警告し，「美しく乱暴な囚人」を解放するための鍵を手放すようにと促している。私もまた，往年のヒーローが惜しみなく私たちのために手放してくれたいくつかの鍵，成長と自由への扉を開くことができる鍵を，私たち自身と私たちが出会う人々のために引き継いでいきたい。

共感，そして理解されたと感じること

　本書では，困難な状況にある人にとって，真に違いをもたらす，治療的仕事の基本に立ち返る。エビデンスは，治療同盟が治療の成功に必要なもの（sine qua non）であると示唆しているが，これが何を意味するのかを解きほぐしていきたい。変容できる関係性の核は，共感と思いやり（compassion）であり，他者と情緒的に触れ合うこと，また私たちがそれぞれの旅に付き合う準備ができているのを示すことである。しかしこれは，専門家として距離を置きすぎることでもないし，地図をなくした旅人の仲間としてでもない。

　私は30年以上前に，非指示的プレイセラピーを提供するチルドレンズ・アワーズ・トラストと呼ばれる組織で，このことについての重要な学びを得た。公的な響きのある名称であるにもかかわらず，ここでの仕事は，自閉症の子どもとの並外れた仕事をした80歳の一匹狼，レイチェル・ピニー（Pinney et al., 1983）の，散らかり，荒廃した公営住宅の一室で行われていた。居間がプレイルームで，キッチンがスタッフルーム。誰もポリスチェック[訳注1]を受けていなかった。それは，今日的には，あまりにも無免許であることがまかり通っているような，しかし，生き生きとした革新的な日々だった。そこでは，人生を変えるような仕事が行われていた。レイチェルの共感レベルは

---

†1　現在の英国では，子どもに関わる仕事をする者は，有給・無給にかかわらず，また訓練生であっても，必ず警察で事前にチェック（小児性愛者として登録されているか，過去に何らかの犯罪歴があるか）を受けることが求められている。

深く，子どもたちは劇的に変わっていった。しかし，彼女の厳しい訓練では，通常なら自然だと感じられる多くのものを取り除くことが求められた。真に子どもの直の経験にとどまり，遊びを追い，行動と感情を映し返す。決して，指示，解釈，あるいは説明をするのではなく，ただ，子どもの情緒的，身体的経験に忠実であるようにと教えられた。

　レイチェルは厳しい教師だった。私たち訓練生はペアになってロールプレイを行い，感情を明らかにしていくことで，私たち自身の関心事や「問題」が，一見単純な共感という行為において，いかに大きな混乱をもたらすのかを学んだ。当時は相互カウンセリングが盛んだったが，そこで私たちは，真に耳を傾け，理解されるという深い経験を得た。これは，それまでの私の人生では新しいことであり，私はすぐに週複数回の自分自身のセラピーを再開することになった。特に，自分自身や他者に対して隠されていた諸側面に光を当て，それが呼吸し，見つめられ，受け入れられることで，深い安堵を感じた。ここで共感と思いやりの利点を深く学んで以来，私はこれを後悔したことはない。

　子どもたちはプレイルームで，波長を合わせた注意を向けられることで落ち着いていった。そして，想像力に富んだ遊びを始め，激しく強烈な中核的問題をワークスルーし，しばしば症状を和らげていった。しかし，この流れはいとも容易に妨げられた。もし，少しでも注意をそらしたり，見誤ったり，あるいは共感が正確でなかったりすると，遊びは滞った。たとえば，剝奪され，とても混乱した状態にあった8歳のジョーイは，私が彼の遊びに沿い，その良性の注意を信頼することができると，劇的に落ち着いた。一方，いくら身体的立ち位置が同じであっても，私のこころが緊張したその瞬間に，彼は統制不能になり，攻撃的にすらなった。ドナルド・ウィニコット（Winnicott, 1971）がずっと以前に教えてくれているように，誰かのこころに抱かれているというのは，深い安らぎの感覚を生む。しかし，悲しいかな，他者の考え（そしてこころ）の中に抱かれるという感情は，多くの場合，剝奪された子どもにとっては新奇なことで，信頼するのが困難な経験である。

　レイチェルの哲学は，私に大きな影響を与えた。セラピーの訓練の初期の頃，私は親が運営主体の保育園で仕事をして訓練資金を得ていた。イーサンという小さな男の子が泣き叫んでいた。すでに昼食の時間に遅れていたうえ

に，長い散歩から戻らなければならなかったので，他の職員らは切羽詰まっていた。イーサンをなだめすかそうとする試みは，頑固な泣き叫びと抗議を悪化させるだけだった。言い聞かせようとする者もいれば，叱ってみる者，また引きずっていこうとする者もいたが，すべて事態を悪化させる一方だった。そこで私は，レイチェル・ピニーの方法が役に立つかどうか試してみることにした。自意識過剰にはなったが，私はイーサンに近づいた。彼は私を見てたじろいだ。私は距離を保ちながら，しかしはっきりと「いやいや，この大人たちがどうしてほしいのか分からないなあ」と言ってみた。イーサンは少し落ち着いた。私は力を込めて「もう行かないといけないってことに，とてもとても怒ってるんだ」と言った。彼のあごの緊張がわずかに和らいだ。「フェアじゃないよね？」彼は私をじっと見つめた。「何が一番フェアじゃないのかなぁ？」彼の唇がわずかに震えた。私は静かに独り言を言った。「うん，どうなんだろう。イーサンには何か言いたいことがあるのかどうか，僕は本当に知りたいよ」。永遠のように思われた時間が過ぎた。彼はうつむいて顔をそむけたまま，「僕の馬」とささやいた。「きみの馬。おいおい，何があったの？」「スーザン」「なに，スーザンが……（ここは推測で）きみの馬を持ってるの？」。彼はうつむいている。私は「きみの持ってた馬？」と言ってみた。彼は悲しそうにうなずいた。「おやおや，それはほんとに困ったなぁ。僕がスーザンに話してみようか？」。彼はちらっと私のほうを見てうなずいた。「じゃあ，ランチのあとに一緒に話そうか？」。彼はうなずいた。「さあ，じゃあ一緒に行こうか」。私が手を出すと，彼はついて来た。私は，皆の前で恥ずかしさでいっぱいだったが，突然，何か魔法でも手にしたかのように感じた。ただ，彼の感情に耐え，そこにとどまるというその行為が，彼のこころを和らげ，信じてもよいという気持ちにさせたのだった。

　これは奇跡ではなく基本的なスキルだが，私にとっては大いなる気づきだった。おそらく，私自身がこれほどの注意を払ってもらったことがなかったためかもしれない。すべてのセラピストの訓練生は，より複雑な深層心理学の知識を用いて子どもについて考える前に，基本的な非指示的カウンセリングを学べばよいと，私はよく思うのである。

私の視点

　治療同盟は，共感，アチューンメント，あるいはカール・ロジャーズ（Rogers, 1957）の「無条件の肯定的関心」以上のものである。共感と思いやりは，多面的で複雑であり，確かに単に甘く「素敵な」だけではない。その人を暗く居心地の悪い場所に案内する勇気と力が求められる。また，優れた治療的仕事には，深い理論的知識を含む，徹底的な訓練も求められる。自分自身であり続けながらも，役に立つように話し，共にいるあり方を知るには，個人的経験と，専門職としての経験，訓練，個人セラピー，適性，十分なスーパーヴィジョン，そして，確信を持ちすぎず，過ちから学ぶ準備ができていることが大切である。

　Nurturing Natures（Music, 2016）†訳注2では，盲人と象の古典的な比喩を用いた。盲人がそれぞれ，象の一部分について明確に，しかし限られた視点を持って，象は「本当は」どんなものなのかを強く主張する。情緒発達を理解するには，アタッチメント理論，神経生物学，システム思考，人類学，精神分析，行動理論，進化心理学など，多くの分野の知識が必要である。ただ，折衷的な影響を受けてさまよってしまうと，これらが役立つ可能性は低くなる。それが実践家を不安定にする場合は，なおさらである。私たちは，新たなアイディアに対してオープンでありつつも，それらを自らの実践，哲学，そして最も重要なことには自らの存在に統合する必要がある。

　私たちが関わる人々の生命は，あまりにも貴重である。私たちが信じていることを証明しようとするならば，彼らには発達の機会がほとんどなくなってしまう。アインシュタインは，「同じことを何度も繰り返し続け，異なる結果を期待するのは正気ではない」と言ったとされるが，私たちは皆，好みの習慣を繰り返し，不確かな感情を避けるといった点では有罪である。なかでも最悪なのは，古い習慣を繰り返しても効果がない場合に，その受け手の側が抵抗していると非難することである！

　治療的に私が最も深く影響を受け，これからも受け続けるであろうもの

---

†2　邦訳書『子どものこころの発達を支えるもの：アタッチメントと神経科学，そして精神分析の出会うところ』鵜飼奈津子監訳，2016年，誠信書房。

は，精神分析である。非意識（non-conscious）のプロセスと無意識
（unconscious）のプロセスに重点を置き，最も厳しい現実に耐え，いわゆる
防衛と言われる，当初は適応的なものとして確立されても，のちに不適切な
ものになる防衛的対処メカニズムを理解する，精神分析の力に，である。

精神分析は私の基盤であり，探索したところから戻って来るべきアンカー
であり，安心の基地である。精神分析を通じて私は，最も耐え難く，考えら
れないような経験にも耐え，考えることができるということを知り，深い安
心感を得た。最も暗い経験，つまり否認しておきたいような人間の性質の諸
側面にとどまるための近道はない。精神分析は，いかに私たちが最も深い動
機を知らないままで済ませ，直面したくない現実を否認し，自らのこころを
騙すものなのかということを教えてくれる。

精神分析から私は，ある意味でナイーブだったレイチェル・ピニーの日々
に欠けていた要素である，投影の重要性を学んだ。怒りであれ欲求不満であ
れ，あるいは不適切さであれ，障害を抱えた子どもから引き起こされる感情
は，その子どもや若者が知りすぎてはいるが，まだ処理できていない感情で
あることが多い。多くの場合，彼らはそうした感情を取り除くのに必死であ
る。「排泄」，すなわち，自分の代わりに他者がその感情を感じるように仕向
けるのだが，これは良くないことがあったあとに猫を蹴とばすようなもので
ある。

たとえばライアンは，しばしば私を価値下げし，辱め，愚かだと感じさせ
ようとした。私は彼とのセッションを恐れることすらあった。私のことを，
バカなセラピストで，誰のことも助けることができないと，冷たく毒々しい
口調でののしる。何年か前なら，私は防衛的になっていたか，この言葉が私
自身の恥を引き起こすきっかけになっていたかもしれない。やがて，ライア
ンのような子どもは，自身が屈辱を受け，嘲笑されているのであり，私の役
割は，彼が知りすぎているこうした感情を処理することだと学んだ。このよ
うな耐えがたい経験を彼自身が扱うのを助けることができるためには，私が
彼の苦しみを内側から知る必要があったのである。こうした例は，のちに本
書に登場する物語の多くに見られる。

ほかに私の仕事に影響を与えたのは，アタッチメント理論である。これ
は，問題を抱えた子どもと成人についての膨大な理解を与えてくれた。加え

て，ダニエル・スターン（Stern, 1985）のような人たちが開拓した発達科学は，私の仕事を非常に豊かにし，アチューンメント，共感，不一致と修復，および間主観的能力の重要性について教えてくれた。このような発達理解は，治療的にも，その他の関係性にも，極めて重要な学びを提供してくれる（Boston Process of Change Group, 2010）。

　アタッチメント理論と並んで，進化心理学は，不安であれ反応であれ，穏やかさであれ，あるいは信頼であれ，私たちの特性がいかに早期の環境への適応反応として始まるのか，そして，のちの人生で思わぬしっぺ返しを食らうことになりうるのかを教えてくれる。トラウマセラピストで神経科学者のブルース・ペリー（Perry et al., 1995）は，私たちの早期の「状態」が，私たちの「特徴」になると言う。生存が，不信，警戒，反応的であることに依存するような暴力的な家庭では，穏やかで気安くいることには意味がない。このような最初の「適応」は，のちに，学校，職場，そして人間関係で問題になりうる。

　したがって，その人がどう見えるのかは，現在および早期の環境を通して最もよく理解されるということである。ドナルド・ウィニコット（Winnicott, 1965）が，赤ん坊といったものはなく，乳児は重要な他者との関係のなかにのみ存在すると述べたことはよく知られている。システム思考は，いかに私たちが皆，文脈に影響を受け，文化，生態系（Bronfenbrenner, 2004），そして力関係（Foucault, 2002）に根づき，そのなかで生きているのかを強調することで，ここに重要な要素を加える。

　本書の物語において私は，人間の経験の最も暗いものに耐える精神分析の力と，それがいかに希望やレジリエンスなどのポジティブな情緒の成長を助けるのかについて，その新たな理解とのバランスを記述する。ポジティブ心理学の運動（Goleman, 2006），マインドフルネスやギルバートのコンパッション・フォーカスト・セラピー（Gilbert, 2014）は，希望と痛みのバランスをとる多くの治療技法のうちのわずか三つにすぎない。これらの著書では，希望，信頼，楽しさ，そして安全性を，あえて決して受け入れたことのない人々に出会う。私自身も含め，これらの「イーヨーのような[†訳注3]」悲観的な

---

†3　『くまのプーさん』に出てくるキャラクター。言動がネガティブな特徴を持つロバ。

態度を持つ人にとっては，希望や喜びを受け入れることは困難ですらある。

　何であれ，一瞬一瞬の体験に存在するものを嫌悪するのではなく，むしろそこに注意を傾けることについて教えてくれる東洋思想とマインドフルネスは，私のすべてのセッションに浸透している。マインドフルネスが示唆するように，関心と思いやりをもって，他者と自分自身の感情と身体の状態に対して，批判的ではない注意を傾けるためには，「努めて努力をしないこと」が求められる。マインドフルネスには，一般に音や身体の状態など，気づきに対するより開かれた注意を注ぐ力とともに，呼吸などの集中的な注意が含まれる。他者にそうした注意を傾けるにも，これと同様のスキルが求められる。つまり，精神分析家が「平等に漂う」と呼ぶ，開放的で幅広い注意を維持しながらこころの状態を研ぎ澄ますことで，洞察を得ることができるのである。

　神経生物学は，まだその黎明期にあるが，身体の状態，脳，そして神経系について，またこれらがいかにトラウマの影響を受けるのかについて，新たな展望を開いた。そして，私たちが不適切な養育，虐待，およびネグレクトとどう向き合うのかを変えることになった。トラウマを抱える子どもは，問題のあるこころと感情を抱えて生きており，そのトラウマを非意識的に身体に抱えている（van der Kolk, 2014）。私たちは，身体の状態を介入の場とし，その人たちと自分自身の身体に対する気づきを学ぶ。このような力を発達させるため，私は個人的には，スーパーヴィジョンとともに，自分自身のマインドフルネスやヨガの実践に依るところが大きい。

エビデンスベース？

　子どもの精神保健サービスは，「エビデンスベースの実践」と「応急処置」的なプロトコルに基づく治療に支配されるようになっている。治療的資源に限界があるなかで，最善の治療法を採用するのは当然のことだが，そこには否定的な側面もある。待機リストの圧力は，厳しいトップダウンの管理，システムそのものにかかるストレス（Armstrong & Rustin, 2014），そしてリスク回避と恐怖が先に立つ文化をもたらした。管理主導の統計，データ収集，および治療目標が防衛的に用いられ，第一線のスタッフに圧力がかかる

（Cooper & Lousada, 2005）。

　情緒的な痛みに触れると，誰もが望まないような感情が刺激される。組織はあらゆるメカニズムを通じて，こうした不快感に対して防衛をする。サポートと理解を必要として治療のために紹介されてくる人には，早急に症状の担い手としてのレッテルを貼り，ある特定の治療プロトコルを適用する。これは時には役に立つが，多くの場合，その人の人生の現実に持ちこたえないためのあり方である。ずっと以前に，イザベル・メンジース・リス（Lyth, 1988）が，病院でのこのような文化について記述している。たとえば看護師が，実際に苦しんでいる人と共にいるのではなく，「12番ベッドの肝臓」[†訳注4]と言及するようなことである。

　本書に登場する子どもや若者は，特定のプロトコルで「治療」できるような，単純な「障害」は持たない。多くは，ADHD，自閉症スペクトラム障害，行為障害，その他，複数の診断を受けた「共存症」の状態にある。このような子どもが真に必要としているのは，理解されていると感じ，成長し，愛し，愛され，トラウマを癒し始める力に対する信頼を育むことができるような，継続的な関係であろう。

　おそらく，エビデンスベースの実践における最大の問題は，ドリルダウン[†訳注5]すると，何が効果的なのかについての実際のエビデンスが，治療方法に関することよりも，治療関係の質に関するものになることである。多くの調査・研究者が，良い結果をもたらす「共通要因」（Lambert, 2005）と呼ばれるものを注意深く検証してきた。認知行動療法（CBT），メンタライゼーション，システム家族療法，その他何であれ，実際の技法が成功に貢献する度合いは低い。さらに重要なのは，治療同盟といった人的要因が，最も調査・研究が行われている要素だということである（Norcross & Lambert, 2014）。

　これは，スキル，治療技法，そして何が誰に効くのか，といったことを無視するという意味ではない（Fonagy et al., 2005）。たとえば，クモ恐怖などの単純な恐怖症の場合，一般に認知行動療法といった治療が他の治療よりも効

---

† 4　「12番ベッドの○○さん」と，患者をひとりの人として見るのではなく，疾患を抱えた臓器としてのみ見て，扱うことのたとえ。

† 5　データ集計の階層レベルを下げていき，集計項目を参照して分析する多次元データ分析の手法。

果的である。ただし，心理療法はまた，一つの工芸でもある。継続的にスキルを学び，向上しようとすることで，より良い結果につながる。調査・研究によると，患者が早く良くなるスーパーセラピストのような臨床家もいれば，残念ながら患者が悪くなるセラピストもいるという（Wampold & Wampold, 2015）。優れた治療的仕事の要因を特定するのは極めて重要なことだが，その多くは，好奇心，クライエントへの気遣い，おおよそのセラピーの進行を信じ，良い治療同盟の確立をすることなど，関係性に関するものである。

特定の技法に忠実であること，かつ治療プロトコルの厳守（Norcross & Karpiak, 2017）は，良い結果に対する信頼できる予測因子ではない。この分野の主要な調査・研究者であるノークロスは，ジョージ・エリオットの『ザ・ミル・オン・ザ・フロス』[†訳注6]の登場人物，メアリー・アン・エヴァンスが，私たちに必要なのは「人間のあらゆる側面に共感するのに，十分に広く生き生きとした経験」（Eliot, 1860, p.527）を持つ人だと示唆していることを引用し，セラピストの人間性の重要性を主張している。これは，「真の関係性」について，ワムポルドやその他の人々が強調していることを反映するものである。調査・研究者たちは，心理療法の尺度を開発してはいる。しかし，当然のことながら，関係性における「真性（real）」を定義するのは容易ではない（Gelso, 2010）。ただ，役割を果たすのではなく，誰かが「純粋に（genuine）」に対峙してくれているのかどうか，私たちには分かる。似非セラピストほど，助けにならないものはないのである。

治療同盟は複数の要素からなるが（Wampold & Wamopld, 2015），おそらく最も重要なのは，クライエントとセラピストの間の絆と，目標と課題についての合意である。共感は治療同盟の成功の核であり，これがポジティブな結果に影響するのは驚くことではない（Malin & Pos, 2015）。一方，共感が低いと，中断や好ましくない結果を導く（Moyers & Miller, 2013）。これは明白なことではあるが，ここで繰り返しておく価値はある。共感を示さない人とともに，最も深い不安を表現するような，親密な時間を費やしたいと思う人はいない。

対人的身体的シンクロニー（interpersonal bodily synchrony）についての

---

†6　『フロス湖畔の水車小屋』全3巻，1860年刊行。

調査・研究は，最近では「体現されたメンタライジング」(Shai & Belsky,
2017) と呼ばれる，体現されたアチューンメントが，いかに相互の信頼と協
力を強化するのかを示している (LaFrance, 1979)。良い気分は，周りの人との
シンクロした調和から起こる。人は模倣されると，その後の出会いでより寛
大になる傾向があるが，18カ月児ですらも，模倣されるとより向社会的にな
る (Carpenter et al., 2013)。ほかの人と同調して歩いたり歌ったりするような
あらゆる行為が，協調性と援助性を高める (Wiltermuth & Heath, 2009)。人
は，本質的に他者に参与し，他者と協力するものなのである。多くの哺乳動
物と同様に，私たちは相互統制をする。また，良好な関係性は，心理的およ
び身体的健康を大幅に向上させる。

　セッションでは，相互のシンクロニーに気づくことが，とてもよくある。
たとえば，ジェイドとの間では，あごに手を置いたり，脚を組んだり，ある
いは頭の角度など，彼女の姿勢が私のそれの鏡になっていることにしばしば
気がつく。多くの場合，どちらがリードしているのかあとに続いているの
か，あるいはそのことを問うてみる意味があるのか，私には分からない。こ
れは，関係がよりぎこちない場合には，ほとんど起こらないことである。

　しかし，トラウマを受けた背景を持つ人の多くは，対人間のアチューンメ
ント，相互作用，つまりは関係性全般に苦労する。彼らは，協力，あるいは
相互ケアという基礎を積み上げ損なっており，良き他者からですら，ケアを
受ける力を欠いていることが多い。マックスは，暴力的かつネグレクト状況
の家庭から養子になったが，友達はほとんどおらず，パーティーに呼ばれた
り遊びに誘われたりすることもほとんどなく，しょっちゅうもめごとを起こ
していた。私はしばしば緊張して，彼から遠ざかっている自分に気がついて
いた。私たちの姿勢は不調和で，一致していなかったが，彼が私を信頼する
ようになるにつれて，よりシンクロするようになっていった。体現される応
答は，苛立ちであれ退屈であれ，あるいは好きだという気持ちであれ，ほと
んど常に重要な手がかりを秘めた意味を持つようになっていった。逆転移反
応がいかに体現されていたのか，そして，この相互の関係性において刺激さ
れるものは何だったのかについては後述するが，これはフロイトが夢を「無
意識への王道」だと考えたのと同じくらい重要なことかもしれない。

　自死を試みた患者との面接について検討した，興味深い研究がある (Heller

& Haynal, 1997)。精神科医の記録には，将来の自殺企図を予測するものはな
かった。しかし，興味深いことに，面接録画は，患者のみならず精神科医の
ジェスチャーと身体の姿勢が，それを予測していたというから驚きである。
次の1年の間に再び自殺企図をした患者に会っているとき，精神科医は患者
と距離を取り，不快な様子で見つめ，顔をしかめていたのである。この精神
科医が，こうしたジェスチャーを意識していたとはまったく考えられない
が，この体現された反応こそが，患者のこころの状態についての最大の鍵に
なっていたのである。

　これは驚くことではない。心理療法の調査・研究は，セラピストと患者の
間のシンクロが高いと，より肯定的な治療同盟につながると示唆している
(Koole & Tschacher, 2016)。対人関係における共同統制のスキルは，一般に人
生の非常に早い段階で研ぎ澄まされるが，訓練とスーパーヴィジョンからも
獲得しうる。これなしには治療的仕事の効果は，はるかに低くなる。

　実際，心理療法の調査・研究は，より良い結果は完全なシンクロではな
く，うまくいかなかった相互作用をセラピストが修復できるときだと示唆し
ている (Safran et al., 2009)。不調和の修復は，安全で調和した親子関係に
とっても核となるものである (Beebe et al., 2005)。子どもは，完璧な相互作用
からは恩恵を受けないが，クライエントも完璧に調和したセラピストからは
恩恵を受けない。相互作用がうまくいかなくても，責任ある大人がそうした
信号を読み取り，修復しようとするならば，情緒的成長とレジリエンスがも
たらされる。そのためには，セラピーのセッションでは，正直さ，信頼性，
そして勇気が求められる。

　セラピーの成功は，関係性の質と深い関連性がある。セラピストに対する
安全なアタッチメントが良い結果を予測するのは，驚くことではない
(Lilliengren et al., 2015)。アタッチメント理論は，心理療法におけるメンタラ
イゼーションアプローチの核であり，認識論的信頼 (Fonagy & Allison, 2014)，
つまり，この世界に道を開いていくのを助けてくれる教師，セラピスト，あ
るいは親などの大人に対する信頼についての中核概念である。これは主に，
本書で私が強調する個人的な性質，たとえば，誠実さ，共感性，アチューン
メント，敏感さ，信頼性，そして自身や他者の状態に好奇心を持ち，思いや
りを持って応じる能力を通して起こるものである。

本書について

　本書は，私の長年にわたるセラピーの物語に満ちている。第2章では，本章で述べたようなアチューンメント，共感，そして相互関係などの役割といった概念について，詳細に取り上げる。ジョージィと，どこか自閉症的な少女モリーの二事例について，彼女たちと情緒的なコンタクトを取り，彼女らの怒り，攻撃性，あるいは希望や喜びといった感情の出現と，その表出を可能にするための私の苦闘である。こうしたテーマとともに，第3章では，断裂と修復のテーマを取り上げる。年長の子どもたちと共にモリーが再び登場するが，レジリエンスや主体性が増し，そして人生が与えてくれるものに対する信頼を新たにするなど，読者はモリーの並外れた心理的変化を目の当たりにするだろう。

　第4章では，アタッチメント理論の視点から，その対照的な表出のあり方について記述する。まず，昨今，過活性化されたアタッチメントと呼ばれる型について見てみる。こうした人は不安定で不安であり，容易に脅かされたような状態に陥る。たとえば本書には，混沌とした家庭生活が，べたべたとまとわりつくような行動を増長させていたグレースという少女や，暴力に彩られた生育歴から，すぐに動揺してなかなかだめられない状態を引き起こしていたデイミアンが登場する。第5章では，自己統制の能力を獲得し，しっかりと考えることができるこころを発達させる必要のあったスチュアートが登場する。

　第6章と第7章では，まったく異なる表出のあり方について記述する。「不活性化された」あり方と呼ばれる，平板で力をくじかれたような子どもである。活気がなく愚鈍ですらあり，ほとんど無視をされていたマーティンと，情緒にはほとんど価値を置かず，要求や動揺にはまったく時間を割いてくれない親を持つジェニーが登場する。ジェニーは，感情と身体の状態を回避するために，頭を使って生き残っていた。ここで私は，トラウマや暴力などの悪い経験の存在と，情緒的ネグレクトに見られるような良い経験の欠如との根本的な相違について，それぞれがその対人世界をどのように意味づけ，そこに適応するに至ったのかという，まったく異なるあり方について述べる。

　ここからは，トラウマと身体について，なぜ，私たち自身と他者の身体の状態を意識しておく必要があるのかについて，さらに考察を進める。トラウマでは解離が起こりうる。また，自身の身体の信号に疎くなる。第8章では，不安や危険，あるいは快といった，身体が送ってくる信号を読み取ることができないことがその理由の一端になって，自らを困難な状況に置くことになるポーラのような若者について記述する。彼女は，虐待的な子ども時代に，自分の身体が伝えているであろうものを感じないことを学んでおり，そのために情緒的な認識すらもほとんどない生活を送っていた。

　第9章では，この仕事は，常に痛みと苦しみに耐えるのを助けることだと信じていた，私のキャリアの早い段階での誤りについて述べる。やがて私は，トラウマティックな出来事にあまりにも早く焦点を当てることで，再び解離とフラッシュバックを引き起こし，それがまったくもって役に立たないということを学んだ。最近のトラウマ理論は，トラウマを消化する作業の前に，安全感を促進する重要性を説いている。ここで紹介する事例は，いかにこのことが誤って扱われやすいのかということとともに，正しく扱われた場合にはいかに真の変化が起こるのかを示すものである。

　続く各章では，最善，そして最悪な人間の性質について見ていく。第10章では，攻撃性がいかにパーソナリティに根づいているのかについて，血の気の盛んな反応タイプと，冷たく無感覚で精神病質とすら言えるタイプの両方を示す。読者は，攻撃と力こそが生き残るための唯一の賢明な方法だと信じていた，トラウマを負った若者が，あえて果敢にも，善，信頼，そして脆弱性は手に負えないものではなく，むしろ良いアイディアですらあると信じるようになっていくさまに出会う。

　第11章では，ストレスとトラウマが，利他，協力，そして優しいこころをいかにスイッチオフしうるのか，しかし，ほど良い経験をすることで，生来の役に立つ，寛大な傾向が戻ってきうるのかを見る。サディスティックな攻撃のとりこになっていたテリーと，他者を攻撃して傷つけることで，残酷な人生早期の経験を再現していたソフィアが登場する。私のことを，そしてセラピーを信頼し始めるにつれて，彼らが柔らぎ，優しくなり，一緒にいるのがより良いことになっていったのが分かる。人生に対する憎悪を自分自身に対して向けていたフレッドもそうだが，彼らは皆，自分自身と他者に対する

思いやりを持つという方向へと，大きな転換を経験したのである。

　依存的なこころの状態に焦点を当てる第12章でも，同様のテーマについて見ていく。ポルノグラフィー，女子のソーシャルメディアの危険な利用の仕方など，デジタルテクノロジーの影響について検討する。私たちの多くがこの仕事について学んでいた頃には存在しなかったような課題を，現代社会がいかに突き付けてきているのかを検証する。薬物であれギャンブルであれ，ポルノグラフィーであれ，あるいはその他のテクノロジーにであれ，何かに依存している人は，実際，それらに支配されているかのように，その力に身体を乗っ取られてしまっている。一方で，自己内省能力や自己統制能力は排斥されている。ストレスがかかったり動揺したりしたときに，感情を感じないようにする一つの方法として，多くの人が自身が選んだ嗜癖に向かう。たとえば，１日18回もポルノグラフィーに浸って自慰行為をしていたマノは，その嗜癖に生活を乗っ取られていた。しかし，幸いなことに，情緒的な痛みに耐え，人生が提供できる良いことへの希望を取り戻すことができるよう援助を受けることで，回復は可能である。

　第13章では，個人の発達のその先にあるものについて見ていく。複雑な対人関係のダイナミクスが，いかに専門家ネットワークの中で再現されるのか，そして子どもの「行動」を超えたところ，その表面下で起こっていることを見ることがいかに重要なのかを示す。自身にかかるストレスを何とかするために，より懲罰的になっていくという反応をしていた，ある学校の教職員について記述する。システムがうまく機能していないところでは，いかに子どもがスケープゴートにされてしまうのか，また，性急な行為に走るのではなく，感情について振り返り，それに耐えるということが，いかに情緒的な安堵，コンテインメント，そして態度の緩和をもたらしうるのかが分かる。このことは，ある子どものことを，「悪い」子どもとして見るのではなく，おそらくは悲しい，あるいは不幸な子どもとして見るという変化をもたらす。第14章では，結論として，こうした仕事をうまく行うために必要な資質についての私見を述べる。

　心理療法の調査・研究から得られる一貫した発見は，効果的なセラピストは，自らを不確かさと好奇心のある状態にとどめ，分からなさに耐え，学びに開かれ続けているということである（Wampold & Wampold, 2015）。このこ

とは，キーツ（Keats, 1899）が「負の能力」と記述したものを取り入れた，精神分析家のウィルフレッド・ビオン（Bion, 2013）を勇気づけたことだろう。負の能力とは，「不確かさ，謎，疑いのなかにあっても，焦って事実や理由にたどりつこうとしないでいられる」（p.277）力のことである。しかし，不確さにとどまるというのは，言うは易し行うは難しである。ここでは，未知のものへの信頼，つまり新しい事態にこころを開き，それまで大切にしてきた古い考えを脇に置くことで，何か新しく，意味のある，やりがいのあるものがそこに立ち現れるのだという信念が求められる。

　これは，安全なときには自由に探索し，気安く好奇心を示すことのできる，安定したアタッチメントを持つ子どもに見られることである。彼らは，何か厄介なことが起こっても，アタッチメント対象が対処してくれ，事態を了解可能なものにしてくれること，そして，再び探索するのに十分に安全だと感じられるまで一緒にいてくれるということを，骨の髄から分かっている。マインドフルネスの実践者も同様に，今，この瞬間に存在し，好奇心をもって「目覚めている」には，安らぎの感覚と信頼が求められるということを知っている。これはたるんだ怠惰なリラクゼーションなどではなく，生き生きと機敏で，純粋に経験に開かれたあり方である。とはいえ，力を入れすぎるのではない。これは，精神分析家が，自由に漂う注意と表現するこころの状態である。「努力なしの努力に満ちた」ところで起こっていることに，私たちのこころを関連づけていく。こうしたこころの状態は，豊かで充実した人生の基盤であり，私たちが出会う人々に対しても望む人生である。

　私たちの仕事は常に，他者の世界に敬意をもって届こうとし，それぞれに固有の経験，価値，感情，そして考えを理解しようとすることである。これは，全知であることを慎みながらも，自分が感じ，考えることを信頼するのを学ぶということである。セラピーは，すべての良い関係性がそうであるように，ほとんどの場合，セラピストとクライエントの両者にとって，容易ではない方法で，予期しない場所に連れて行かれる一種の旅路である。人々の深みに出会うことで，私たちは，希望，自由，そして思いやりに基づく人生への動きを促進し，困難に直面することができ，成長を導きうるという信頼を育むことができる。こうしたことを何とか進めていくことで，真にこころ温まる，刺激的で深遠な変化を見ることができるのである。

片足を溝に入れて

One foot in the ditch

ジョージィ：治療の一場面

　ジョージィは13歳の一人っ子で，友人関係に苦労していた。大人に対する警戒心が強かったが，野心家のビジネスウーマンである母親と学者の父親の無関心と多忙を考えれば，それは驚くことではなかった。両親のいずれもが，彼女のために割く時間がなかったのだ。ジョージィは不安と抑うつ症状のためにセラピーを受けていた。セラピーを始めて半年頃のことである。彼女は部屋に入るとにっこりと笑って，部屋を見渡した。私は彼女の微笑みが一瞬歪んだことに気がついた。彼女の明らかな不満には意味があると感じたが，私は自分のこの感じについてそれ以上は考えなかった。

　それが間違いだった。こういったそれとなく感じる状態には，たいてい意味がある。ジョージィは落ち着きがなくなり，姿勢は硬直し，よそよそしくなって，ほとんど目が合わなくなった。私は彼女に，怒っているのか，それとも動揺しているのかと尋ねた。彼女は苛立った様子で私の問いを無視した。前回のセッションで何か腹が立つことがあったのだろうか，それとも学校や家で何かあったのだろうかと尋ねたが，返答はなかった。私は無能感を抱いたが，罰を受けているようにも感じて，イライラしている自分にも気がついていた。この状況はかなりの間，続いた。

　ジョージィは，しばらくは決然と私に抵抗していたが，最終的にいくらか態度が和らいだ。彼女が部屋の隅にあるカウチのあたりをチラッと見るのを私はとらえた。そこには幼い女の子の手袋が一つ，顔を出していた。

　先週，私はジョージィに次の休みの日程を伝えていた。彼女はそのとき，いくらか凍りついたように見えた。手袋は，彼女といるとき以外の私の生活

について，あからさまに思い起こさせるものだった。ジョージィは，私には子どもがいて，その子どもたちは当然，私の注目を集めていると想定していたのである。それにジョージィは，私が他の患者とも会っていることに気がつき始めていた。他の多くの子どもと同じように，彼女も，これまでこのことをこころから締め出すことができていた。しかし，手袋を見て，現実という冷や水を浴びせられたように感じたのだ。彼女が部屋の隅をチラッと見たこの一瞬に，このことがすべてはっきりと分かった。そして，私のこころはしゅんとしぼんだ。先ほどの身体の反応はその手がかりだったが，私はそれを誤ってやり過ごしてしまっていたのだった。

　ここで私はある選択をした。ジョージィからはこれまでたびたび蔑（さげす）むように無視されてきたので，争うのは避けたいという誘惑に駆られていた。しかし，ジョージィの中核的な問題が，このセッションで私に届けられているのは分かっていた。つまり，自分が必要とする人には，自分のために割いてくれる時間や，こころのスペースが十分にはないはずだという，彼女の考えである。この問題が，今ここで，まさに私と共にあったのである。

　私は注意深く言葉を選ぶ必要があった。「きみは○○に動揺している」といった言葉でさえ，防衛的な反駁（はんばく）の引き金になるかもしれなかった。そういった言葉を使うと，あたかも私が見下すような憐れみを見せて，彼女を侮辱しているかのようになってしまうだろう。ジョージィには，愛情に飢え，傷つきやすいと感じることに対して，それまでに培ってきた防衛があった。また，彼女は情緒的な痛みを避けようと懸命に生きてきていた。その痛みは耐えがたく，ちょっとした拒絶の兆候からですら，彼女はすぐさま退避して生きてきたのである。

　深く息を吸い込んで私は言った。「なんてこった。手袋を置きっぱなしにするなんて，まったく分別のないことだ」。ジョージィは少し緩んだ様子になり，同時に口角が上がった。私は，それに気づいて，間を置いた。それから思い切って続けた。いくらか芝居がかって，しかし真剣に，「ここに来る人に対してちゃんと配慮しているのなら，ここに僕の別の生活が入ってこないように，皆のことを注意深く守るだろうに」と言った。私は，彼女が他の人よりも傷つきやすいということを感づかれないように注意しながら，今回の彼女の動揺についてではなく，一般論的な表現を維持した。ジョージィは，

第一の防衛線、つまり失望させられたことへの怒りに触れるまでは、苦痛に直面する準備ができていなかった。私が自分を怒りの対象にすることで、彼女が安堵していることがはっきりと感じられた。彼女には、私が彼女の動揺を分かっていること、そして拒絶にまつわる感情が解き放たれたことが分かっていた。しかし、まずは怒りと失望を体験する必要があり、私にはそれを引き受ける強さが必要とされていた。私は言った。「これで、きみにとって僕は頼りにならず、信頼に値しないことが分かったね」と。彼女の呼吸が少し深くなった。

傷ついたと感じるのを認めるのは、まだ荷が重すぎた。「感じていることについて、皆がちゃんと考えてくれないっていうのは、これが初めてではないみたいだね」と私は言った。この発言は、私が彼女の怒りの感情をはぐらかしたように見えるかもしれないが、実際には私が彼女の傷つきやすさにつけ入ることはないという信頼を持って、彼女自身のペースでそういった感情に近づくのを可能にした。私は、メルツァー（Meltzer, 2008/2010）の言うように、「そろりそろりと痛みに近づいて」いたのである。すると彼女は、両親には彼女に割く時間がないのだということについて、話すことができた。聞き慣れた話だった。新たなことといえば、痛ましい感情、つまり得られないが強く求めていることについての真の悲しみを彼女が吐露したことであった。おそらく、ここで初めて、切望と喪失の感情が許容されたのである。

私は、彼女が欲しかったが得られなかったものは何なんだろうかと尋ねた。ジョージィは涙を浮かべながら、自分が愛情を必要とすることで、いかに馬鹿にされているように感じてきたのかを語った。彼女は私がいる前で、初めてこうした感情を安全に再体験することができたのである。のちに彼女が語ったように、それはいわば私の考えとケアのなかに安全に包まれることであった。こういった感情が耐えがたいものであることに変わりはなく、今でも彼女はその感情を憎んでいる。しかし、こういった感情は耐えうるものであり、ただ否認されるものではないという希望があった。

もちろん、これは旅の始まりであり、終わりではない。ジョージィは、幼かった頃に耐えきれなかった感情を避けることをめぐって、パーソナリティの大部分を組織化していた。しかし、そういった感情を感じるのを拒否することで、今ではさらなる問題を引き起こしていた。

　こうした問題は，常に繊細に扱う必要がある。手がかりは，私と共にいる
部屋の中で起こる生き生きとした情緒経験のなかに，手袋で顕<ruby>顕<rt>あら</rt></ruby>わになった転
移に，ジョージィの一瞬の表現に，そして私の身体のこわばりにあった。い
つか私には，怒りだけではなく，欲求，切望，そして拒絶の恐怖を彼女がた
どるのを助ける必要が出てくるだろう。これらは誤魔化すことはできない
が，急かすこともできない。ジョージィが恐れている，傷つきやすく愛情を
求める感情は，子ども時代には侮辱されることにつながっていたが，最終的
には耐えられるものになるのだと学ぶことだろう。

　偉大な小児科医ドナルド・ウィニコット（Winnicott, 1953）はかつて，崩壊
の恐怖はたいていずっと以前に，しばしば乳児期に，実際に起こったことへ
の恐怖であると話している。彼はこう言ったとされている。「恐れているこ
とを話してください。そうすれば，あなたに起こったことを私が話してあげ
ます」と。別の言い方をすれば，馬が厩舎を飛び出してからずいぶん経つの
に，現在も過去の脅威に備えて厩舎の扉を閉めておくことに，私たちは莫大
なエネルギーを費やしているのである。避けるのに相当な心的努力を費やし
ている経験も，今では恐れるほど悪いものではないかもしれないという希望
をセラピーは与えてくれるのである。

　いわばセラピーは，こういった感情を探索し，その身体表現を吟味し，そ
こに含まれる感覚の波を感じ，そうした感情と友人になり，手なずけること
である。これがうまくいけば，苦痛な情緒状態を避けるための<ruby>砦<rt>とりで</rt></ruby>を築くの
に，多くの時間やエネルギーを費やす必要はなくなる。実際，こういった砦
は，元の経験以上に私たちを人生から遠ざけてしまうものである。ジョー
ジィは，私が彼女と共にいようと格闘し，ためらいながらも思いやりのある
ケアを提供することを必要としていた。それによって，いずれ彼女は，こう
した思いやりを自分自身にも向けるようになるだろう。

感情移入，治療同盟，そして共感ある同伴者

　セラピーについて私が受けたなかでも最高のレッスンは，おそらくデニ
ス・ハイド先生のものだろう。彼はすでに故人だが，私が訓練を始めた当
時，ミンスター・センターの素晴らしい先生だった。私たちはクライエント

役やセラピスト役のロールプレイをしていた。多くは，過剰に感情移入していたり，よそよそしかったりした。デニス先生は，情緒的に困難に陥っているときというのは，溝にはまって身動きができなくなっているようなものだ，と示唆した。溝にはまっている自分に向かって，誰かに手を伸ばしてほしいと思う。しかし，もし溝の中に入り込みすぎてしまい，二人ともが脱出できなくなってしまうならば，助けることにはならない。そうなると，二人で暗い穴の中で身動きが取れなくなる。同様に，もし溝からかなり高いところにいて手を振るだけなら，遠くにいる無関心な人となる。私たちは，片足を溝に，もう片方の足を地面の側にしっかりとつけている必要がある。そして，引き上げることができると信じて相手に手を伸ばし，しっかりとその手をつかむ必要がある。この話は，素晴らしいアドバイスとして，私のこころの中に残り続けている。実際には，人によって溝の形や深さは異なり，溝との関係の取り方もさまざまである。良い治療的仕事の大部分は，相手に最も助けになる手が届くように，身体の位置の取り方，目の向け方，声の出し方，そして言葉の区切り方を，いかに適切にするのかにかかっている。

　デニス先生は，実は感情移入（empathy）について話をしていたのだ。感情移入は，単に他者の感情が分かるというだけではなく，相手と共にそれを感じる能力である。感情移入は，ドイツ語の「中に入って感じる」という意味のeinfühlungに由来する。私たち自身の中に，他者のさまざまな情緒が処理される場所を開拓するということが示唆されているのである。ウィルフレッド・ビオン（Bion, 1962b）はこの過程を，胃が体験を消化して代謝し，実際に解毒するというメタファーを使って，コンテインメントと呼んだ。良い親や良いセラピストは，子どもの体験を処理しながら，その体験についての理解を，安全に代謝された形で伝え返す方法を見出す。

　ジョージィの事例について言えば，これは言うは易く行うは難しだった。私は彼女から厳しい教訓を得た。すなわち，溝の中のジョージィに近づきすぎると怒りの反発をくらい，反対に離れすぎていると私が無関心であると感じられるのだ。私の身の置き方が，本質的に重要であった。たとえば，彼女は当初，私が「彼女に代わって」感じるのをよしとしなかった。彼女の傷ついた自己に語りかけるのは，彼女がまだ認める準備ができていない部分にスポットライトを当てることになる。私は純粋に感情移入していたのだが，彼

女はそれを上からものを言われているように体験した。先の例では，彼女が
動揺したとき，私は「きみ」という言葉は使わず，むしろ自分の間違いと，
それがいかに腹立たしいかということについて話した。これは，いわゆる
「セラピスト中心」(Steiner, 1994) と呼ばれる姿勢を取ったということであり，
それによってジョージィは脅かされると感じることなく，私の理解を取り入
れることができたのである。

　共感（compassion）は，人によっては柔らかすぎ，「感情に基づき」すぎ
る言葉である。しかし，効果的なセラピーにおいては，相手の苦境に対する
共感と，それを気にかけることがその中心にあることに疑いはない。これを
絶望的にならずに認めることには，深い意義があるだろう。他者の感情に圧
倒されると，過剰に反応することがある。そうなるとクライエントは，自分
自身の感情が処理されることなく，私たち自身の苦悩するこころから返って
くるように感じるだろう。同じく，素晴らしい戦略を提供することで支援し
ようとする試みからは，私たちがクライエントの感情や苦境に耐えることが
できないかのように感じられることもあるだろう。しかし，相手の苦悩に対
する心遣いを見せなければ，溝のはるか上から手を振っているように，冷た
く無関心だと体験されるだろう。

　さて，こうした考えについて，さらに事例をあげて深めてみよう。

モリー

　4歳のブロンドのモリーを初めて見かけたとき，手足がひょろっと長く，
やせぎすで，まるで浮浪児のようだった。目つきにはどこか野生的なところ
があり，自分だけの世界にいるようだった。彼女は三人きょうだいの末っ子
で，情緒的破綻をきたしているということで紹介されてきた。モリーの母親
は彼女のことを，「生まれたときから難しく」，なだめ難く，「ずっと泣き続け
ていた」と説明した。モリーには当初から，外の刺激に過敏に反応し，すぐ
に打ちのめされ，その後に引きこもる傾向があったのである。

　幸運なことに，私は彼女と週2回のセラピーを行うことができた。彼女は
欲求不満に耐えることができず，変化を嫌い，容易に絶望的な状態に陥っ
た。感情移入したいと思っている新人のセラピストにとって，これは大きな

試練だった。私は，自分が彼女の絶望と共にいることができるのだと示したい，という誘惑に駆られていた。これは，多くの子どもにとって助けになるだろうことである。しかし，モリーにとってこの私の様子は，彼女のいる溝の中にはまり込みすぎているように感じられていた。私の表情に自分の苦痛が反映されているのを見ると，彼女は自分の絶望から逃れられないように感じるのである。

モリーは望まれて生まれてきた子どもだったが，出生前後は家族の危機のため，多くのストレスがかかっていた。いずれにせよ，両親はともに情緒的に寄り添うのが難しいタイプだったが，モリーが生まれたときには，よりいっそう，気遣ってやることができないでいた。上の子どもたちが生まれたときは，それほどストレスがなく，両親にとって問題はほとんどなかった。おそらく，モリーは体質的にも丈夫ではなかった。普段とは異なる家庭生活上のストレスとモリーの繊細さが相まって，彼女特有の困難が現れたのかもしれなかった。

その病因が何にせよ，彼女の予後は悪いように思われた。彼女の絶望的な気分は，すでにうつ病の様相を呈していた。気がかりなことに，彼女の行動の多くは，自閉症スペクトラムに移行していく子どものそれを示唆していた。たとえば，300ピースのジグソーパズルを裏を表にして完成させることができる一方，ルーティンは厳格に崩さず，変化や自発的に振る舞うことには耐えられなかった。想像遊びをせず，赤ん坊の頃には喃語を発することもなかった。言葉は遅れ，理解は最小限だった。寒さを感じず，あたかも実体のない幽体のように生きていた。多くの時間を反復的な活動に耽り，引きこもって過ごしていた。私は，丁重に扱わなければならない繊細な花の前にでもいるように感じていた。

初期のセッションでは，モリーはよく，おもちゃの動物を一列に並べた。ほとんど気づかない程度に口を動かして，その動物たちの名前を呟いていたのだが，私はそのことに気づき損ねていた。彼女は私の存在には気づいていないようだった。彼女には，誰かが自分と一緒にいて，自分のことを聞いてくれ，その人に自分が影響を与えうるという考えはなかったのである。呼吸の下から漏れ聞こえてくるくぐもった音は，おそらく発達初期に赤ん坊がコミュニケーションを取ろうと試みる，調査・研究者たちが原-会話（Bateson,

1971）と呼ぶものだったのだろう。彼女は「話す」ときに顔を上げることは
なく，その情緒を欠いたくぐもった音が，私や他の誰かに向けられていると
は信じがたかった。親の肯定的な反応を引き起こすようなことを少しも表出
しないので，彼女は親に満足を与えることがなかったのだろうと思う。

　彼女はなんでもすぐに諦め，ほんの少し予定どおりにならなかったことで
絶望に陥る。二つのおもちゃの柵をつなげようとして，絶望したように「で
きない」と言い，「ママに会いたい」と泣き叫ぶ。自閉的な子どもに対する卓
越した洞察を持つ心理療法士のフランセス・タスティン（Tustin, 1992）は，
「こういった子どもは，最初の試みですべてできることを期待する……失敗
すると，努力するのをやめてしまう」（p.111）ことに気がついていた。このこ
とは，モリーにも当てはまりすぎるほど当てはまっていた。彼女は一度つま
づくと不意に活動を放棄してしまい，私が気づかないほどの微かな騒音を恐
れる。その瞬間に襲ってくる感覚に吹き飛ばされるかのように，ある活動か
ら次の活動へとせわしなく移っていく。待合室で私を見ても，私が呼ぶまで
いつもただじっと座っている。私は彼女の情緒状態に，極限まで調子を合わ
せる必要があった。さもないと，彼女は退避してしまうのである。私は彼女
に，その溝の外にも生活があることを示す必要があると分かっていた。

感情移入では十分ではない

　初期のセッションでは，モリーの情緒状態に調律し続けようとすることが
多かった。私は彼女の情緒に「標」をつけよう（Fonagy et al., 2004）とした。
彼女が感じている調子をとらえ，やや誇張した単純な音を発するのである。
それによって，私が理解し，真剣に受け取っていることを示しつつも，彼女
の経験に圧倒されてもいないことも示す（つまり，片足は溝に，もう片足は
外に）。そして，ただ感情に名前をつけることに時間を割いた。たとえば，
「それは手ごわいな。できないんじゃないかな」とか，「ああ，そうなると悲
しくなるね」と言うことで，彼女の感情が耐えうるものであり，処理できる
ものであるという感覚を伝えた。

　長い間，何の効果もなく，彼女同様，私もこころが折れそうになった。こ
うしたことを繰り返しながら数カ月が過ぎたあるセッションで，母親が去っ

たあとに，彼女がとても動揺したことがあった。私は彼女を理解していることを示そうと，次のように応答した。「ああ，モリーはなんて困っているんだろう。ママがいなくなって寂しいよね」と，感情を込めて話した。加えて，「腹が立つよね。すごく不公平だ」と言うと，彼女は興味深げに私のことを見つめ始めた。彼女は理解されたと感じていた。特に，抵抗することも可能だと私が示唆したことによって落ち着いた。つまり，絶望の溝の外側には，別の見方や別の感情状態が存在しているという示唆によって，動揺が鎮まったのだった。

　これは，おそらく思慮深い支援者や親がすることである。さまざまな感情は耐えうるし，処理されうるというのを示すことそのものである。たとえば，「これはとても動揺させられるね」というようなことを言うとき，私の声からは悲しみのトーンが伝えられるが，それだけではなく，いくらかの力強さも伝えられる。モリーはそれに反応して，私のことを長い間じっと見つめ，リラックスする。私が溝の内側から彼女の感じていることを理解したと分かるだけではなく，溝の外側からそれを処理していることが分かるのだ。私は，モリーが自分自身のこころの状態を，安全に「標をつけ」(Fonagy et al., 2004)，代謝された (Bion, 1962b) 形で認識するのを助けていたのである。彼女が体験していたのは，ウィニコット (Winnicott, 1971) が「乳児が母親を見つめるときには，何を見ているのだろうか。乳児は自分自身を見ているのだ」(p.131) と述べて，示したことである。モリーの中に，自分の感情は扱いうるものであるという信念が根を張りつつあった。

　しかし，私が彼女の悲しみを頻繁に強調したため，それをより強めることになった。それはあたかも，彼女がすでに馴染みすぎている絶望について，しつこく伝えるようなものだったのである。彼女がつらい感情に直面するだけではなく，自分の主体性と力を信頼できるように，彼女の潜在的な強さと憤慨にも触れる必要があった。人によっては，悲しむことは一つの達成だが，モリーのような者にとっては，それは諦めの状態，つまり学習された無力感 (Peterson et al., 1993) の一形式と結びつきすぎているのである。

　怒りや情熱などのより強い感情の兆候を増幅して伝えることを私が学ぶと，事態は変化した。あるセッションでモリーがおもちゃのキリンを床に投げつけたとき，私は彼女の感情を誇張して「本当に，その間抜けなキリンを

投げ捨てたいんだよね」と言った。彼女はにっこりと笑って，勝ち誇ったように そのキリンを振り回して，テーブルの上でジャンプした。

　ここには，昔から言われている治療上のジレンマがある。「かわいそうなキリン」というように，セラピストの自然な反応として，身動きできず，顧みられない被害者に同情するのはよくあることだ。事実，親や支援者が「かわいそうなキリンにひどいことをしている」といったことを言うのをよく耳にする。しかしながら，モリーには，自分の力強さや怒りに耐えるのを助けてくれる他者が必要だった。「かわいそうな」キリンに注意を向けることはエネルギーの喪失につながり，再び恐怖や不安の引き金を引くことになる。その一方で，自分の力強さと活力が受け入れられ，励まされると，彼女は生き生きとした様子になった。

互恵性

　何カ月もの間，相互的な遊びはほぼ見られなかった。その後のあるセッションで，彼女はひもを持ち出した。彼女のボディーランゲージに感じるところがあり，私は応答を期待して「ひも（string）を持っているね」と言うことができた。彼女はこのとき，平板で不満げな感じではなく，「いも（Dring）」と，私の言葉を真似て言った。私は固唾を飲みながら「そう，ひも」と言った。たいしたことではないように聞こえるかもしれないが，実際には，これは真実味のある進展だった。私がそこにいて関心を向けていることに助けられて，彼女は返事をすることができたのである。これは，遊びに満ちたものですらあった。ほとんど初めての相互的なやり取りの兆しだった。

　その後すぐに，もっと複雑な遊びが始まった。彼女はおもちゃのティーセットを手に取る。二人でお茶を飲むごっこ遊びの合図のようだった。私が思わず「乾杯」と言うと，私が喜んでやる気になっているのを受けて，モリーは私の口調を真似て笑った。その次の月には，一緒に手遊びや「ロンドン橋落ちた」などのゲームをするようになった。モリーはかつて恐れていたほどには，相互的なやり取りを危険なものだとは感じなくなっていた。自分に「合わせて」くれるけれども，彼女を圧倒しない人がいるという信頼が深

まっていった。自閉的な特徴は少なくなり始めていた。

　この新たに見つけた対人関係への信頼と，以前の彼女の様子とは，対照的である。最初のアセスメントを行ったとき，モリーは未分化な人の絵を描いた。私は黙ってワクワクしていた。母親が「これは誰の絵なの？」と尋ねると，モリーは静かに口ごもりながら「パパ」と言った。母親がそっけなく「パパの髭はないの？」と尋ねると，モリーはうなだれて，生気なくぐったりした。そして，その後は何カ月も，紙とクレヨンには見向きもせず，使うこともなかった。母親の善かれと思っての何気ない問いは，モリーがおずおずと探索しようとするのを「台無しにして」しまったのである。モリーは，誰かが咳をすると飛び上がり，200ヤード離れたところの騒音にもビクッとし，少し声を上げると引きこもった。こういった苦痛な瞬間は，器質的に敏感な子どもと，何やら自分のことでいっぱいの親との間に生じるズレの典型として，よく見られるものだろう。

　モリーの母親のコミュニケーションは，柔らかで調和したものというよりも，荒っぽく，ギスギスしているとさえ感じられる他者性として経験されることが多かった。モリーは，アン・アルヴァレズ（Alvarez, 1992）が鮮やかに記述した引きこもりというよりも，「他者に関心を引かれない[†訳注1]（undrawn）」状態にあった。過敏で，素早く退却するか，あるいは，生気なく，抑うつ的にさえ見えるようになるのだ。

　彼女が少しでも動揺した様子を見せるときには，絶望ではなく，有能な部分や怒りの部分に話しかけることを私は学んだ。しばしば私は，テーブルをリズミカルに叩くことで，自分の言葉の情緒的なトーンを伝えた。当初，彼女はびっくりしてこちらを見た。あるセッションで，彼女はドールハウスのベッドが前回に置いていたのとは違うところに置かれているのに気がついた。彼女は不愉快そうに，それを元の位置に戻し始めた。私は大袈裟に「とっても動揺しているし，怒っているね。ミュージック先生が違うところにベッドを置いた」「モリーはベッドを1階ではなくて2階に置きたいんだね。彼女が置きたいところに，いま置いているんだ」と，「彼女が」を強調し

---

†1　アルヴァレズ（Alvarez, 1999）が「引きこもる（withdrawn）」と対比させて用いた概念。その特徴は，疎遠さや積極的な回避ではなく，欠陥による冷淡な無関心であるが，これはウィングとアトゥッドの「受動的」サブグループとは異なる。

て言った。驚いたことに，彼女は私の言葉に反応するようにテーブルを叩い
た。タビストックの同僚のピーター・ホブソンとトニー・リー（Hobson &
Lee, 1989）は，自閉的な子どもがいかに他者と同一化するのが困難なのかを
記述している。表面に見えることは真似しようとするのだが，他者の内側の
身体的，情緒的な感情に共鳴することはできないというものである。このこ
とは，モリーにはだんだんと当てはまらなくなりつつあった。

　もはや空疎な真似ではなく，純粋に生き生きとしたものがあった。モリー
はおもちゃの電話を取り，ちらっと私のほうを見て，「ハロー，ミュージ先
生」と言う。私は別の電話を持って「ハロー，モリー，元気？」と答える。
彼女はもごもごと何か話すが，言葉は出てこず，すぐに電話を置く。その後
の数週間で，こうしたやり取りは長くなっていったのだが，そこに相互性が
増していくのが特徴的だった。モリーとのやり取りは，まだほとんど言語的
だとは言えなかったが，調査・研究（Trevarthen, 2016）が示すように，こう
いった動作やリズムを伴うやり取りは，言語の先駆けである。今では純粋に
生き生きとした遊びが起こりつつあり，そこには本物の感情があるのが感じ
られる。生きた他者がそこにいることに対する信頼を得つつあった。そこに
は，精神分析で言うところの，彼女の一部である内的対象が含まれていた。
その内的対象は，真に彼女に耳を傾けてくれるのだった。

必要な攻撃性，リビドー，そして生

　不運なことに，モリーの親はモリーの認知の遅れをかなり心配しており，
彼女が色の名前を覚えたり，文字を書いたりするような，発達指標に適合す
るようになるのを求めていた。彼女はおよそこれに合致し，褒められること
もあった。しかし，他のたくましい子どもにとっては助けになると感じられ
ることも，モリーにとっては，遵守しなければならない，侵襲的な要請とし
て感じられていた。

　そもそも，私と一緒に過ごすことすらも，しばしば侵襲的なことのよう
だった。私は，身体の近さにも注意を払いながら，ゆっくりと優しく話しか
けなければならなかった。彼女は頻繁に「あっちへ行って」と言ったり，私
に隠れるようにと言ってから，探しに来なかったりした。最終的に私は，彼

女は私たちの間の距離を調整しているのだと気がついた。彼女に近づくような動きはおろか，どんな動きも，彼女の壊れやすい平衡を乱してしまうと分かったので，私はしばしばじっと黙って待たなければならなかった。その時間が20分にもわたることも多々あった。その間，私は黙って，じっとして動けず，ぎこちなくそこに居続ける。こんなに何もしていないのに NHS [†訳注2] から給料をもらってもいいのだろうかと考えたり，自分がモリーに完全に忘れられてしまっているのではないかと不安になったりした。けれども，そのうち彼女は必ず姿を見せて，一人で作ったものを誇らしげに見せる。彼女にとって，私が十分に彼女から離れており，それでもそこに居続けていることが必要だったのである。そうすることで，彼女は私のことを忘れることも，それでもそこに私がいるということを信じることもできたのである。侵襲的な他者についてほとんど心配しないでいられることで，彼女はただ「いる」ことができた。ウィニコット（Winnicott, 1953）が記述する「他の人がいるところで，一人でいられること」を体験していたのである。

　最初のうちモリーは，ビービーとラックマン（Beebe & Lachmann, 2002）が記述する乳児のようだった。不安定なアタッチメントの型で，身体をさすったり，手を握りしめたりといった，自分を慰める行動を増すことでのみ，母親とのアイコンタクトを維持することができる乳児である。ビービーは，彼らの頭の角度について「逃げようと反らしている」と記述する。その一方で，安定した乳児は，関わったり離れたりする良い体験を期待して，母親の顔全体を見る。モリーには，他者について心配しないで，離れていると感じられるスペースが必要だった。しかし同時に，必要なときには私がそこにいると分かっている必要もあった。こうした経験を通して，彼女は彼女自身になり始めたのである。

絶望の外で共にいること

　私たちが自分自身の考えや感情を知るという重要なスキルを身につけるのは，「こころに関心を寄せる（mind-mindedness）」他者（Meins et al., 2002）

---

† 2　National Health Service の略。英国の国民保健制度のこと。多くの子どもの心理療法士は，この公的医療制度の下で仕事をしている。

によって，こころの状態が「標（しるし）をつけられ」，理解されることを通してである。このことは，原理的には安全なアタッチメントと関連する。モリーにとって，これはゆっくりと生じた。もちろん，多くの困難なしでは済まされなかったが。

　彼女はじっとする間もなく，次から次へと活動を変えていくことが多々あった。彼女には，クライン（Klein, 1975）が良い内的対象と呼んだものや，ウィニコットが記述する「存在し続けること」の経験が欠けていた。しばしば彼女は，自分の熱狂的な活動に私を加えようとした。私は初めのうちは，彼女が絶望の淵に陥ってしまうのを避けるために，しぶしぶそれに応じていた。ゆっくりながらも，彼女はより不満を扱うことができるという兆候が感じられた。彼女をがっかりさせたが，私は遊びに加わるのを拒否し始めた。残酷だと感じたが，この頃には，彼女がいくらかの落胆を扱うことができるという確信があった。また，このことが成長のうえで重要になるだろうと確信もしていた。

　モリーは怒り狂って，「ミュージ先生，今，やるのよ！」と叫ぶこともあった。私は勇気を持って，一時的にその活動から外れて，「今，考えているんだよ」というようなことを言った。モリーは当初，それを嫌がった。精神分析家のロン・ブリトン（Britton et al., 1989）は，彼が明らかに考え込んでいるのに対して，見捨てられたと感じた患者の例を報告しているが，モリーの様子はそのことを思い出させた。ブリトンの患者は「そのくだらない考えはやめて！」と叫ぶほどだった。そのうちモリーは，考える人としての私に持ちこたえ始め，さらには興味を持つまでになった。それとともに，それまで彼女を支えていた休みのない活動から，だんだんと小休止を取ることができるようになった。まれにではあるが，モリーが活動と活動の合間にどうしようかと迷っているときをとらえて，「モリーはどうしようかと考えている……次は何かな。うーん……どうかな……」などと話した。彼女はこういった私のコメントをすぐに真似し始めたが，最終的にそれは彼女の新たな認知発達の足がかりとなった。じきに彼女は，遊びに「こうしようかな……えーと……うーん……ああしようと思うんだけど」などという言葉をつけるようになった。彼女は今では，ほんの少し考え，自分を観察し，言葉まで使い，遊びごころいっぱいに考えることができた。

　彼女のこころの中と私たちの間にスペースが育まれてきたことで，私たちはより離れていられるようになり，彼女にとっても息をつくスペースが与えられた。モリーが，よりコンテインされていると感じるにつれ，私の呼吸は文字どおり深くなり，彼女の呼吸もそうなったと思う。彼女は私のことをより分離した存在として見ることができるようになり，過度に用心深く隙を見せないような様子は減り，私を見ることも増えた。それはあたかも，私の主観性を発見したかのようだった（Benjamin, 1998）。

　あるセッションで遊びの最中に，彼女は「頭を掻く」と言った。これは多くの子どもにとっては普通の言葉だが，彼女にとっては「自己-認識」の新たな兆候だった。「困ったな」は，彼女自身のある部分から別の部分へのコミュニケーションであり，自己-観察の一形態であった。私は「そうだね，頭を掻きたいと思ったことに本当に気がついたんだね」と簡潔に応じた。このセッションの終わりに，彼女は突然，プラスティックの定規を取り出し，それをカメラに見立てて，「はい，ソーセージ」と言って私の写真を撮るふりをした。このカメラのように，今，彼女のこころの中には，新たに発達しつつある自己感覚を描写するためのスペースがあるのである。

　私が危険な存在ではなくなってくると，彼女は私と私のこころに興味を持つようになり，私の注意を何かに向けようとしたり，私の反応を求めたりするようになった。これは，トレーヴァーセンとヒューブリー（Trevarthen & Hubley, 1978）が「二次的間主観性」と呼ぶことに向かう動きだった。2人の人間が，それぞれ相手のこころの中にあるものを知り，興味を持ってそれを味わう。これは，通常は生後1年目の終わりにかけて発達するものである。

　彼女はセラピールームに私より先に走って入り，隠れる。そうして私に待つという体験をさせる。あるセッションでは，それまで隠れたことのある床に毛布を敷き，その下に枕を置いて，自分は別のところに隠れた。自分が隠れたように見えるよう仕組んだことに対する私の反応を期待していたのだが，このことからは，彼女が他者のこころについて現実的な理解を持ちつつあるのが分かる。

　モリーの母親も，支援を受けることで，より幸せに，かつ侵襲的ではなくなっていった。モリーがきょうだいたちとはどのように違うのかを理解し始めた。モリーにも母親にも柔軟性が育ち始め，より「流れに乗る」ことや，

遊びごころすらあふれるようになった。これは，安全感が増すにつれて現れる傾向があることである。

　あるセッションで，私は気がつかなかったのだが，モリーには外でサイレンが鳴るのが聞こえていた。以前なら解離して，凍りつくようになる事態だった。彼女は「あの音，なに？」と尋ねた。私がその問いを繰り返すと，彼女は「ちょっとパトカーみたい」と言った。私は「ちょっとパトカーみたい」と繰り返し，「みたい」という言葉を驚いたように強調した。それによってこころが動いていることを仄（ほの）めかしたのだ。彼女は「そうよ。警察みたいよ。たぶん強盗を追いかけているんだわ」と言った。私は，この輪郭のくっきりとした空想に興奮しながら，「ああ，警察が強盗を追いかけているかもしれないんだ」と言った。彼女は「そうよ，強盗が私の家に来て，口紅を盗んだの。私はすぐさま追いかけるわ」と言う。これは本当にエキサイティングな瞬間だった。少し前には，このような音に対して，文字どおりの危険を感じて反応していたのに，今回の音は遊びのなかに統合され，象徴的な役割を果たしえていた。次の章でも述べることになるが，モリーは今，発達の最中で，象徴化が可能になり，遊びごころにあふれ，親密さと分離という両方の能力を持ち，自分自身と他者のこころの状態について気づくことができ，自分自身の溝の内側にも外側にも片足を入れることができているのである。

第3章

レジリエンス，不一致，そして修復

Resilience, mismatches and repair

可能性の発見：マイケル

　17歳のマイケルは，自信がなく，抑制的だった。友達はほとんどおらず，時にはいじめられたり非難されたりすると感じることもあった。女の子に夢中になっても，彼の要求がましさに女の子のほうが引いてしまう。自身の感情を認識する洞察力には満ちていたが，自滅的なパターンが定着していた。彼の父親は残酷なからかい屋だったが，マイケルが7歳のときに突然亡くなった。彼は末っ子で，親密さと引きこもりを繰り返す母親にかなり依存していた。

　セラピーの最初の1年間は，彼のとてつもない絶望を扱うことのみが，可能なことのように思われた。女の子からの拒絶は，絶望感や自己嫌悪的な考えを助長させた。私の当初の共感は安心感を与えたが，すぐに役に立たなくなったようだった。私は彼を「叱咤激励」し，背中を押してやりたいと思う自分に気がついたが，これは彼の「小さな男の子」の振る舞いに対して，彼自身や他の人たちが持つ軽蔑を再演するものではないかと思われた。

　たとえば，彼の惰性に対する私の失望が漏れ出るなどの「行動をし」てしまうと，彼は受動攻撃的に引きこもった。私に対してどれだけ腹を立てているのかということに私がとどまっていると，彼は私と意見が異なっても大丈夫であり，私に挑むことすらも安全であるという希望を持つことができ，気分は変わる。

　あるセッションで，私はもうすぐやってくる休暇について触れた。彼は明らかに他のことを話したがっていた。私が遅ればせながらも，「僕のほうの話題を押しつけてしまったようだね」と言うと，彼は「いやいや，正しいと

思う。ありがとう」と言った。私は彼の偽りの従順さを受け入れず，私が間違えたかもしれないばかりか，彼にはこのことについてうんざりする権利もあると示唆した。すると，彼の顔色は良くなり，活力がみなぎってくるのである。

　別のセッションでは，私がドアを開けるのに1分ほど遅れてしまい，私がいるのかどうかすら不確かなままに彼を待たせることになった。彼は相変わらず礼儀正しく微笑み，セッションに入った。友人に待たされたことや，母親がいかに時間にルーズなのかという素材がセッションに忍び込んできたときに，私はようやく理解することができたのである！　そこで私は，私に待たされたことでいかに動揺させられたのか，いかに不当に扱われていると感じさせられたのかについて，しっかりと話した。彼は「いやいや，全然違うよ」と言ったが，今では私たちはお互いによく分かっていた。私は「いやいや」と彼の真似をしてから，「さあ！　友達に何て言いたかったの？」と言った。彼は，このような扱いを受けるのが嫌なんだと言うことができた。そして驚いたことに，「僕はもっと敬意を払われてもいいはずだよ」と言ったのである。私は「そうだよ。僕からもね」と語気を強めて言った。彼の顔に活力が現れ，筋肉も現れてきた。私はここに，潜在的に力強い，若い男性を見た。また，実際に誇らしい父性をも感じたのである。

　彼は，私もチャンスがあると思っていた女の子から振られた。会うのをキャンセルしてきたときの，彼女の説得力のない言い訳について語った。彼は悲しげに，これからも一度も関係を築くことができないだろうという恐れを語り，女の子は良い男は望んでおらず，「ろくでなし」がいつも勝つのだと，まるで「殉教者のように」文句を言った。彼の怒りは私の胸を打った。彼がむなしく顔を上げたとき，私は「彼女を自分のものにしようとはしないの？」と言っている自分に驚いた。同じくらい驚いたことに，彼は実際にそうして，成功を収めたのである。彼はセラピーと新しい男友達のサポートを受け，ゆっくりと，この女の子だけではなく，教師や母親，そして私に対しても，リスクを恐れずに，より積極的に行動するようになっていったのである！

　マイケルは，人生を時には耐えがたいほど困難に感じつつも，より強いパーソナリティ特性が成長し，挫折が大惨事である必要はないという信念を

持つようになった。この交際が終わったときも，彼の絶望の質は異なっていた。怒り，動揺はしたが，自己嫌悪は少なかった。彼は何か良いことがすぐ近くにあるかもしれないとこころから感じ，この経験を肯定的に受け取ることすらできたのである。彼はもはや，モリーのようにただ絶望の淵に沈むことはなかった。私は，彼の絶望に共感もしたが，すべてが永遠にお先真っ暗だという信念を乗り越えられるよう挑戦もした。すると，彼は笑みを浮かべて楽観性を再発見した。もはや受動的被害者ではなかった。

　マイケルの成長している部分は，刺激的な精神分析家のネヴィル・シミントン（Symington, 1993）が，人生に背を向けたり希望を拒否したりしない自己の一部について，「ライフ・ギバー」と呼んだものである。負の側面を恐れない精神分析家のシミントンは，それでもなお，希望の中核となる場を維持する。彼は「ライフ・ギバーに背を向けることは自己に背を向けることである。人生には成長の可能性がある」（p.41）と記している。苦痛に共感しながらもマゾヒスティックな絶望に溺れないこと，恐怖には思いやりを抱いても屈しないこと，そして，あえて絶望に直面することと危険を冒してでも力を発揮することとの間には，微妙な綱渡りがある。成長し，栄えるのは，私たちが「ライフ・ギバー」の側にいるからである。

　マイケルは，自分の運命を担うことができるという自信を高めていた。自身の状況をいくらかコントロールできることで，ストレスは低減され，心理的健康とレジリエンスが支えられる。「学習性無力感」の実験（Peterson et al., 1993）では，動物に電気ショックなどの大きなストレスを加える。電気ショックを止めるレバーなどのコントロールができるものを持つ動物が絶望的ではなくなる一方，そうしたレバーを持たない動物は絶望と恐怖に陥り，人間の抑うつのような症状を示すようになる。同様に，予測不能で虐待的，または無反応な親の赤ん坊は，願望や感情に応答してくれる親の赤ん坊よりもストレスにさらされ，自信がなくなる。苦境に対して影響を与えることができないと信じるならば，実際に目の前にあるであろう可能性をも見なくなるものなのかもしれない。

断裂と修復：サマンサとジミー

　7歳のサマンサは，里親に9カ月間預けられていた。母親には暴力的な
パートナーとの関係があり，サマンサはこころをむしばむほどの暴力を目撃
し，恐らく経験もしていた。彼女は不安で用心深く，しばしば恐怖で麻痺し
た。心理検査によると，彼女は聡明だが集中するのが困難であり，学業成績
も悪かった。家庭内暴力の目撃は，脳と神経系システムに強い影響を与え
(McTavish et al., 2016)，しばしば自身が暴力を受けるよりも悪影響をおよぼ
す（Teicher & Samson, 2016）。

　心理療法のためのアセスメントに先立って，訓練生が学校でのサマンサの
様子を観察するよう手配したところ，彼女の凍りつく様子が何度か目撃され
た。遊び時間に，彼女は少し複雑だが典型的なスキップゲームに誘われた。
彼女は，少しはステップを踏んだものの，ちょっとした失敗をしてしまい，
とても恥ずかしそうな表情を浮かべて引き下がってしまった。そして，二度
と挑戦しなかった。教室では，担任を喜ばせようと必死だったが，失敗する
のをひどく恐れていた。質問されると，答えが分かっていても凍りついてし
まった。彼女の心的世界と原家族では，何か間違えたり相手を失望させたり
することは，差し迫る恐怖と屈辱のシグナルだったのだろう。学校に通うよ
うになった頃，サマンサはプレッシャーを感じると，おそらくはパニック状
態でおもらしをしてしまうのも珍しいことではなかったという。

　心理療法のためのアセスメントでは，私は，特に自分が男性だということ
もあり，かなり注意を払う必要があった。私は，彼女を吹き飛ばすことすら
できるかのような自分の力が不快だった。セッションでは，彼女は話しかけ
られない限り，探索したり，おもちゃを使ったり，遊んだり，話したりする
ことはなかった。素敵な人形のような女の子や，可愛らしい庭のある家と
いった典型的な絵を描くという，安全な活動に退避した。彼女の本当の気持
ちと残酷な内的世界は，血のように見えるドレスの赤いしみ，家の上の不気
味な雲，簡単に吹き飛んでしまいそうでほとんど根づいていない木々など，
無意識のうちに絵の中に漏れ出ていた。アセスメントのあと，彼女の担当は
女性セラピストになった。彼女の自信のなさと凍りつきやすい性質は，彼女

の生活に真に悪い影響を与えていた。幸いなことに，これはセラピーと思慮深い里親と共に，取り組むことができるものだった。

サマンサは，悪い状況を修復することができるなどとは，ほとんど信じていなかった。それでも，不一致や断裂から回復することができると信じることこそが，情緒的健康にとって良い影響を与え，それが心理療法の成功につながるのである（Safran et al., 2009）。

これが，トロニック（Tronick, 2007）が開発した，古典的な「スティル・フェイス」法の魅力でもある。この方法では，母親が乳児といつものように交流し，その後，最大で2分間，無表情を維持するよう求められる。乳児は一般に，「こんなことが起きるはずはない」と感じ，戸惑い，混乱する。交流を再開しようと懸命に働きかける乳児もいれば，しかめっ面などの否定的な表情を露わにする乳児もいる。目を逸らしたり，自分をそこから切り離したり，自分で自分を慰めることで何とかしようとする乳児もいる。

早期にほどよい経験をしている場合，乳児は一般に，指差しをしたり，微笑んだり，ジェスチャーをしたりすることで，母親と再度関わりを持とうと積極的に働きかける。しかし，乳児観察の始祖であるエスター・ビック（Bick, 1968）が「第二の皮膚の防衛」と呼んだように，すぐに諦めて絶望的に内向きになる乳児もいる。視線をそらしたり自己慰撫をしたりするのだが，これは世界に働きかける，あるいは他者との相互作用がその状況を改善できる，という信念がほとんどない状態である。

母親の無表情が危険を予期するものだと仮定すると，サマンサはスティル・フェイスの実験では固まっていたかもしれない。おそらく，マイケルのような受動的な赤ん坊は，凍りつくようなことはなくても，安全な子どもがするような方法で相互作用を修復するという自信が欠如しているのだといえよう。母親がスティル・フェイスを止めると，不安定な乳児は回復が遅く，自信のある安全な子どもよりも高ストレスレベルを維持する。赤ん坊のサインが習慣的に無視されると，瞬間的な対処メカニズムが継続的なパターンになり，親切で共感的な大人のことすら諦めてしまうようになるのである。

不運な出来事，あるいはトラウマからでさえ，より良く回復する子どももいる。とても愛されていたジミーが9歳のとき，父親が不慮の登山事故で亡くなった。母親は崩壊してしまい，ジミーも感情が平板化し，いろいろなこ

とを諦めてしまった。事実上，彼の世界もバラバラになったのである。それでも，ジミーと母親はセラピーを使って，凍りつきや不信，自己非難，怒りや悲しみなどの古典的な喪の症状をたどることができた。これは耐えがたい作業である。もちろん，ジミーは100％回復することはないだろう。しかし，8カ月以内には快活さを取り戻し，友達との交流や生活への関与を再開した。数カ月後，彼は学業面でも仲間に追いつき，再びスポーツをしたり，パーティに招待されたりするようになった。彼の立ち直る能力は，早期に培った安全感を証明するものだった。彼は両親から深く愛されていたことを分かっており，他者を好きになり，他者から好かれることを期待することができた。何かがうまくいかなかったときにも，災難を予期するのではなく，物事はうまくいくと信じて，新しい状況を楽しみにした。安心できる子どもは，自分が戻るための「安心の基地」があることを体感的に知っており，それが，不安定な子どもに欠如する自信と好奇心，そして探索する自由を与えてくれるのである。

　何十年にもわたって，私は一貫して，虐待された子ども，トラウマを抱えた子ども，そしてネグレクトされた子どもが，不確かさと奮闘するのを見てきた。おそらく，臨時教員の配置などといった学校の習慣の変化は，大変な行動の引き金になりうる。これは，水面下の非常に不安な感情のサインであり，人生に対する基本的信頼感の欠如，そして新しい経験（断裂）がうまくいく可能性が高いという信念が，ほとんどない状態なのである。

　災難のあと，立ち直るかあるいは行き詰まるのかは，遺伝子構造や早期の生育歴，現在のソーシャルサポートなどのほかにも，さまざまな要因によって「過剰決定」される。虐待や早期の分離など，子ども時代に極度のストレスを経験した子どもは，その後のストレスに対してより脆弱で（Haglund et al., 2007），大人になってからも異常に高いストレスの兆候を示す。

　同様に重要なことは，ストレスのない生活は役に立たないということである。私たちは，不一致の経験と，それが修復可能だという学びを必要としている。転居や親の病気など，軽度のストレスを乗り越えた子どもは，のちのストレスに対処するためのより良い準備ができていることが多い（Maddi, 2005）。特に，早期の過度なストレスはのちの人生の役に立たないが，これが少なすぎる場合もまた，同様である。扱うことができる程度の困難にさらさ

れることは，「ストレス免疫」の一形態として機能する（Lyons et al., 2009）。

　レジリエンスがあるということは，深刻な苦難に見舞われても，希望を持つ可能性を見出すことができるということである。これは，表層的に，肯定的に物事の明るい側面を見るようにと勧めるものではない。希望を持つということは，適切な経験によってのみ育つ，深く根づいたパーソナリティの特性である。トラウマとストレスは，快楽の追求や報酬系に悪影響をおよぼす（Bogdan & Pizzagalli, 2006）。ストレスは，探索や社会的接触を回避させるように働く。一方，情緒的安定性は，通常，より幸福でより自信に満ちた社交的な子どもへと導く。希望を持つティガーなのか，気難しいイーヨーなのか。グラスに水が半分も入っていると思うのか，半分しか入っていないと思うのか。いずれにせよ私たちは，ずっと以前に予期することを学習した世界に対して反応するのである。しかし，ありがたいことに，これは変えることができる。それは，私自身のイーヨー的性質からも分かっているし，また，患者を通しても見てきたことである。

再び，モリー

　絶望的な受身性からの希望や情熱への転換は，先の章で記述したモリーにも見られた。彼女は，若干自閉的な 4 歳児で，嫌というほど知りすぎている憂鬱へと容易に退避する。しばしば何かを試みては失敗し，絶望の山の中に崩れ落ち，回復するのに長い時間を要する。私は，彼女が私たちのことを 2 人の絶望的な人間として経験することがないよう，彼女の絶望の淵に加わるのを避けなければならなかった。助けになったのは，彼女の苦痛の外側に立ち，希望を示し，アルヴァレズ（Alvarez, 1992）が「再生」と記述することを行うことであった。

　あるセッションで彼女は，昔ながらの押しボタン式の電話を手に取り，机の端に引っ張った。今にも落ちそうに電話がぐらつき，私は，電話が壊れ，至るところに破片が散乱するのを予見しながら，心臓が飛び出しそうなほど緊張していた。過去にこのようなことがあったなら，彼女は孤独に崩壊していたかもしれない。電話が床に落ちたとき，私は自分を奮い立たせ，勢いと衝撃，そしてショックを表現しようと，なんとか大声で「クラッシュ」と叫

んだ。なんとかなるということや，これはエキサイティングですらあるということをも，伝えようとしたのである。

　彼女は，今にも諦めて泣きそうになっていた。電話や遊び，そして実際に世界が崩壊したように感じていたのである。私はいくつかの部品を集めて，「修理できるよ。見て」と言った。これは，誤った安心を与えるような躁的否認ではなく，むしろ修復のモデルになるためだった。私がいくつか取りつけると，彼女は，災難は修復することができるなどとはまったく信じていないような様子で私を見た。私が電話を直すと，彼女は壊れるのを予期するのを楽しむかのように，もう一度最初からやってみて，今回は欠けた部分を交換するのを手伝ってくれた。しかし，欠片を一つ見つけることができず，彼女が再び諦めようとしたため，私は「おや，どこにある？　ここかな？　それともここ？」と，どこにあるのか知らないふりをしながらも，見つかると信じていることを示した。希望は修復された。彼女は諦めず，次の週にはこの場面を何度も再現した。すぐに彼女は，探しながら「おや，どこにあるんだろう？」と言うようになった。これは，空虚な私の模倣ではなく，真に希望と同一化し，何かうまくいかないときにも試行し続けるということを学んでいるかのようだった。

　私の介入は，ばらばらに崩壊する彼女の苦痛な体験を，防衛的に回避するものだと解釈する人もいるかもしれない。しかし私は，彼女のために誰かが希望を保持する必要があるのだと，ますます確信するようになった。私は，クリストファー・ボラス（Bollas, 1989）が記述する，自分自身がまだ実現されていない可能性を呼び起こす「変形性対象」になるのを許容した。彼女が諦めかけたとき，私が「モリーはまだ諦めていない。きっとできる」と言うことで，彼女は持ちこたえることができた。その後，彼女が挑戦した際には，私は意気揚々と「ほら，できたよ！」と声をかけた。彼女は，幸運な子どもなら当然の，希望と肯定的感情の状態を処理するのを私が手伝うことに，喜びと興奮を示した。すぐにモリーは，これを自力でできるようになり，実際，彼女が「腕白」になったのではないかと親が心配するほど，とても活発になっていったのである！

　休んだセッションのあと，彼女は悲しそうにやってきた。そのうえ，水たまりに足を踏み入れて，ソックスを濡らしていた。彼女は長時間泣きなが

ら，毛布に包まっていた。立ち上がってボールを蹴ろうとしたが，哀れなことにも蹴りそこない，再び崩れるように倒れた。「なんて悲しいんだろう」というコメントも，「ミュージック先生にとても腹を立てている」といったことも，何も違いをもたらさなかった。私を悪者として怒りをぶつけることができるように明確に示して，「あの馬鹿な老いぼれのミュージックはどこかに行っちゃったんだよ，ふー」と大声で言うと，彼女は顔を上げ，プラスチックのスプーンを私に投げた。そして，私たちはいつものセッションに戻った。おもちゃの山を私のほうに放り込み，彼女は再び遊び始めた。このときまでには，こうした断裂はより容易に修復され，絶望は正当な怒りに置き替えられた。これらの情緒は，デイビットソン（Davidson, 2000）が，高次の左脳の活性化と行為の主体の感覚を持つものとして示す，自信のある人に見られる「外に向かう」ものである。実際，ラテン語の「攻撃性」は，字義どおりには「向かう」を意味する肯定的特性であり，収縮の反対である。

　数カ月後，私は目の前で溝のメタファーが再演されたことに圧倒された。彼女は誤って，人形をカウチの後ろに落としてしまった。私は絶望的な崩壊を予期したが，驚いたことに彼女は，「そこ，大丈夫？」と人形に呼びかけたのである。それから「連れ出してあげる」と言う。彼女は紐(ひも)を見つけ，机の角にもたれかかって紐を床に落として，「今，行くわよ」と呼びかける。彼女は，その人形に紐を結びつけ，自分が頑張って引っ張っているふりをしながら，私に紐のもう一方の端を持っておくように言って，机の上に戻った。彼女は額を拭うような演技をし，再び引っ張り，私も意気揚々と「1，2，3」と言いながら彼女に加わった。彼女は人形を引き上げると，「よし」と大きな声で言った。私が彼女に加わり，一緒に持ち上げることが必要不可欠だった。それからの数週間，この流れはわずかに変化しながら，しばしば再演された。これは彼女を心理的なブラックホールから光のほうへと引き出すことのできる，内的な「ライフ・ギバー」（Symington, 1993）との同一化を象徴していた。このときまでに，よりレジリエントな自己，頑健な内的対象が確立されていた。彼女には，アルヴァレズ（Alvarez, 1992）が記述する，生命への「再生」が起こっていたのである。

　調査・研究は，少し自信過剰なほうが，子どもの能力を促進させることを示唆している（Bjorklund, 2007）。一般に，私たちは年齢を重ねるにつれて，よ

り現実的になるが，幼い子どもは，高い山に登ることができ，より多くの
ボールのバランスを取ることができ，より多くのゴールを取ることができ，
他の子どもよりも賢明であると考え，反対の証拠を受け流す傾向にある
(Stipek & Gralinski, 1996)。

　ビョークランド（Bjorklund, 2007）は，これは「保護的楽観主義」であり，
苦痛を伴う現実を防衛的に否認することではないとしている。このような楽
観主義は，最初は難しすぎると感じられる課題を学習し，試行し，我慢強く
取り組む必要のある幼い子どもには役に立つ。ビョークランド（Bjorklund,
2007）は，子どもが目の前に置かれた絵をいくつ覚えられるのかを予測する
ように求める研究について言及している。かなり正確な子どもがいる一方
で，大幅に過大評価をする子どももいる。おそらく，直観に反して第1回目
に最も過大評価をした子どもは，ほとんど妄想的な自己信念を持っているよ
うに見えるかもしれないが，第2回目にはより多くの方法を試行し，最も改
善した。楽観主義が忍耐力を促進させるのである。一方，希望と自己信念が
欠如している悲観的な子どもは，忍耐力も弱い。

　モリーのような子どもは，楽観的な感覚と自身の主体の感覚を発達させる
ための助けを必要としている。対象的に，抑うつ的な親の子どもは，トラウ
マを抱えた，あるいはネグレクトされた多くの子どもと同様に，より受身的
な傾向があり（Murray & Cooper, 1999），自信がないことが多い。自分の能力
を過信するのは明らかに危険ではあるが，モリーのような子どもは，あまり
にも簡単に希望をなくすという反対の危険がある。私たちは皆，厳然たる現
実に直面しなければならないが，あまりにも早く苦痛すぎる現実に直面する
のは，多くの子どもにとって最善の利益にはならない。

もう恥ずかしがり屋じゃない

　心理療法も含めた良い関係とは，調和ではなく，継続的な破壊と修復が特
徴である（Safran et al., 2009）。モリーは，ヘリコプターのおもちゃを壁にぶ
つけ，そしてセロハンテープの上に乗せる。彼女が「ばんそうこう」と言う
と，私は「直しているんだね」と率直に言う。同じようなことが車でも起
こった。私の仕事は，修復を必要とする彼女の傷ついた側面を同定すること

だと信じて，「可哀そうな車は傷ついていて，モリーはそれを直しているんだね」というようなことを言う。モリーにとって幸運なことに，このことの見当違いを指摘してくれたのは，比類なきアン・アルヴァレズのスーパーヴィジョンだった。モリーはすでに，ダメージや傷つき，そして私を含めた他者を修復し，慰める必要性を過剰に体験していた。彼女の過敏性は，私が片づけについて考えると片づけ始め，また，ほんの小さな口ごもったあくびに対してすら，「疲れた」と心配そうに言うようなところに見られた。

　私は，ダメージや修復ではなく，壁にぶつかる車とヘリコプターの強さを強調することを学んだ。私が墜落の力強さを強い声で反響すると，すぐに衝突はより強くなっていった。治療技法の核になるのは，声の高さや声色，そしてリズムを通して，感情状態の上下を調整することである (Greenspan & Downey, 1997)。メルツァー (Meltzer, 1976/2018) はこれを，熱量や距離の調整と呼んだ。時には，患者よりも少し静かに，あるいは力強く話すのである。私の力強い激励が増すと，モリーの強打もより大きくなる。それは，ますます強くなっていく彼女の一側面からやってくるものだった。

　彼女は熱心に，すべての動物からセロハンテープや絆創膏を剝がし，部屋の向こう側に力強く投げ始めた。彼女は「手伝ってくれる？」と，私にも参加するように求めた。私は自身の抑制を破って，今のモリーができているように，熱狂的かつ余念なく投げた。

　危ないところだった。スーパーヴィジョンがなければ，モリーに対しては恐ろしく注意深くしていなければならず，彼女も他者も基本的には不安定で壊れやすいという彼女の信念を強めることになっていただろう。最小限の雑音で委縮してしまうモリー，自己信頼が欠如しており，わずかな障害でもやけになって諦めてしまうようなモリーを，強化してしまう危険があったのである。

　モリーは二度と動物に絆創膏を貼らなくなり，彼女の世界はより頑健になった。もちろん，彼女が，時にはどれほど恐ろしいと感じるのかということにとどまり，彼女の失望を感じ，そして彼女の溝で共にいる必要はあった。しかし彼女は，物事がうまくいかないときにはそれを修復することができるという，私の声の強さと信念を必要としていた。これには，わずかな怒りにも「焦点を当て」(Fonagy et al., 2004)，そうした感情を誇張し，私が彼女

の怒りや憤怒を生き残るということを示すという，彼女のニーズが含まれていた。彼女は急速に変化していった。歩き方も変わった。フワフワと宙に浮いたようにではなく，よりしっかりと地に足を着けて，目的に向かって歩くようになったのである。

レジリエンスと可能性

　私はここで，心理療法の文献では意外にもほとんど注意が向けられてこなかった，レジリエンスや希望の発達に焦点を当てた（Music, 2009）。私たちにとって，良い経験は良いものであるが，ストレスを扱うことを学ぶのもまたしかりである。母-乳児の交流がスムーズに行われるのは稀なことである。トロニック（Tronick, 2007）は，良い相互的アチューンメントは，最善の母-乳児関係においても約30％の時間でしか生じないと示唆している！ 断裂が破滅的すぎず，修復が十分に良いもので迅速であるならば，誤ったアチューンメントの修復になり，それがレジリエンスをもたらす。安全な子どもは，物事がうまくいき，世界は良いところで安全だという，最も重要な感覚を持っているため，不安定な子どもよりもストレスからより良く回復するのである。

　レジリエンスは，「心的外傷後成長」と呼ばれものに見られるように，不利な経験に対して否定も退避もせず，そこに直面して成長することができるのが特徴である（Calhoun & Tedeschi, 2014）。精神分析が力説するように，私たちは人生の困難や暗い側面に耐える必要がある一方で，パーソナリティの肯定的側面を構築する必要もある。ケアをする役割を持つ私たちの多くは，容易に悲しみや動揺，苦痛に引き寄せられ，肯定的な面を軽視しがちである。もちろん，苦痛や否定的な面を最小限にする傾向の者もいる。しかし，これら両方の感情を扱うことができれば，それは私たちの強みになる。

　モリーに戻ると，彼女は確かに，より希望に満ち，穏やかになっていった。セラピーの終了間際のあるとき，彼女は天井を見上げ，「太陽が見える」と言った。私は，それまで心象のなかったモリーが，おそらく窓の外の太陽について話しているのだと推測した。彼女は「ううん，その上」と，天井を指した。私は，それが彼女の想像から出てきた太陽なのだとはっきりと理解

し，興奮した。他に何が見えるのかと尋ねると，彼女は「鳥」と言い，私にも「何が見える？」と尋ねてきた。私は「雲」と言った。これは，想像と喜びに満ちたゲームになった。

　ここには，純粋に発生した想像があった。リズミカルで互恵的な想像のやり取りや，お互いのジェスチャーの広がりは，「本当の自己」が形成される兆候である。次に彼女のこころに浮かんだのは，しゃぼん玉だった。彼女は私のほうにしゃぼん玉を飛ばすふりをした。私は，初めて会ったときの抑うつ的な彼女とは対照的で，本当に彼女の気分が泡立っているのだろうと考えながら，吹き返した。そのしゃぼん玉が彼女のほうに向かっていくと，彼女は「私，いたずらっ子の顔をしてるのよ」と言う。私は感動した。彼女はニヤニヤといたずらっ子のように微笑むだけではなく，自分がいたずらっ子のようにニヤニヤと笑い，いたずらな考えを持つという事実を分かって，それを楽しむというこころの状態にあったのである。私は喜びに満ちて，「いたずらっ子の顔をしているね」と言った。彼女は興奮し，かなり傲慢な感じで「しゃぼん玉をぶっ壊すわよ」と言った。私は彼女の自己認識の能力とともに，新たに発見した土壌のような頑健さと，本当の自己の形成を告げる腕白さにも感動していた。

アタッチメント
：神経質で不安が高く，疑い深い子ども

Attachment and jumpy untrusting kids

　専門家にとって気がかりな子どもの多くは，悲しいかな，全般的に大人のことや親密な関係性を信頼しないものだということを私たちは学んできた。彼らは，ウィリアム・ブレイクが人生を有意義なものにすると示唆する，「愛の光を受け止める」ことができない。不信と警戒心は，不安定型アタッチメントの中核である。ある種の環境では，信頼しないという情緒的反応を発達させることは理にかなっているが，もちろんそこには犠牲が伴う。

　レイチェルの養母は，レイチェルの乱れた髪を整えようと愛情を込めて近づき，ヘアブラシを手に取った。これは自然なことだと感じられた。実の娘にしてあげていたことであり，母親が自分のためにしてくれたことでもある。これはいつも楽しい経験だった。しかし，レイチェルはたじろぎ，猫のような素早さでそれを避けた。養親のためのグループで，レイチェルの母親は涙を流し，途方に暮れていた。他の親たちも思わずうなずき，共感する。このようなことは，このグループの全員に起きていた。レイチェルの母親は実子からこのような拒絶を感じたことはなく，これは自分の失敗ではないことは分かっていた。愛情が拒否されると，容易に自己非難と怒り，あるいはその両方を感じるものである。この会話は，こうした子どもが抱える「アタッチメントの問題」を中心に展開したが，これはこの養親らがそれまでに理解していたよりも，より深刻なことだった。

　なぜ，問題を抱えた子どもを理解するためにアタッチメントが重要なのか。実際，アタッチメントとは何を意味するのか。「良い」「弱い」あるいは「強い」アタッチメントについて話す際，私たちはそれらが何を意味するのか，おそらくは分かっている。このおおまかで日常的に用いられる「アタッチメント」は，アタッチメント理論と呼ばれる非常に厳密な一連の調査・研究による理解とは異なる。それでも，これらの日常用語は，私たちが多くの

子どもについて心配することの核心を突いている。

　他者と親密になり相互的ケアと愛情の絆を形成する能力は，人間関係の基盤である。信頼し，「愛の光を受け止める」なら，安全を感じるはずである。しかし，安全ではないと感じるなら，こころを閉ざし，引きこもり，自分を守ろうとするしかなくなる。

　人間には「ネガティビティ・バイアス」がある。常に潜在的な問題を警戒し，微に入り細を穿ち危険を予測する人がいる。私たちのネガティビティ・バイアスは進化の利点である。危険はないと楽観的に仮定する野生動物は，たとえ真の危険がほぼ存在しないときにも最悪の事態を想定する動物よりも，別の生き物の餌食になる可能性が高い。少なくとも悲観論者は生き残り，運任せの楽観主義者とは異なり，その遺伝子を次世代に伝える。早期の悪い体験は，ネガティビティ・バイアスを増幅させる。そして，より不信感を増し，愛情を与え，受け取る能力の低下をもたらす。

　子どもは，自分の状況がどの程度安全なのか，あるいは危険なのかによって，楽観的でよいのか，心配したほうがよいのかを測る。保護される以前のレイチェルの早期の人生は，危険や暴力，そして予測不可能性に満ちていた。彼女は，サディスティックな義姉や攻撃的な義兄から，自身を防衛しなければならなかった。私たちは人生の早期の段階で，基本的な関係性のパターンを学ぶ。たとえば，問題に対してリラックスしてかまえるのか備えるのか，依存するのか自立するのか，希望を持つのか恐れるのか，信頼するのか疑うのか，または緊張するのか穏やかでいるのかといったことが，それぞれどれほど適切なことなのかを，である。トラウマを抱えた子どもは，良い結果を期待したり，他者に頼ることが安全だとは信じたりしない傾向にある。安全だと見なされるような状況でも，危険だと見なすのである。

　フロイト（Freud, 1920/2001）はずっと以前に，ほとんどの種と同じく，人間は快楽に向かい，苦痛から離れるという単純な考え，「快感原則」について記述した。あまりにも多くの問題を抱えた子どもにとって，関係性と親密さは，喜びよりも危険を意味する。このような関係性の予測となる「内的作業モデル」（Bowlby, 1969）は，私たちの心身が新たな状況にいかに反応するのかに影響を与える。しかし，髪を梳かれたときのレイチェルの反応に見られるように，新たな状況が古いパターンを正当化できないことも少なくない。

　不信感や疑い，用心深さといったこころの状態は，もっともな理由があって発達し，不安定型アタッチメントの基盤を形成する。悲劇的なことに，このような子どもは，深い水準のどこかでは，愛し，愛されることを切望しているということに耐えられないのである。

アンビヴァレント型アタッチメント：グレース

　14歳のグレースは，それぞれに父親の異なる4人きょうだいの長女である。彼女は，ネグレクトを理由に9歳で保護された。母親は精神保健上の問題とアルコールの問題を抱えており，抑うつ状態と躁状態の間を急激に行き来する。グレースは，アルコールの兆候を含め，母親の気分を警戒することで自らの安全を維持していた。

　常に変化する空気のなかで，グレースは非常に用心深くなり，母親ときょうだいの有能なケアラーとなった。不快な気分に陥らないよう，懸命に働いた。母親は，気分が良いと，やや大げさ気味にではあるが愉快で愛情深くもなった。母親の気分に対して，こうした正確なアンテナを発達させた代償として，彼女は常に警戒し，不安でぴりぴりし，他者に過剰なまでに気を遣うようになっていた。他者に対する過剰な注意はまた，自分の思考や感情，身体の状態にはほとんど触れないようにもさせていた。

　グレースの主なアタッチメントのパターンは，より気がかりな無秩序型アタッチメントの行動をわずかに伴う，不安定-アンビヴァレント型，あるいは不安定-回避型だった。アンビヴァレント型アタッチメントは，子どもが注意深く監視する，あるいは面倒を見る必要すらある予測不能な親との関係において発達する。援助職に就く私たちの多くは，機能不全家族との関係において，他者の気分を読み取るという研ぎ澄まされた能力を身につけているのではないだろうか！

　彼女が養子になったのは11歳と遅かったが，まずはハネムーン期間があった。当初は特に，とても忠実に弟の面倒を見ていたので，「面倒見がよく」「まったく問題がない」と考えられていた。新しい学校では教師たちも同様に，彼女を協力的な良い子どもだと考えていた。しかし，彼女はどこか手が届かない印象があり，また，彼女が他者のことを本当に気にかけているのか

どうかは定かではなかった。むしろ，彼女のアンテナが拾っていたのは，自分の安全を維持するためのこころの状態であり，深く満足する関係のあり方を発展させるためではなかった。彼女はしばしば寝室に引きこもり，虚空を見つめ，自分を遮断した。傷つきやすく，軽い自傷行為に及ぶこともあった。

　グレースは，暴力的な行動化をするクライエントからの息抜きとして歓迎される，おそらくあまりにも容易なクライエントだった。典型的なセッションでは，彼女は待合室で神経質に微笑み，他の多くの人よりも私のことを長く見つめて，私についてくる。通りかかる人のために注意深くスペースを空け，うつむいてぎこちなく笑う。私を含むすべての人を幸せにし，周りの人が安心できるようにと努めるのである。

　あるセッションの開始時，彼女は身体を半分背けて，「元気ですか？」と尋ねてきた。私は彼女が何かを気にしていると感じ，「どうして今日はそんなことを気にしているの？」と尋ねた。彼女は口ごもったが，促すと，「先生が疲れているように見える」と言った。ここには，古典的な治療的葛藤がある。実際，私は休日なしで週末にずっと仕事をしており，疲れていた。関係精神分析家（Aron, 2001）が指摘するように，患者は，私たち自身が知るよりも先に，私たちのことを知っている。グレースのようなアンビヴァレント型アタッチメントを持つ者は，しばしば，他者の気分を拾うことに熟達している。

　私が深刻な表情をすると，彼女は心配そうに私を見る。困難な感情を回避し，グレースを扱いやすいクライエントのままにしておくという罠に陥ることもできる。このように，「関係性への期待」は，私たちが無意識にお互いの役割を「押しつける」ことで，再演されるのである。

　自身や他者の習慣的な関係性のテンプレートを具体的に認識するようになると，その範囲を超える可能性が広がり，新たな関係性のスキルが徐々に発達する。そこには，不快に感じる可能性のある役割に置かれるのに耐えることも含めた，身体的かつ関係的な自己認識が必要となる。一度，グレースが表面的に私を喜ばせるあり方の奥底にあるものに触れたことがあった。そのとき私は，彼女がこころの奥底で，私のことを警戒すべき，信頼できない人物だと経験しているのを認識しなければならなかった。自分のことを善意で

親切だと考えたいのであれば，このように見られるのは想像以上に難しいものである！

　グレースは適度に学力をつけ，友達もいたが，孤独を感じることが多かった。他者を安心させるために「思いやりと絆」方式を用いており，友人は彼女に頼ったが，その反対はなかった。パーティーに招待されないと，しばしば拒絶されたと感じ，傷ついた。

　短期間の交際が破綻したあと，彼女は内向的になり，表層的な自傷行為をし，昔の恋人に「偶然」出会うかもしれない場所に出向いた。セラピーでは，休暇が不安を引き起こし，その前にはしばしば不機嫌になった。あまりにも礼儀正しく，抗議もできない理想的なクライエントで，完璧に時間を厳守し，わずかにでも遅れると過度に謝罪をし，私が動揺するのを恐れていた。遅れたときの彼女の関心は，私をなだめることであり，時間の損をしているのは自分であること，あるいは私が彼女のことを心配していたかもしれないなどとは考えなかった。

　彼女の届かなさは，他者を信頼することができないという，彼女の自己を示唆するものである。ドナルド・ウィニコット（Winnicott, 1965）は，心理療法などの経験によって安全であることが明らかになるまでは，隠され，発達しないままの「本当の自己」を保護するために，「偽りの自己」を発達させる人々について説明している。グレースは，その芯の部分では，誰一人として自分のことを分かってくれる人はいないという孤独を感じていたのである。

　私が疲れているという彼女のコメントは，私にとっては難題だった。彼女は私の状態を的確に拾い上げていた。私はまず，応答をせずに彼女のコメントを返す，つまり，疲れているように見える私のことをどのように感じたのかを尋ねたいと思った。しかし私は，「うん，いつもより疲れている」と言うことに決めた。私は深呼吸をし，彼女が他の人に対するのと同じように，私の感情を拾い上げるのがどれだけうまいかと伝えることにした。私は，グレースが絶望的な生き残りのメカニズムとして，いかにこうしたスキルを発達させたのかを思い出す必要があった。

　グレースの私の気分への警戒と「良い子さ」に，私は微かに侵入されるような感じを抱いていた。私は，同様のアタッチメントのパターンを持つ成人のクライエントの「有用性」に対して，時に侵入的で，圧倒的で，うんざり

すらするような経験をしたことがあった。こうした人の碑文は「彼女は，他者や，やつれた表情をした人々のために生きた！」（であるべき）だと言ったのは，C. S. ルイスだったと思う。この「病理的利他主義」という言葉は，まさにこうした傾向を説明するために考案されたものである（Oakley et al., 2012）。

　私は，私や他者が何を感じているのかが分からなければ，いかに世界が安全だとは感じられないのかと，言った。彼女は安心したように見えた。背もたれにもたれかかり，少しリラックスした。私が少し疲れていても，彼女のことをこころにとどめていることができると信頼するのはいかに難しいのか，そして，私や一緒にいる人の面倒を見なければ，拒絶されたり排除されたりするかもしれないと信じているようだと伝えた。セラピーの初期には，彼女はこのようなコメントを退け，「そんなことないわ。先生は私のことを気にかけてくれているって分かっているわ」というようなことを言い，私を気遣い，私に価値があると感じさせ，私の自尊心を満足させていただろう。しかし，今回は彼女に届くことができた。グレースは，ほんのわずかにでも，私の「愛の光」を受け止めたのである。

　彼女は泣き始めた。以前にも泣いたことはあったが，今回の涙はそれとは異なり，より深いものだった。その後，彼女はより安心して私のことを信頼したように見えた。そして，子ども時代の記憶について話した。以前にもいくらかは聞いたことがあったが，ここには最近のセッションに入り込んできていた，新たな感触があった。彼女は母親の世話をすることで，子ども時代の多くを無駄にしたと腹を立てていた。その怒りは，他者とのより良い経験を願う，新しい自尊心の形成を示唆するものだった。

　しかし，彼女はそれでも，自分が私の手に負えないのではないかと，まだ私の気分を慎重にチェックしなければならなかった。こうしたパターンは徐々に変化する。やがて，彼女は私のことをより信頼し始め，警戒を緩めていった。私自身が身体的により安心を感じるようになったことが，これが真の姿だというサインだった。これは，彼女からあまり監視されなくなったことと関連づけられる。新たな情緒的関係性のテンプレートが現れていた。古いテンプレートを完全に取り換えることはできないが，それに沿って着実に定着し，願わくば，将来の経験をフィルターするような「より通常の」神経

経路になることが期待される。

　セッションでは沈黙と静けさが可能になった。ウィニコット（Winnicott, 1953）が記述するように，彼女には他者（母親／私）のいるところでも一人でいることができるという感覚があった。これは，グレースの最早期の経験とは大きく異なる。安全な子どもが，必要なときには誰かがそこにいてくれるのを分かりながら遊ぶことができるという感覚のようなものである。

　このような変化は，多くの後退を経ながらも徐々に増していった。幸運にも私たちには時間があり，グレースは数年間，セラピーに通ってきた。セッションの多くは，私がどれほど助けになり，親切で敏感であるのかと彼女が示唆することで，私を「甘やかし」続けているのかに注意をしておくのが仕事だった！　不信感や苦痛の感情，邪悪な考えなど，彼女がほとんど気づいておらず，また誰からも許容されないと確信している部分のための空間を，用意しておく必要があった。

　グレースには勇気が必要だった。セッションでは，彼女がいかに他者に合わせ，従順すぎるのかについて話し合った。彼女がどのようにして自身のために立ち上がるのかについて考えたが，まさにこの考えこそが彼女を不安にさせた。彼女は拒絶されること，そして友人が去っていくことを恐れていた。実際に，彼女は周囲の人に対して，母親の気分を見て，それを予期するということを続けていた。しかし，少しずつ，他者の感情は他者のものであり，彼女の責任ではないということを信じるようになり始めた。

　彼女は，怒ったり，悲しんだり，心配したりすることは恥ずかしいことではなく，大丈夫なことなのだと信じ始めた。養親から，私から，やがては友人からの，自分に対する新しく思いやりのある見方を内在化していった。

　休暇直後のセッションでは，私のことを大丈夫かと確認し，私の気分を警戒するようないつものグレースに会うのを予期していた。しかし，彼女は力強く，私が不在だったことにこころが揺れたと言った。友人関係がうまくいかず絶望していたこと，私には休暇を取る権利はあるが，そのタイミングが悪いと自分はどうなるのか，と。彼女は，自分の感情が理不尽なことは分かっているが，私を必要としていたのだと言う。これまでなら，こうしたことは，せいぜいは見捨てられたという自己憐憫（れんびん）の形で語られていたかもしれない。しかし，これは新しいことだった。私が耐えられるのを分かったうえ

での怒りの表出だった。感情は間違っていたり悪かったりすることはない。ほとんどすべての場合，感情は理解できる理由によって生じ，受け入れられ，多くは信頼されるものだということを信じるのは，とても大きな発見だった。

ウィニコット（Winnicott, 1971）は，子どもは他者から情緒を全力で受け止められ，抱えられ，生き抜いてもらう必要があると，随分前に理解していた。最も強烈な感情が他者によって扱われ，抱えられることによってのみ，私たちは真に自身を分離した存在だと感じることができる。これは，アンビヴァレント型アタッチメントの関係に巻き込まれている子どもには，ほとんど感じられないことである。

グレースの母親は，グレースの怒りの力に耐えられずに崩壊してしまい，グレースは自分の力は母親の精神的苦痛の原因になるほど強いのだと感じてしまっていたのである。しかし，今や彼女は新しい経験をし，希望や夢を持って情緒的に生きる人間として，他の誰かが自分のことを真摯に受け止めてくれると感じている。必要なときには他者がいてくれること，警戒を緩和し，他者のニーズを忘れることもできるということを信じ始めていた。安全なアタッチメントを持つ人に見られるような，信頼を経験していたのである。

グレースは苦闘し続けたが，これは思春期後期まで続くだろうと，私はのちに想像した。それでも彼女は，より幅広い感情を抱えることができるようになり，愛され，充実した人生を送るに値すると信じるようになっていた。これは，初期の過度な注意深さや，自身の気持ちは常に二の次にする必要があるという信念とはまったく異なるものである。こうしたパターンは，彼女の人生早期には適したものだったが，今ではもはや使いものにならない。悲しいかな，私たちは蛇が脱皮をするように，古いパターンを脱ぎ捨てることはできない――できればよいのだが！　しかし，古いパターンは影響力を失い，新しい心的皮膚が形成される。それは，社会的，対人的世界と交流する新たな方法である。グレースの場合，より厚く，穴の少ない心的皮膚が形成されていた。侵入されにくく，そこから世界に出ていくための保護された空間である。

適応的なアタッチメント

　最も心配なものも含めて，すべてのアタッチメントのパターンは，初期の環境に対する理にかなった適応として始まり，子どもの生き残りを可能にする。不安定なアタッチメントと記述されるものを，病的あるいは不健康だと見なすべきではない。里親や教師からはあまりにも頻繁に，実際に脅威がないところでの過剰反応など，耐えがたく，理解できず，「悪い」とすら経験される子どもの行動について聞かされる。

　こうした子どもの信念と行動は，穏やかで安全であることなどありえないような家族のなかで，生き残るために発達したものである。暴力と攻撃性の中では，リラックスして信頼するのではなく，過覚醒で反応的であるほうが理にかなう。デイミアンはその典型だった。叫び声や反応性，そして極度の攻撃性が当たり前の家族における，過覚醒の送電線である。彼の家庭では，愛情や心的内省はほとんどなかった。私は微妙な動きや視線の違いで，彼を驚かせたり防衛的にさせたりしてしまう。ほとんどの時間，私の身体は震え，しばしば緊張と不安を抱かせられた。私は，彼がかつて経験していた世界がいかに恐ろしいものであったのかを，深いところで伝えられていたのである。

　彼は私の反応ポイントを見つけ出し，それを押すことに喜びを感じていた。彼はしばしば私の恐怖ボタンを押した。すると私は，彼が怒りを爆発させ，私を傷つけるのではないかと，こころから恐れた。より認めがたいことは，いかに彼が怒りのボタンを押すのかである。虐待的に扱われたと感じると，私は自分がボスであり，彼の鼻をへし折ってやりたいと感じることすらあったのである。

　4歳までに彼は，すでにいくつかの保育園から退園処分を下されていた。彼の怒りと苦悩は，彼の領域のすべてに影響を与えていた。デイミアンは悪いわけでも狂っているわけでもない。すべての瞬間が，彼の過去に深く彩られていたのである。新しい生活では，早期のスキルはもはや役に立たないにもかかわらず，予期するようにプログラムされた世界に対して，彼の精神，身体，ホルモン，そして存在全体が反応していたのである。戦争が終わって

数十年が経っても，ジャングルの中で戦っていた名うての日本兵のように，デイミアンは心理学的にはまだ，実際には終わった戦争の中で生きていたのだった。

自己はどのように育つのか

　デイミアンのような子どもは，安全に「心の中で抱えられた」経験がないため，安らかな落ち着きが発達していない。なぜそうなるのか。数十年前にウィニコット（Winnicott, 1971）が書いているように，最初の自己の感覚は，母親の目と表情に反映される。デイミアンの母親は，誰が見ても恐ろしく，怒っていた。

　新生児は，無生物対象よりも顔を好み，人と関係を持つ準備ができている。生後7カ月の赤ん坊は，強膜や白目の変化を通じて，恐怖などの複雑な情緒状態を見わけることができる（Jessen & Grossmann, 2014）。より幼い赤ん坊でさえ，顔が隠されていても，身体の動きを見るだけで情緒を認識する（Zieber et al., 2014）。

　意図と顔の表情の認識は，絆形成の強化，集団への適合，そして危険信号を読むといった進化上の理由がある。このような能力は，調和した子育てがないところでは，鈍化するか過活動になる。情緒的剥奪状態にある児童養護施設で育った子どもは，顔の表情を認識する能力が低く（Nelson et al., 2013），対応する脳領域の活動が少ない。一方，グレースやデイミアンのように，危険信号かもしれない気分を認識しすぎて，ほとんどリラックスできない子どももいる。彼らは，ピーター・フォナギーが認識論的信頼（Fonagy & Allison, 2014）と呼ぶ，大人への，そして大人が伝えることへの信頼が育たない。かわりに私たちは，認識論的警戒を目の当たりにする。乳児の頃，デイミアンは健康に育ち，学ぶことができるような，頼りになる大人が住む世界を一度も経験しなかったのだろう。

　無秩序型アタッチメントの方略と呼ばれる，脅威のシステムを警戒する過覚醒は，おそらくトラウマをもたらすような親となんとかやっていくためのあがきの最たるものだろう。デイミアンは，エリザベス・メイン（Mein, 2012）が「こころへの関心」という用語をあてた，子どものこころの状態と

情緒に敏感に触れる親の能力を受け取らなかった。これは，安定したアタッチメントと同じく，情緒的調整スキルや実行機能に関する優れた予測因子である。

　こころへの関心は，問題を抱えた子どもと関わる者にとっても，極めて重要なスキルである。独創的なアタッチメント理論家のジェレミー・ホームズ (Holmes & Slade, 2017) は，良い子育てと良い治療的知見に基づく仕事に必要な，同様の特質を指摘している。安心感のあるアタッチメントを持つ子どもの親のように，役に立つ専門家は安心の基地として機能し，首尾一貫した物語の創造を助け，気分や情緒に触れ，誤りや断裂を修復することができる (Tronick, 2007)。デイミアンや，本章と次の章に登場する子どもたちは，これをほとんど持っていない。

　精神分析家のビオン (Bion, 1962b) は，周知のとおり，コンテインメントと呼ぶものを次のように説明した。親，あるいはセラピストは，乳児の経験を取り入れ，処理し，その後，消化された形で返す。親は，乳児の出すサインを読み，しばしば言葉で反応する（例「あら，とても不快みたいね。どうしたのかしら」）。フォナギーら (Fonagy et al., 2004) はこれを「マーキング」と呼んだ。乳児の感情を誇張して反映するような，ほとんど大げさな演技である。コンテインメントのように，マーキングは，信頼できる他者によって怒りや悲しみといった情緒状態が抱えられ，理解されたことを伝える。過度な不安なく，敏感でタイムリーに親に反応してもらった乳児や子どもは，世界は安全で頼ることができ，良いところだと信頼することを学ぶ。

　一方，デイミアンのような子どもは，何とかやっていくために，必死に対処メカニズムを発達させなければならないが，その代償は非常に大きい。情緒が扱われ，コンテインされ，調節されるという，デイミアンが得られなかった経験が，子どもには必要なのである。それが，自己理解と情緒調整，そしてウェルビーイングの感覚をもたらすのである。

無秩序，混沌，硬直，そしてトラウマ

　毎週，デイミアンに会うのを不安な気持ちで待っている間，私の心臓は速くなり，腹部は張り，呼吸は浅く，また，筋緊張などの交感神経系のすべて

の症状が出現した。前述のように，デイミアンは暴力と虐待を体験し，過覚醒状態で，反応的，かつ攻撃的であり，そこに「つながれていた」。彼を危険から守るべき者が虐待を犯す者であったことから，「無秩序」型アタッチメントのパターンが生じていたのである。

　彼の前で私は，しばしば何か悪いことが起きるのに備えていた。出勤中に，彼のことを考えて不安を感じるほどの揺らぎすら経験した。前週のセッションでは，おもちゃが私の頭の近くを飛び交い，はさみを没収していた。別のスタッフの部屋に押し入ったことも思い出す。時には，あまりにも状況が悪く，セッションを中断して待合室に連れ戻さなければならないこともあった。彼は通りに飛び出し，消火器を放ち，トイレを水浸しにした。受付と補助スタッフは，皆，デイミアンのことをよく知っていた。

　デイミアンは，ドラッグや叫び声，そして落ち着きのない暴力的な家庭で育った。2歳のときに保護され，何組もの里親に預けられてきた。面会の機会に一度もやって来なかった母親とは，それ以上の接触はなかった。養子縁組の候補に挙げられたが，名乗り出る養親候補はなく，6歳で長期の里親養育を受けることが承認された。

　神経科学が予測するように，彼は過覚醒状態で，至るところに危険を予期する。彼の前で私は，注意深く慎重で，素早く動かず，変化をしすぎないようにしなければならないと分かっていた。ともかく，彼は旋風だった。彼に必要な養育をするには年を取りすぎていると感じていた現在の里親の元に，これ以上いられないと知ってからは，より動揺した気分になっていた。他児に対して攻撃的で，友達はほとんどおらず，校庭ではいじめっ子で，集中したり学んだりすることが困難だった。毎週18時間の1対1のサポートが提供されていたにもかかわらず，学校は彼を抱えることができるのか，確信がなかった。

　アセスメントでの出会いは，スピーディーで魅力的な，しかし少し脅威的な男の子というものだった。彼は本当に遊ぶことができなかった。遊ぶには，リラックスして，好奇心を持ち，次に起こることに対してこころを開いている必要がある。サッカーは反復的で意味をなさず，しばしばセラピストにとっては好ましくない活動だったが，デイミアンにとっては安心して取り組める唯一のことだった。彼は常に勝ちたがり，そして確実に勝った。ゴー

ルを決めると誇らしげに拳を握りしめて叫び声をあげ，私を軽蔑するような
目で見る。彼は，私にも栄光の瞬間があるのではないかと，もしかすると彼
のゴールに比べるとわずかかもしれないが，私にもゴールが決められるので
はないかと信じさせようとしたが，その希望は常に打ち砕かれ，私は騙され
たと感じさせられる。彼は，自身の恐ろしい経験の何らかを私に投影し，私
を犠牲者にすることで，悪意のある喜びを得ていた。デイミアンにとって，
世界は犠牲者と加害者に分断されていた。

　楽観的な瞬間には，彼が感情を私に投影することで，理解されたという経
験になるかもしれないと願った。私が騙され，虐待され，操作されることに
耐え，その意味を理解できるのを見ることができたなら，彼はそれは扱うこ
とのできる経験，少なくとも私の中のどこかでは扱うことができるのだと学
ぶかもしれない。そして，やがてはこのような感情を自分で扱うことができ
ると信じ始めるかもしれない。しかし，権力と他者の苦しみを楽しむという
「二次利得」に，彼が嗜癖するようになるのではないかと感じることもあっ
た。

　彼は，私の思考や感情を十分に理解したうえで，私を騙したり傷つけたり
したが，これは共感とは大きく異なる。興味深いことに，人間の顔や行動を
見ても，精神病質の大人の脳の共感回路はほとんど働かない（Blair, 2018）。
他者の情緒を理解しているときでさえ，それはしばしば他者を操作するため
のものであり，そこにケアは伴わない。デイミアンの脳にも，これと同様の
神経細胞の活性化が見られるのかもしれない。彼の潜在的残虐性は，身も凍
るようなものだった。私は，感情を持つ人間として扱われていると感じるこ
とが，ほとんどなかった。

　これは，一般に高い共感性を持ち，仲間とうまくやっていくことができ
る，安定したアタッチメントを持つ子どもとは大きく異なる。デイミアン
は，食うか食われるかの恐ろしい世界に住んでいた。自分の生活について内
省する能力はほとんどなく，自伝的能力も最小限のものだった。将来につい
て想像することができず，人生の物語は欠如していた。

　彼が自閉症スペクトラム障害，注意欠陥多動性障害，そして行為障害の診
断を受けているのも容易に理解できた。しかし，こうした精神医学的分類
が，このような子どもの問題の複雑さをとらえることはほとんどない。不適

切な養育を受けた子どもは，しばしば誤った診断を受ける（DeJong, 2010）。

　私は，絶え間のないサッカーの息苦しさに抵抗しようと，少なくとも登場人物について話を拡げてみようとした。当時のチェルシーの強力な主要選手，ディディエ・ドログバとジョン・テリーが彼のヒーローで，同一化する冷酷なイメージだった。私がこれらのサッカーの主人公たちの感情や性格特性について話すと，彼はほんの少しの間を置いて，すぐに「今度はちゃんとプレーできる？」と言う。考えるという瞬間はめったに受け入れられなかった。私が得点するのが気に入らないと，「今のはなし。まだ準備ができていなかった」と言う。すると私は，少なくとも物事が自分の思うとおりにいかないと，どれだけ動揺するのかについて話すことができた。ほとんどの試合は，サディスティックな攻撃と恐ろしい爆発が散りばめられた，死んだような不毛さの感じられるものだった。

　ある日，セッションにやって来ると，彼は素早く里親と同年齢くらいの女性の人形を手に取り壊し始めた。私は彼が爆発する可能性があることを認識しつつ，一歩下がって深呼吸をし，はっきりと「いったいどうして，僕が経験したことなんか，大人が気にかけてくれるなんて信じられるっていうんだ？」と言った。彼は人形を攻撃し続けたが，私のことをチラチラと見ながら，それほど乱暴ではなくなっていった。私は「きみは時々乱暴したくなるけど，もちろんその理由は分からないんだよね」と言った。これは間違いだった。彼は威嚇して私を睨みつけた。デイミアンのような子どもにとって，「きみ」という言葉は，非難と迫害として感じられることがある。私は身体を立て直そうと，一拍おいて深呼吸をし，「時々，内側に大きな混乱した感情が起こってくるもんだ。ただ，爆発したくなるけど，その感情はどこからともなくやって来るようだ」と，独り言のように声に出して話し始めた。彼は睨みつけたままだったが，機嫌は直っていた。

　私は，彼の経験を反射して返そうとしたのだが，それはあくまでも消化された形で，である（Bion, 1962b）。私はもう一度，深く息を吸った。すると，彼が私を見ていることに気がついたのだが，驚いたことに，彼もまた深呼吸をしていたのである。彼はおもちゃ箱に手を伸ばし，救急車を含むいくつかの乗り物を取り出した。私は，彼のわずかに信頼することができる側面に触れたのだった。この瞬間，彼は，救急隊のように助けてくれる像が存在する

ことを知り，彼の中には，不安定だが，助けてくれる大人の世界というもの
に対する信頼が育ちつつあったのである。

　希望的なことに，まだまだ未熟ではあるが，彼は今や私にいろいろなこと
を説明しようとすることができた。彼は，まるで誰のことを言っているのか
私が分かっているかのように，「ここに男の子がいます」と言う。私が「う
ん，デイミアン。この少年は……」と尋ねると，「顔中に食べ物」と，非常に
シンプルな物語を語り始める。わずかな希望の瞬間が入り込むようになっ
た。彼は，自分がどれほど「悪」かったのかについて話す。おそらく，里親
からそうするように言われていたのかもしれない。このときまでに，彼との
間では少しプレイフルになることができるようになっており，私たちはこれ
に「怒ったデイミアン」と名前をつけた。私は，最近，腹を立てたときの
「怒ったデイミアン」が何を感じていたのかを推測してみた。彼は「おかしい
よ」と言いつつも，リラックスしていた。私は，「怒ったデイミアン」がすべ
てを覆いつくしているわけではなく，もっと思いやりのあるデイミアンな
ど，他のデイミアンもいることに安堵した。「怒ったデイミアン」の感情に対
しては，これまでデイミアンがされてきたように裁定するのではなく，共感
することが重要だった。おおむね，彼が反応的になることが減っていった。

　数週間後，サッカーをしていると，彼は明かりをつけた。私は，彼が電気
の明滅に，かすかに興味を示したことに気がついた。何か気がついたのかと
尋ねると，彼は「色」と言った。私は「それは素晴らしいことじゃないか。
明かりをつけると，この部屋の色が変わったみたいだ」と言った。彼は，再
度やってみて，私を見て，「ピンク系になる」と言う。私は「うん，この部屋
全体が変わったみたいだ。何が興味深いかって，きみがそれに気がついたっ
てことだよ。デイミアン，きみは今，こんなことに気がつくようなこころを
持っているんだね」と言った。彼は純粋に興味に開かれており，これまでで
最も審美 (Meltzer et al., 1988) に近いところにいた。彼は，嬉しそうにもう一
度やってみて，「音がする」と言う。私は「ああ，そうだね。明かりをつける
と，音がすることに気がついたんだ」と言った。私が大げさに耳を傾けると，
彼は繰り返して「まるで星みたい」と言う。私は繰り返し，物事に気がつく
ことがどれほど興味深いことなのかと，熱心に言及した。これは，幸運な赤
ん坊が受け取る，早期の調和したインプットの類だが，もちろんデイミアン

には経験のなかったことである。興味深いことに，このセッションの終わりに，彼は初めて私がおもちゃを片づけるのを「手伝って」くれた。協力と互恵への転換だった。同様に，学校と家庭でも，思慮深さが高まったエピソードが見られるようになっていた。

デイミアンは，無秩序型アタッチメントのパターンを持つ子どもと，多くの類似点がある。このようなアタッチメントのスタイルは，かつて考えられていたように「無方略」なのではない。危険に対する警戒心がかなり高度に組織化され（M. S. Moore, 私信），それが，コントロールされ，硬直した状態から，極めて混沌とした状態に反転する傾向のある交感神経系が容易に刺激されるという，自己調整の低下につながるのである。

私は週に1回を大変だと感じていたが，それは彼の生活のなかで他の大人が直面していた困難よりも，はるかに容易なものだった。他にも30人の子どもを教えていたり，家事をしたり，ソーシャルワークを担当する非常に多くの子どもを抱えたりしておらず，彼にのみ集中すれば良いというのは，恵まれていた。私の役割の一部は，落ち着いた小さなオアシス，この部屋と彼自身の中に安全な場所を発達させることだった。それは，成長する可能性があり，やがては彼が戻っていくことができるのだということを学ぶことができる場所である。

この落ち着いたオアシスとは，パット・オグデン（Ogden, 2006）などの著者が「耐性の窓」，あるいは安全地帯と呼ぶものである。このことについては，のちの章で詳しく説明する。安全な子どもは，耐性の窓に広々とした十分な空間があり，よほどのことがない限り，反応が引き起こされることはない。デイミアンのように，不適切な養育を受けた子どもの多くは，窓がはるかに狭く，容易に緊張と怒りの状態に陥る。

耐性のゾーンが拡張し，徐々にそれをより信頼するようになるにつれ，デイミアンは多少の内省が可能になり，落ち着くことのできる瞬間が出てきた。「安全」を経験する可能性を信頼し始めると，より好感が持てるようにもなっていった。「僕や他の誰かのことを本当に信頼する価値があるのか，きみのことを大切にできるのかは，信じがたいことだよね」というようなことも話すことができた。遊びは静かなものになっていき，助け，保護するような登場人物が増えていった。このゾーンにいると，彼は，共感，好奇心，自

分と他者への信頼，そして自分が面倒をみてもらい，生活が楽しくすらある
という信念など，安定したアタッチメントのわずかな兆候を示し始めた。こ
れらはまだまだ始まりにすぎないが，真の可能性として息づいていた。

おわりに

　本章では，近密さや親密さ，そして愛情を受け入れたり拒否したりする子
どもがいるのはなぜなのかを理解するために，アタッチメント理論を用い
た。子どもの情緒的世界は，早期に小さな場所で発達する。早期の家族や文
脈から，ボウルビィ（Bowlby, 1969）が関係性の「内的作業モデル」と呼んだ
ものを形成し，それを他の状況に持ち込む。早期の経験に応じて，脳が刻ま
れ，ホルモンがプログラムされ，心理的信念が形成され，こころが定まって
いく──すべてが深い轍を形成するのである。これがどのようにして起きる
のかは，アタッチメントの分類により説明することができる。それぞれのア
タッチメントの分類は無数の枝分かれをし，それによって信頼し，愛するか
そうではないかの能力が形成される。

　私たちの仕事の多くは，これらのパターンを理解することである。その大
部分は，面接のなかで，私たちがどのように感じ，考え，行動するのかを認
識することにある。私たちは，そこにいるあらゆる人の力の場に引きずり込
まれ，その関係性のパターンに引っ張られる。グレースの場合，私は信頼で
き，助けになるセラピストだという考えに引き込まれた。デイミアンの場合
には，恐がりで，反応的で，報復的な自分に気がついた。このような間主観
的パターンが腑に落ちると，その人についての理解が助けられる。その結
果，新しいパターンや新しい関係のとり方，新しい種類のアタッチメントの
絆形成が可能になる。運が良ければ，このような変化が，ブレイクのいう貴
重な愛の光に背を向けない方向へと導いてくれるのである。

スチュアート
：育ちゆく「内的実行性」と考えるこころ

イントロダクション

　本章ではスチュアートについて話したい。彼は「多動」で，情緒的な調整ができず，落ち着きがなかった。私がそれまでに出会ったなかで，最も剝奪された少年の一人だった。結局，彼とは5年近く会い続けたのだが，その過程で多くの希望に満ちた成長を見届けることになった。

　最初の出会いは，クリニックの待合室だった。厭世的だが，地に足のついた，どこにでもいるような中年後期の夫婦が，あいさつをしてきた。彼らは多くの里子を育てていた。二人の生意気そうな弟は，里親の近くに座っていたが，それは3年間の生活で，良好なアタッチメントを築いてきたことをうかがわせるものだった。そのとき，奇妙な叫び声が聞こえた。手足のゆるんだ，ぎこちない歩き方のブロンドの少年が，そこにいた。彼は，里父の真似をして変わった声を出し，奇妙な動作をしていた。この明らかな奇妙さにもかかわらず，私はすぐに彼に興味を抱き，これは希望の持てる予後だと受け止めた。

　里親は子どもたちについて少し話してくれた。慢性的なネグレクト，不衛生，ひどい食生活，過剰な性的刺激や暴力にさらされるなどの，こころが痛む物語の最悪の断片について，私はすでに報告書で読んでいた。現在11歳のスチュアートは，8年間のひどいネグレクトに耐えてきた。里親は彼とうまく暮らしていけるのかどうか自信が持てず，苦労していた。

　私は，彼との面接を進めることができるかどうかをアセスメントするために，彼と一対一で会った。彼はすぐさま私の動きを真似るようになったが，それは洗練されたものではなく，むしろ「付着的」(Meltzer, 1975)に，外形

にしがみつくことで，自分自身を保持するものだった。このことは，主に自閉症の子どもが，頑丈な感覚を与えてくれる儀式がなければ「液化する」かもしれないのを恐れるという，フランセス・タスティン（Tustin, 1992）の見解を思い起こさせた。

　このような真似は深い不安の表れだが，そこには何かしらの希望もある。真似をすることで，表面的な堅固さの感覚を得るのみならず，スチュアートは，ひとりの人間になる方法をも学びたかったのである。そして，学ぶことができる大人との同一化を試みていたのである（Music, 2005）。

初　　期

　スチュアートは衝動をほとんどコントロールすることができなかった。たいていの子どもはテレビを観ると落ち着くが，スチュアートは静かに座っていることができず，番組の中に入り込んだように，動いたり，身振り手振りをしたり，叫んだりする。独り言を言ったり，奇声を発したり，ブツブツつぶやいたりもするのだが，不安になるとこのような行動が増える。

　遺糞もあった。これは，衝動コントロールが不十分で，恐怖心の強い子どもによく見られるが，性的虐待の被害者にも一般的なものである。スチュアートの場合，その背景に何があったのかは明確ではなかった。彼は学校ではいじめられており，当然のことながら，ほとんど友達がいなかった。

　彼は暴力や不適切な性的行動といった，ショッキングな出来事を経験してきた。しかし，さらされてきたことよりも，よりいっそうたちが悪いのは，奪われてきた必要な経験のほうだろう。のちに検討するが，かなりのネグレクトを受けた子どもと同じく，彼は健全なパーソナリティを形成するために必要な，調和のとれた養育をほとんど受けてこなかった。彼と弟たちは，基本的に，お互いを育て合うしかなかったのである。

　トラウマを負った多くの子どもとは異なり，スチュアートは攻撃的でも過剰反応的でもなかった。彼がいかにこの軌道を免れたのかを説明するのは難しい。多くの場合，高レベルの怒りと攻撃性は，表面下の発達の欠如を覆い隠す。スチュアートの怒りの欠如からは，彼のわずかに発達したこころと情緒の世界を見ることができた。

　言葉は遅れており，話し方には奇妙で理解しがたい言葉が散りばめられていた。彼は「僕がＨと言うなら，言葉がある。分かる？」と言う。私が分からないと言うと，気落ちしたように見えた。私は，彼の言葉を一生懸命に理解しようとしているのだという姿勢を示そうとした。彼は，先生が「何か言葉を言って」と言えば，「Ｈは言葉だからＨと言ったっていいし，Ｗと言ってもいいんだよ」と説明してくれた。彼はおそらく冗談を言っていたのだろうが，そこには内容がなく，表面的な構造の一部を取り上げたのみだった。

　彼の「僕はかなり良くなっている」という発言は，セラピーに来ないための言い訳のように聞こえたが，少なくともある程度の知性を示してはいた！なぜ，大人が彼のことを心配しているのかと聞いてみると，彼は，自分には助けは必要ないと言う。私が端的に，それは信じられないと言うと，彼は顔を背け，「うん，嘘」と言い，さらに「よく分かったね」と言う。これは，私が彼を理解したということを意味していたのだと思う。彼は，私が彼のニーズを理解し，それでも彼のことを批判しなかったことに安堵したようだった。私はこの彼の反応に魅せられ，興味を抱いた。

　私はよく，あまりにも複雑な文章を用いるという間違いを犯した。たとえば，あるとき彼は，それまで作っていたものを壊して，「中性子爆弾」について話し出した。私は，彼の活動に対して，事実上の「核攻撃をして」しまったのだと感じた。また別のときには，里親以前の彼の生活について話したところ，彼が理解しているかどうか分からなかったので，単純に「心当たりがある？（Does that ring a bell?）」と聞いてみた。彼は軽快に「カラン，カラン，カラン（ding a ling a ling）」と，私の真似をするのではなく，特に考えもなしに連想をしたようだった。彼は「心当たりがある（ringing a bell）」という象徴性を理解するには，ほど遠かったのである。そのあとで彼が「うーん」と言うので，私はそれを繰り返し，何を意味するのか尋ねると，彼は「バイクのようなものだと思う」と言う。その「うーん」は，エンジンを連想させたのだ。このような反応は，スチュアートのように象徴的言語を扱うことのできない統合失調症患者によく見られ，かつて「音韻的連想」（Shevrin et al., 1971）と呼ばれていたものに似ている。

　私は当初，スチュアートは難しいことを考えるのを，防衛的に拒んでいるのだと考えていた。しかし，考えたくないというよりもむしろ，彼は思考を

扱うことのできるこころの基盤を欠いていたのである。非常に具象的で，ほとんど音韻的な連想は，未発達の思考装置によるものだった。「考える人なき思考」だったのである（Bion, 1962a）。

　初期の作業の多くは，思考を追うことであり，それにより思考を観察することのできる彼のこころの部分を促進することだった。会話を始めても脱線していくと，私は「さっき話していたことに戻ろう」と言う。すると，彼は安堵し，つながりを作り，考えをまとめていくことができた。こうしたことは，注意を集中し，自己調整をするという，実行機能の能力の最初の段階である。

　スチュアートは，レゴを使おうとするようになった。意味のあるものはほとんど作ることができなかったが，満足げに「こんなことをするのは初めてだ」とつぶやいた。彼に向ける私の注意は，彼にとっては「こころを育む」新たな経験だった。スチュアートが必要としていたのは，当たり前の関心と注目であり，なにも複雑なものではない。むしろ，親が乳児に世界を理解させる手助けをするようなものである。注目されていると感じるようになると，彼は自分でも自分に注目し始めた。これもやはり，いかに乳児がこころを育んでいくのかということである。残念ながら，私はしばしば複雑すぎる発言をしてしまうのだが，ありがたいことに彼はそれを無視したり，脇に置いておいたりした。ウィニコットが示唆したと言われているように，心理療法士が何かを言う理由は，それが間違いだったときに情報を得るためである。スチュアートは通常とは異なる方法で，効果的にそれを伝えてくれていた。

　数週間のうちに，奇妙なやり方ではあるが，スチュアートに好奇心の芽生える兆しが見えてきた。彼は「サウスエンドには，どうしてこんなにたくさんの照明があるの？」と尋ねる。私がそれは面白い問いだと言うと，彼は満足そうに見えた。彼はどう思うのかと聞くと，「うーん，分からないけど，誰がどうやってお金を払っているのかな？　もし，小さな建物に照明があったとしても，いくつあるのかな。もしかしたら，地面の下に発電機か何かがあるのかもしれないと思ったんだ」と言う。彼は，どうすれば良いのか分からない，中途半端な考えに困っていた。別のセッションでは，頭が大きいにもかかわらず，ほとんどない隙間を通り抜けることができるタコの話をして，「どうしてなのかな？」と言ったり，「人はどこから来たのかな，誰が発明し

たのかな，原始人なのかな」と考えたりした。こっけいに聞こえるかもしれ
ないが，好奇心は確実に形成されていた。

　多くの心理療法士のように，私はたびたび間違ったレベルでの作業をして
いた。いろいろな物事について本当によく考えているんだねと私が言うと，
彼は目に見えて和らぎ，呼吸が深くなった。しかし，物事はどこから来るの
かという問いについて，彼はどこから来たのかという考えや，さらに悪いこ
とには，3歳の頃から会っていない父親についての考えに結びつけたりする
と，彼はひきこもってしまう。これは，彼にとっては何段階も複雑すぎるレ
ベルなのだった。

　アン・アルヴァレズ（Alvarez, 2012）は，子どものレベルに合わせて治療技
法を調整しなければならないということについて，詳しく書いている。ス
チュアートのような子どもには，アルヴァレズが言うところの「説明レベ
ル」で，「なぜ」という質問をしたり，一つの考えを別の考えと組み合わせた
りするのではなく，ゆっくりと進めていかなければならない。スチュアート
が考えられるようになったのは大きな進歩だった。自分が考えているという
ことを知っているとすれば，なおさらである。この段階では，これだけで十
分だった。

自己調整と実行機能

　これまで述べてきたように，トラウマを負った子どもの多くは，脅威にさ
らされ，交感神経系が亢進した状態にあり，自己調整に関わる脳回路が抑制
されている。スチュアートのような子どもとの初期の面接では，情緒の調整
と身体的な気づきの強化を目指すべきである。調和した共感的な注意を払う
ことが，そのための大きな助けになる。

　子どもによってトラウマの影響は異なるが，実行機能の不足という大きな
くくりでまとめられることが多い。つまり，考えること，計画すること，自
己調整，内省，ワーキングメモリー，集中力，そして人間関係の困難などの
問題であるが，これらはすべてスチュアートにも見られた。

　実行機能は，前頭葉，特に前頭前野の衝動性の抑制，計画の実行，感情移
入，そして対人関係のスキルといった，トップダウンの作業の要である。ス

チュアートのような子どもに対して，私たちは，「ボトムアップ」の情緒的/
身体的なやすらぎと，「トップダウン」の前頭葉の調整や内省的実行機能のス
キルの両方を構築しようとする。

　ここで再び，アルヴァレズの作業のレベルについての考えが役に立つ。ト
ラウマを負った子どもの多くは，認知的に複雑すぎること（たとえば「この
ためにこれが起こった」という，「なぜなら」の説明）が困難である。同様
に，父親についての私の言及が早すぎたように，まだ対処する準備ができて
いないような，情緒をかき立てられるような言葉にも苦戦する。「きみ」です
ら，多くは「きみはそんなふうに……」と非難されているように感じられて
しまう。

　第6章では，アルヴァレズ（Alvarez, 1992）が「他者に関心を引かれない」
と呼ぶ子どもに，いかに生命を吹き込むのか，つまり「再生」するのかを見
ていく。こうした作業は，鈍化した（dulled-down）子どもには有効だが，明
らかにトラウマを負った子どもには，異なるアプローチが必要である。こう
した子どもは，平板さではなく，主に調整不全やコントロールのできなさを
露呈する。スチュアートがそうだったように，彼らは表面に見えるよりも未
発達かもしれず，まずはアクティングアウトに対処する必要がある。このよ
うな作業は，活気を与えるというよりも，調整を緩和して落ち着かせるもの
である。

　トラウマとストレスは，前頭前野の脳回路や実行機能を妨げる（Márquez et
al., 2013）。情緒の調整が，内省，自己調整，そして高次脳機能を再起動させ
るために必要である。

　ボストン変化プロセスグループ（The Boston Process of Change Group, 2010）
の独創的な乳児研究者や精神分析家たちは，良い治療的作業の核は，彼らが
「関係性についての暗黙の知識」と呼ぶ，習慣的な人間関係のパターンに挑
戦することだという。人が近づくと，殴られるのを予期して飛び上がる子ど
もの場合，抑圧された悪い記憶を扱うことはせず，また，過去の出来事の記
憶に焦点を当てすぎるべきでもない。むしろ，暴言を吐いたり，不信感を示
したりするなどの身体反応に表れる，「関係性についての暗黙の信念」に対す
る気づきを発達させるのが，主な課題である。

　虐待を受けた子どもの多くは，スチュアートのように，刺激に対して過敏

に反応する。スティーヴン・ポージェス（Porges, 2011）が「ニューロセプション」と呼ぶものを介して，超高速で，意識の外側で反応するのである。潜在的脅威の手がかりに対して，安全な子どもよりも強力に扁桃体が反応するのである（Kujawa et al., 2016）。

スチュアートのように，ひどく不適切な扱いを受けた子どもは，自己認識と考えるための間と，その能力を生み出すことが特に難しい。私たちの存在が，自己調整と内省のできるこころを育む足がかりになるのである。ユニヴァーシティ・カレッジ・ロンドンとアンナ・フロイト・センターのイーモン・マックロリー（McCrory et al., 2017）は，内省，ナラティブの形成，そして自伝的記憶の中心となる脳領域は，トラウマの影響を大きく受けることを示している。

私たちは，スチュアートがいったん立ち止まり，内省できるようにこころを支えることで，このような自動的な反応への気づきの発達を援助する。偉大な精神科医でアウシュビッツの生き残りであるヴィクトール・フランクルは，次のように述べている。すなわち「刺激と反応の間にはスペースがある。そのスペースには，自分の反応を選択する力がある。私たちの反応には，力と自由がある」。

スチュアートには，重度の実行機能障害を持つ子どもの特徴があった。二つの考えを一つにまとめたり，計画を立てたり，集中したりすることが苦手で，自己認識や自己調整のスキルに欠ける。精神分析では，スチュアートの自我はほとんど形成されていないと言われるだろう。

フロイト（Freud, 1920/2001）がかつて自我と呼んだものは，実行機能のなかの実行者だと考えられるかもしれない。フロイトと同時代，20世紀初頭，ロシアのベクテレフ（Bekhterev, 1907）は，前頭葉の損傷が，計画と実行の両方の能力を失う結果になることを発見した。20世紀初頭のもう一人のロシアの偉大な心理学者ルリア（Luria, 1966）は，前頭前皮質に器質的損傷のある人は，抑制が効かず，衝動的で，自己認識力に欠け，人の話を聞いたり社会的期待に応えたりするのが困難なことが多いということを発見している。

これはまた，スチュアートのようなトラウマを負った子どもによく見られることである。トラウマが，このような前頭葉の能力に影響をおよぼすのである（Teicher et al., 2016）。したがって，こうした子どもとは，アルヴァレズ

が提唱したような，シンプルなレベルで出会っていく必要がある。これは，ラッセル・バークレー（Barkley, 2012）らが提唱した，実行機能に関する見解とも一致する。

　ウィニコット（Winnicott, 1965）が「ほどよい」子育てと呼んだことを通して，ほとんどの子どもは，計画すること，目的を持った行動をとること，いくつかのことを同時にこころに保持すること，また，将来の目標を追求するために目の前にある誘惑を脇に置いておくことといったスキルを発達させる。安定型のアタッチメントは，こころへの関心のある子育てと関連するものだが，これはすなわち，実行機能と関連する（Meins & Russell, 2011）のである。一方，ストレス，脅威，そして恐怖は，これらを抑制する。

　スチュアートは ADHD のための投薬を受けていたが，不適切な扱いを受けたことによる症状が ADHD と混同されることは多い（DeJong, 2010）。多動性と集中力の不足が，いずれも，恐怖と不安に起因するのはよくあることである。これらはまた，社会集団でやっていくうえで不可欠な，実行機能の一側面でもある。したがって，不適切な扱いを受けた子どもの多くが，人間関係に苦労し，孤立するのである（Music, 2011）。脅威に注意を向けていると，基本的な対人関係能力，集中力，感情移入，優しさ，そして好奇心を構築するためのスペースはほとんどなくなる。

　スチュアートのよう子どもは，フロイトがイドと表現したような，原始的な無意識の力に突き動かされているように見える。これは最近では，大脳皮質下の脳内プロセスの観点から考えられることである。私たちの「行為者」である自我は，イドに基づく衝動にすべてを支配されないようにする。したがって，アン・アルヴァレズ（Alvarez, 2012）が言うように，トラウマや困難な記憶を扱う前に，シンプルなレベルで出会い，こころの基本的な構成要素と自己調整能力を整えるよう，努める必要があるのである。

再び，スチュアート

　スチュアートは特に，私が彼にとって複雑すぎる話をするのをやめてから，徐々に私の関心に反応するようになっていった。私は，消化するための力が不十分なままに，感情に触れさせるのは逆効果だと気づいたのである。

あるセッションで，彼はボールと紐をつなげるのに苦労した末に，ボールに穴を開けて紐を通すことができた。私は，古典的で役に立たない解釈をした。「きみは本当に物事をつなげたいんだよね。家族とも，僕のこころの中とも，つながっていたいんだ」。彼は，「先生は本当に僕の問題を解決してくれてるんだね」と答えた。私は彼のこの言葉に素直に満足したが，実際にはこのあと，彼はこの遊びをやめてしまった。私の複雑な解釈が，彼とのつながりを失わせてしまったのである。私がすべきだったのは，彼のこころの中に考えや計画があるということを強調することだった。それ自体が新しいことなのだった。おそらく，彼が集中してこの計画を実行しようとしていること，そして自分は計画を立ててそれを実行できるタイプの男の子なのだと信じることができるということを強調することが役に立っただろう。

　紐を家族とのつながりと結びつけるような解釈は，彼にはとうてい届かないものだった。私はようやく，こうしたことに気がついた。彼はただ，注意を払ってもらい，していることを映し返してもらい，気持ちについてコメントをしてもらうという経験を必要としていたのである。たとえば，「すごい。一生懸命やっているね」「いやあ，うまくいかないと本当につらいよね」といったことである。私がほんの数秒でも黙ると，彼の思考プロセスはばらばらになり，作業を諦めてしまう。しかし，私が注意を向けることで，奇妙な真似の身振りに頼ることなく，自分で自分を一つにまとめることができる。つまりこれが，自分で自分に注意を向けるということの第一歩なのである。

　セラピーを始めて8カ月の頃，彼は自分のロッカーに行き，プレイ・ドー[訳注1]，定規，ペン，紐，そして学習帳を持ってきて，「これはテクノロジーかな？　僕はそう思うよ」と言う。ペパロニ[訳注2]について話すのだが，私はここで，彼が空中でプレイ・ドーを回してピザを作っているふりをしているのだと気がついた。彼は自分をピザ屋だと考えていたのである。その考えがいかに面白いものかと話すと，彼は嬉しそうにした。彼は，プレイ・ドーで箱も作ろうとしたが失敗し，混乱したように見えた。しかし，彼は，学習帳に何を作るのかを計画する絵を描き，それを実行しようとした。これには私も興奮した。計画を概念化し，実行することは，基本的な実行機能で

[訳1]　粘土の商品名。
[訳2]　イタリア風のサラミの一種。

ある。今のスチュアートにはその能力が備わっていたのである。このときまでに私は，自分の主な役割は，彼についていき，彼の思考プロセスと，彼はそういうことのできる人間だという自信を支持することだと分かっていた。

　彼は休暇について聞いてきた。多くの場合，私たち心理療法士は，休暇で会えなくなるのは寂しいものだという仮説にすぐに結びつけすぎるきらいがあり，それがどれだけ困難なものかという話をする。私は，これはスチュアートの役には立たないと分かっていたため，しばらく待つことにした。彼は「ああ，これは別の考えだ」と，自分の中に考えというものがあることに驚いたように言った。私は興奮して「そうだよ。きみには考えがあるんだよ，考える人だ」と言うと，彼は「ああ，僕はたくさん持っているよ，何百万もね，何百万ものこころを持っているんだ」と言ったのである‼

　彼は，紙に判読できない形を描き始めた。何なのかと尋ねると，「分からない。ただ頭に浮かんだだけ」だと言う。私は，頭の中に何かが浮かぶということに気がつくのはとても素晴らしいことだと言った。次に，彼は興奮して「他にも何が頭に浮かんだか分かっているよ」と言い，先にしていた『ドクター・フー』[訳注3]のゲームを引き合いに出して，「抹殺セヨ」と言う。そして，「彼らは，ええと，ああ，彼らは……」と言うので，私がダーレクス[訳注4]と助け舟を出すと，「ああ，ありがとう，ガーリックス[訳注5]だ」と言う（‼）興味深いことに，このセッションの最後に，彼は頭を作って上に穴を開け，「今から脳を入れるよ」と言った。彼は今，脳やこころを作ることができると，本当に信じているのだと思われた。

　この段階では，私たちはこころの基本的な土台を作っていた。これは，彼が情緒的に十分に楽でいられ，調整できるということにかかっていた。彼は，より大きな飛躍を遂げようとしていた。数カ月後，彼はこう言った。「ピザは作らないよ。僕は……［判然としないつぶやき］になりたいんだ……大

---

† 3　1963年からイギリスBBCで放映されている，世界最長のSFテレビドラマシリーズ。

† 4　『ドクター・フー』に登場する地球外生命体の一つ。DNAの操作により，憎悪を除くあらゆる感情を消されている。そして，常にダーレクス以外の全生命の抹殺を考え，「抹殺セヨ！（Exterminate!）」と叫びながら殺戮を繰り返す。

† 5　ダーレクスとガーリックスの韻を踏んだ。

金を請求できるんだ。ほら，あれ，そう，配管工。1日60ポンドだよ」。私は，彼が将来どんな人になりたいのかについて，希望的観測を抱いていることについて話した。これは，初歩的な自伝的ナラティブである。自分自身や他者の物語の一部として，自分が時間軸の中に存在するということを想像できるのである。鏡の中の自分を認識し，人称代名詞を使い始める14〜16カ月の子どもの多くができることである。11歳のスチュアートは，今，ちょうどこのことを学んでいたのだった。

　情緒についての象徴性もまた，発達していた。レゴで何かを作っているとき，彼は自分のこころの中にある別の考えに気がついた。彼は，小さなレゴをいくつか重ねて，ごちゃごちゃとした重い塊にしながら，「こうやって物を積み上げていくのは，僕のママみたいだ」と言う。そして，もっとしっかりとしたレゴを取って，「でも，ポール（里親）はこっちだ。ずっと幸せなんだよ」と言ったのである。とても感動的だった。彼は今，より大切にされていると感じているのである。私は，彼の新しいソーシャルワーカーのことを話した。彼は，「うん，先生に少し似ているよ。頭は禿げてて，肌は茶色。先生みたいに助けてくれる人。ここは助けてくれる家なんだ」と言った。

実行機能とセラピーのレベル

　スチュアートとの面接では，複雑すぎず，かつ単純すぎない，適切なレベルで会うための努力をしなければならなかった。バークレー（Barkley, 2012）は，基本的なスキルがのちのスキルの基礎になると示唆している。バークレーは，最も基本的なレベルを初期の発話や言語，記憶，運動機能の「前-実行」と呼ぶ。私が初めてスチュアートに会ったとき，彼はこのレベルで苦闘していたのである。

　次の「自立」の段階では，象徴的な遊びや初歩的な問題解決のスキルが見られる。これらは，標準化された実行機能テストで検査できる。スチュアートは，これらの分野で少しずつ進歩し始めていた。これは，トラウマを負った子どもの初期の治療的作業において，焦点を当てる必要のあるレベルである。

　バークレーの「系統的で自立した」レベルでは，より多くの自己決定が見

られ，目標を達成するために身近な環境が整理される。これは次のもう少し
洗練されたレベルである。手元にあるものを使って何かを作るなど，スチュ
アートは今まさに，これを達成しようとしていた。

　彼の能力をはるかに超える他のレベルが残っている。たとえば，次にバー
クレーが言う「戦術的相互作用」のレベルである。長期的な目標を立て，自
分だけでは達成できないことを他者と共に達成する能力である。共同遊び，
初期のチームゲーム，そして交渉ができるといったことを意味する。これ
は，バークレーの5段階のうちの3段階目にすぎないが，スチュアートのよ
うにトラウマを負った子どもの多くにとっては，複雑すぎることである。さ
らに洗練されたレベルでは，真に共同生活に参加するために必要な，抽象的
なルールや道徳，法律に従うといった複雑な能力など，スチュアートには手
の届かないものがある。スチュアートは，多くの不適切な扱いを受けた子ど
もと同様に，これにはほど遠い状態にあった。

スチュアートと記憶

　不適切な扱いを受けた子どもの多くは，二重の障害を抱えている。実行機
能が低く，反応しやすく，一時的な自己調整のスキルもすぐに失ってしま
う。私たちは，スチュアートのような子どもが自分の反応性に気づき，（内省
的な）一時停止をして，情緒状態をメンタライズし，衝動を抑制するのを学
ぶよう，支援しようとする。そうすることで，（大脳皮質を介する）こころ
は，経験を表現し始め，思考を生み出し，ソルムスとパンクセップ（Solms &
Pancksepp, 2012）が表現する「束の間のはかない波のような意識状態が，精神
的な固体に」（p.165）変形していく。

　神経科学や発達調査・研究からは，こころを開き，好奇心を持ち，考えや
感情に触れるためには，十分に安全だと感じることができなければならない
ことが分かっている。スチュアートは，彼なりの方法で，ウィニコット
（Winnicott, 1953）が述べるように，私の前で安心して一人になれると感じ始
めていた。私の部屋の大きなシンクの中で，毛布と枕を持って横になって過
ごすようになった。そこは，最も快適な場所ではないが，彼にとっては，私
といてリラックスでき，安全だと感じられ，自分のことをケアできるという

ことの始まりのサインだった。

　そんななかで，彼は「あのね，今まで考えたこともなかったんだけど，良いものは全部，おばあちゃんからもらったんだよ」と言う。私が「たとえば？」と聞くと，彼は「うん，アイスクリームとかね」と，半ば夢見心地のようにぼんやりと答えた。スチュアートは自分の身体や感情をより安心して感じられるようになっており，それがこの最初の良い思い出を促進したのだった。スチュアートのような子どもは，困難な感情や記憶に直面する前に，良い感情や記憶を再発見する必要のあることが多い。その後，スチュアートはリラックスした状態で，半ば眠りに入った。その後のセッションでは，母親や父親についての記憶を語った。彼らが酔っ払って物を投げたり，喧嘩をしたりしていたのを覚えていると言う。彼は，穏やかな私の存在によって，信頼できる良い記憶を見つけたあとにのみ，これらの記憶になんとか耐えることができたのである。

　何セッションかののち，彼はさらにそわそわしていた。私は彼のビクビクした状態を認めたうえで，6カ月前にはできなかったことだが，彼のこころの中にあることを話してもらおうとした。彼は，母親が叔父とセックスをしているのをよく見ていたのだが，それがどれほど身の毛もよだつことだったのかと話した。私は驚いた。彼はその声まで真似た。私は，彼はこのイメージを頭から閉め出しておかなければならなかったのだろうという印象を抱いた。彼は今や，以前はPTSDのようなフラッシュバックという，侵襲的な記憶だったものを処理することのできるこころを育てていたのである。

　クリスマスが近づいていた。彼はすでに里親と共に3回のクリスマスを過ごしており，1年のうちで最高の日だと言う。彼は「今は安心できる」と言って，感謝の気持ちを表すことができた。私が以前のクリスマスについて聞くと，母親はベッドを清潔に保つこともできなかったし，子どもが多すぎたのだと話した。彼は「このことを考えると，こころに短剣が刺さっているような気がするんだ」と言う。その後，「新しい家族では，この短剣が消えていくみたいなんだ」と言った。これには本当に感動した。彼は「今までこんなふうに話したことなんてなかったよね」と，十分な自己認識すら持てていたのである。私が，彼は今，安全に面倒をみてもらっていると感じているのだろうと言うと，彼は「安全に面倒をみてもらっている」という言葉には何

か重要な意味があり，かつ新しいことであるかのように繰り返した。

　彼は「ここが好きだ」と言い，さらに「小学校が懐かしい」とつけ加えた。彼は再び，（おそらくは私たちの間の温かい感情を大切にしながら）良い思い出を取り戻していた。さらに聞くと，優しかった先生たちのことが恋しいと言う。彼は今，優しさを信じることができているのである。

　次のセッションでは，彼はテーブルの上に椅子を置き，「頭の中で混乱している部品のようなもの」だと言った。このゲームはこれらを再び元に戻すものだと言う。私は驚いた。異様なまでに，ビオン（Bion, 1962b）のコンテイメントの概念を思い出させるものだった。赤ん坊は，ビオンがベータ要素と呼ぶ，手に負えない感覚，感情，思考を母親に投影する。母親はそれを受け取り，消化し，心理療法で起こることのメタファーとしてビオンが「アルファ機能」と呼ぶものによって，それを扱いやすく，意味のあるものにする。私は，スチュアートがあまり混乱しないで済むように，私が彼の頭の中の混乱した部品をどうにかするのを助けるのを望んでいるのだろうと言った。彼はリラックスしているようだった。

　それでも私は，細心の注意を払わなければならなかった。急にあまりにも大変なことを考えると，彼は不安になり，ある時期には遺糞が再発した。しかし，今では，情緒的なトーンを適切にすれば，彼を落ち着かせることができるようになっていた。彼は「そうだね。僕が知りたいのは，ママとおじさんが，どうしてあんなことをしてたのかってことなんだよ。こんなことについては，先生の助けが本当に必要なんだ。これには助けがいるよ」と言う。私は，スチュアートのような少年が，そのような理解しがたいひどいことを目にすることがあってはならなかったのだということを，気持ちを込めて話した。彼は，叔父が木の板で頭を殴られるのを見たと言う。私は唖然とし，自分自身が打ちのめされたような気がした。そして，それがどれほど恐ろしく衝撃的なことだったのか，彼はそのようなひどいことを目の当たりにするべきではなかったのだと話した。

　そのセッションの後半，彼は混乱した様子で「分かってきたよ，ママが悪いんだ。ママはニコチンを飲めばよかったんだ」と言う（ADHD薬，リタリンのことだろう！）。その後，彼は苦しそうに「僕は……僕は……」と何度か口ごもり，ようやく「ママなんかいなければよかったんだ」と言った。私は，

再び深くこころを動かされた。ここには真の意味での服喪，彼が決して手に入れられなかったものへの喪失感と，潜在的な激しい怒りの感情があるようだった。

終　結

　スチュアートとは5年近く会った。この期間に，私は勤務先のクリニックを三度変わったが，そのたびに彼も私と共にクリニックを変わることができるよう，手配した。しかし，良いことばかりでもなかった。思春期に入ると，彼はゲームに夢中になり，ポルノの使用に関する心配もあった。彼は，倒錯的な性的欲望と通常の性的欲望の違いを知るにはほど遠かったが，少なくともこのことについて考え始めることはできた。ポルノについて話すと，彼は「うん，知っているだろう。自分では止められないかもしれないんだ……ちょっとスヌーカーみたいなんだ」と言う。さらに聞いてみると，「黒いボールみたいに，いつ入るかわからないよね。それで終わってしまうだろう」と言う。ここには，比喩の力を持つこころがうかがえた。すぐに彼は，ためらいがちにも交際を始めたが，それは通常の思春期の恋心のようだった。彼にはまだ友達はほとんどいなかったが，今では仲良くしている子どもは数人いた。

　セッションの終わりの時間が近づくと，彼は私にこう言った。「別の記憶があるんだ。僕たちは寝室にいたんだけど，（母親が）Jの口の中にマリファナを入れたんだよ」。私は，それは本当に困った記憶のようだと言った。彼は不快な顔をして目をそらした。私は，それは子どもが見るべきものではなく，ましてや母親がするべきことではないこと，また，すべてが間違っていて恐ろしいと感じたはずだと話した。

　すると，彼は「意味がない」と言った。私は，どういう意味かと聞いた。「人生には意味がない。目的がない。すべてが無駄だよ」。彼がこのような経験をしたのがどれほど悲しいことだったのかと私が話すと，彼は頭を下げ，悲しみに触れたようだった。涙すら見えた。情緒的な動揺に反応するのではなく，純粋にこころからそれに耐えていたようだった。彼はこのような感情状態を抱えるための，精神的/情緒的なコンテイナーを成長させていたので

ある。

　私は，彼はそのような体験をするべきではなかったこと，そして，彼の関心やニーズをこころにとどめてくれる大人が必要だったということを繰り返した。彼はそれを聞いてこう尋ねた。

　　　「目的って何だろう。今，思ったんだけど，目的なんてないよね。僕の
　　　ママは7人の子どもがいたけど，大人はセックスのために何をするの，
　　　どうやってするの？　僕のパパとママもただやっただけで，目的なんか
　　　ないんだよ。先生は人生の意味を知っている？」

　私はとても悲しく感じ，彼がどうしてこのようなつらい感情に触れることができるのかと，こころを動かされた。しばらくすると，彼はやや，こころここにあらずといった感じになった。私たちはしばらく沈黙していた。
　それから彼は，赤ん坊の弟を含めたきょうだいと一緒に家にいても，「夜の12時にはひとりぼっち」だったことについて話してくれた。私は，彼には自分のことを考えてくれる人がいなかったようで，それは悲しくてフェアではないと言った。母親はどこにいたと思うのかと聞くと，彼は「想像できるでしょ。売春婦だったんだよ」と言う。「二人とも精神的に病んでいたんだ。僕のことなんて何も考えてくれなかったんだ。ママは僕たちを置いて，パブに出かけていた。生活のために，いつも出かけていたんだ」と言う。そして，嬉しそうに「クールな考えだね……いや，そんなことはない」と言った。「クールな考え」とは，このような思考に耐えることができるのを，喜んでいるということを示唆していた。一方，「いや，そんなことはない」は，彼が考えなければならないことについては，あまり喜んではいないということを示していた。スチュアートのように，剝奪され，発達的に遅れのある若者でさえ，思考や感情，そして深い考えを持つこころを育てることができるのである！
　約5年で，私たちの協働作業は終わりを迎えた。最後のセッションで，私が「じゃあ，これで終わりだね」と言うと，彼は私を見た。さらに，「安心したけど，悲しくもあるよ」と伝えると，彼は「まあ，それは二つの考えが一緒になったものだから，簡単じゃないよ」と答えた。彼はなんとも正しかっ

た。アンビヴァレントで入り混じった感情を扱うことは，最も洗練された心理的達成の一つであり，メラニー・クライン（Klein, 1946）がはるか昔に，抑うつポジションという概念で述べたことである。

　私たちは，彼のフォルダーに入っている，一緒に作った作品を見返した。彼は「怖い」と「助けて」と描かれた顔の絵を手に取って，「僕はずいぶん成長したよね？」と言う。他にどんなことを話してきたのかと彼が聞くので，私はこれまで話してきた多くのことを彼が思い出すのを助けた。彼は嬉しそうだった。

　スチュアートは，面接を始めた当初は容易に感情を揺さぶられていたが，困難な感情を抱いていることは，身体を通してしか知ることができなかった。今では，彼には情緒状態を処理するための基本的な装置がある。彼はポルノとの闘いについて，「今はやっていないけど，自分の身体とコンピューターとの闘いのようなものだよ」と言う。彼はいくつかの試験に合格するかもしれないと，将来の希望についても話した。私たちの冒険が終わり，この長い年月を経て別れることになる悲しみの感情について語るのは，私に任されていた。彼は「先生の言うとおり。先生は分かっている。僕は今，不思議な気持ちだよ」と言う。私が最後に見たのは，悲しそうな顔をして，立ち去るのに苦労する彼の姿だった。数年後，私は彼を探し出し，彼について書くことの許可を得た。その際，コンピューターゲームを扱う機関に関わっていること，恋人がいること，そして里親と密に連絡を取り続けていることなどを聞いた。

おわりに

　ここでは，スチュアートとの面接を通して，情緒調整の発達が，思考できるこころの発達の前兆であることを示した。不十分な実行機能は，悪い予後の兆候である。衝動抑制に苦労する幼児は，成人後に良い仕事や良い人間関係を持ちにくいことが分かっている（Peake, 2017）。衝動のコントロールと満足を先延ばしにすることは，学業的成功の最も良い予測因子である。一方，その欠如は，特に虐待に満ちた子ども時代を送ったならば，ギャンブルやアルコール依存（Dalley & Robbins, 2017），さらには犯罪や刑務所など，長期的

に多くの良くない結果と関連することも分かっている（Ford et al., 2007）。

　私が本書で主張する，特に早期の共感や情緒的調和といった類の態度は，多くの良い結果を導く。子どもは，こころへの関心や親の感受性を経験することで成長する。ここには，情動調整や実行機能といった，より良い能力の獲得も含まれる。スチュアートのように，非常に不適切な養育を受けた子どもであっても，変化は可能である。

　セラピーやその他，子どもとのいかなる情緒的接触においても，私たちが行うことの多くは，基本的な心理的能力の成長をゆっくりと着実に促進することである。多くの母親が赤ん坊に対するように，非常にシンプルに思えるインプットに価値を見出す必要がある。「まぁ，なんて怒った泣き声なの。気に入らなかったのね」というような，普通の調和した言葉かけは，興奮を調整し，自己認識を育てる。これは当初，スチュアートが必要としていたことであり，私があまりにも早く伝えようとしていた，洗練された深層心理学的な理解ではない。

　安定型アタッチメントの子どもは，自分の経験を処理してくれる，信頼でき，思いやりのある内省的な大人のアチューンメントを経験することで，安全を感じる。そして，自分が他者のこころや物語の中に，時間を超えて存在しているという自己の感覚を内在化していく。これがスチュアートの場合は，里親，セラピー，そして学校を通じて起こったのである。このような子どもは，落ちつきと安全を感じ，その後に自分の思考や感情を知るようになっていく。これにより，「内的実行性」の発達が可能になる。そして，スチュアートのような子どもも，お互いを思いやる人々のコミュニティの中で安心して過ごすという，最も健康を増進するような経験をすることができるようになるのである。

左半球が支配し，感情は回避される
：ジェニーとエドワード

Left hemispheres rule, feeling avoided
: Jenny and Edward

　回避型の脱活性化アタッチメントに典型的なのは，自分の足で立つことに価値を置いていること，そして，助けを求めるのは弱いことであり，強い情緒，特にネガティブな情緒は避けるべきだという信念である。多くの場合，彼らの原家族では，脆弱性や欲求は拒絶されるため，アタッチメントのニーズを無効化するのは賢明なことなのである。

　9歳という幼い年齢で全寮制の学校に送られた私の個人史には，親を恋しがるスペースも，情緒的な理解や，脆い情緒のためのスペースもなかった。私も多くの仲間たちも，そこで生き延びるために，心理的な外骨格となる強靭な防衛を発達させるか，しばしば欲求や絶望的なパーソナリティ特性は深く埋もれさせ，何としても避けるようにしていた。精神分析家のハーバート・ローゼンフェルト（Rosenfeld, 1987）は，このような状況では，自己の困窮した依存的な部分は否定され，そのかわりにそれを他者に投影し，それを攻撃すると記述している。一般に，困窮したアンビヴァレント型アタッチメントの関わり方をする大人は，主に回避型の人と関係を持つようになる。一個人の欲求，多くの場合，男性のそれは否認され，他者に投影され，しばしばジェンダーのステレオタイプが再演されることになる。

　「感情表現の自制」というイギリスの上流階級のパーソナリティは，このような回避の典型である。これは，しばしばとても幼い頃に寄宿学校に送られることで強化される。実際，英国の政治家の多くが，幼い子どもの情緒的ニーズに耳を貸さないのは，このためだと主張する人もいる（Duffell, 2000; Schaverien, 2015）。本章では，回避型の「脱活性化」アタッチメントの例を概観する。

ジェニー

　ジェニーは13歳。色白で痩せており，険しい表情をしていた。彼女との9カ月間のセラピーは，困難なものだった。彼女は情緒を切り離し，非現実的だと感じられるほど，ひたすらポジティブだった。

　彼女は無口でよそよそしかったが，しばしば可能な限り愛想良く，私の言葉を軽んじた。私がある問題，たとえば困難な友人関係について共に考えようとすると，彼女は「あぁ，それは普通のことよ」とか，「もちろん」などと言う。彼女に対して何か情緒的なことを言うのは，ばかばかしいことのように感じさせられた。彼女は，周囲がそうすべきだと言うので，それに迎合してセラピーに来ているようだった。私が彼女とのセッションを特に楽しみにはしていなかったのも，驚くことではない。

　あるセッションで，彼女は懐柔的な笑顔を見せて座り，目をそらして何も言わなかった。沈黙のあと，話すというのは難しいことだと私が言うと，彼女はうなずいた。彼女は少し遠回しに，実際にはかなり「何でもない」ような出来事を話した。私が話を展開しようとすると，ジェニーはいつものようにとても感じ良く，すべて順調だと主張し，私は受け流されたと感じた。

　私は再び，今週はどうしていたのかと尋ねた。彼女は私を見て「大丈夫」と言う。私が信じられないという表情で見返すと，彼女は微笑んだ。このときまでに，私たちには一つのナラティブがあった。つまり，私は彼女の「大丈夫」や「すべて良い調子」という主張を信じてはおらず，異議を唱えることを，彼女は分かっていたのである。私がシンプルに，少し皮肉を込めて「大丈夫」と言うと，彼女は「えぇ，大丈夫」と言う。私が冗談めかして「どんなふうに大丈夫なんだろう？」と言うと，彼女は「大丈夫よ。ただ，大丈夫なの」と，少しからかうように，やや自嘲気味に言う。彼女が笑い，私も笑う。ここで私たちは，つながりはしているが，真の情緒的な関係性とはほど遠い。

　家庭では，決して感情について話すことはなかった。彼女は感情を切り離すことを学んでいた。私は，彼女にとってここに来るのがいかに難しいことなのかを分かっていた。そこで，「今のように，ここに座って何を言えばいい

のか分からないときって，どう感じているんだろう？　緊張したり，不安に
なったり，キレたり，恥ずかしくなったりしているの？」と聞いてみる。彼
女の答えは一言，「変なの」だった。どんなふうに変なのかと聞くと，彼女は
「ただ変なの」と言う。私はこう言った。

> 「うんうん。そうすると，こんなことが起こっているんだよね。僕が
> 質問する。そしてそこに感情を込めようとする（エンジンをかけるよう
> に，感情を込めて声を出す）。すると一言だけ返事をもらって，こうな
> るという感じ（風船から空気が抜けるような音を出す）」

　何かが伝わったのか，彼女はクスクスと笑い，少しリラックスして頰がわ
ずかに赤くなった。彼女の防衛を尊重していることを示す必要があったの
で，私はこう付け加えた。「それは理にかなっているよね。明るくさわやか
で，難しい感情を持たないようにと，生涯にわたって練習してきたんだもん
ね。きみの家族には，そんな余地はほとんどなかったよね」。彼女はリラッ
クスしていたが，同時に少し挑戦的にも見えた。
　ジェニーは情緒的に切り離され，気持ちを削がれていた。私はユーモアを
交えながら，セッションに活気をもたらすよう努力しなければならなかった
が，それが逆効果になることもあった。その週の出来事について，良いこと
も悪いことも，何も言うことがないということについて聞いた。彼女は，友
達が演劇の授業に来ることについてつぶやいた。それについて尋ねると，彼
女はどこか無表情に見えた。私はできるだけ気持ちを込めて，「僕がきみに
興味を持っているとか，きみの気持ちを気にかけているとか，そんなことが
本当に信じられないんだね」と言った。彼女の顔に情緒がよぎった。私は
「感情はなんだか異国のことみたいだね。特に，きみの気持ちが，僕やきみ
の親しい人にとって重要で，関心のあるものかもしれないという考えはね」
と言った。このコメントは少し強烈すぎたようで，彼女は目をそらした。し
かし，私が彼女のこころに触れようとしたことは，喜んでいるようだった。
　私は，その友人はどんな人なのかと尋ねた。彼女はその友人について，何
があったのか，何を感じ，何を考えているのかを話すのに，深く掘り下げて
言葉を探さなければならなかった。彼女は，洋服や音楽，そして男の子の好

みが同じだと言う。私が「男の子も」と言うと，彼女は「ジャスティン・ビー
バー」「彼はすごい」と答え，彼のことを説明し始めた。私はこのおしゃべり
のようなものに引き込まれてしまった。しかし，彼女に無理をさせるのは逆
効果である。このような小さな一歩が前進である。これが，自己内省的で情
緒的なナラティブの始まりなのかもしれない。

　私は，この冗談のような雰囲気のなかでも，困難な感情をほのめかすこと
にとどまり続けようと努めた。促し続けることで，ジェニーは夜に悪い考え
が出てくることについて話した。私は，それまでにはなかった，彼女に対す
る純粋な気がかりを感じ，さらに尋ねた。彼女は，時々，自傷行為について
考えたり，生きていなければよいのにと思ったりすることがあると認めた。
私はどの程度心配すべきなのかを確認した。潜在的なリスクを探求すること
で，彼女が私のことを，絶望的な感情には耐えられない人だと経験するかも
しれない危険性があった。彼女がどれほどひどい気持ちでいるのかを私に理
解されること，しかし私が不安になりすぎないでいる必要があることを，明
確にしておかなければならなかった。私はこころを動かされ，いつになく感
情移入している自分に気がついていた。私は彼女に，物事はうまくいってお
らずずっと不幸だったこと，そして，そのことを彼女は勇気を出して私に話
してくれたのだと伝えた。

　ジェニーはこの強烈さから一息つく必要があった。そして，ただ普通にな
りたいのだと繰り返した。彼女にはそれを望んでいる部分もあれば，変わる
ことができるとは信じていない部分もあるということを，私が知っておく必
要があるのだと私は話し，彼女のその部分が言いたいことは何だろうかとた
ずねた。これに応えるのは彼女には難しかった。そこで私は，推測をして，
「たぶん，あのバカを信じるな。ただ，自分だけを頼れと言っているのかも
しれない」と言ってみた。彼女は笑った。私が正しかったかのように，彼女
は少し顔を輝かせたが，気に入ったかどうかは分からなかった。彼女は，そ
の声は今ではそれほど強くないと言い，すぐに沈黙に戻った。彼女は時計を
いじり，落ち着きなく足を動かす。私はまた彼女を失ってしまった。おそら
く私は，現実の問題に近づきすぎたのかもしれない。

　この後，セッションでは，彼女はすべてがうまくいかないのではないかと
いう心配について話した。私は，彼女がいかに不安に苛（さいな）まれているのかと衝

撃を受け，それを切り離しておくのももっともだと考えた。彼女は，自分の部屋はすべてが完璧に整理整頓されていなければならないと言う。ベッドも完全にきれいにして，はみ出したものがあってはならない。彼女は，「おかしいと思うかもしれないけれど」と言うが，私のことをより信頼できると感じていたのである。ここで，のちに分かる彼女の強迫的特性が初めて明かされたのだった。

　私は，いつも「大丈夫」だと言うのは，すべてを整頓しているようなものだと言った。おそらく，情緒的に片づいていないことを話し合うのは怖いのだろう。もう，セッションは終わりに近づいていた。この日はこれで十分だった。私はまた，彼女の防衛を尊重しなければならないことも分かっていた。彼女は私に催眠術をかけるかのように，もじもじして足を動かしたり時計を振ったりして微笑んでいた。感情を締め出す冗談のような，軽薄な関係に入るのはこんなにも簡単なことだと，私はあらためて衝撃を受けた。彼女は思ったよりも多くを語ってくれたが，慣れていないとそれは勇気がいることだと私は伝えた。

　徐々に，彼女は情緒的に生き生きとしてきて，セッションもよりリアルなものになっていった。ジェニーとの面接の終結は早かった。8カ月後，ジェニーは，親が連れて来るのに疲れていることと，自分のことを問題を抱えた人だとは思いたくないということを挙げて，面接をやめるときが来たと主張した。彼女は，自分はずっと良くなっていて，自己主張もできるし，いろいろなことをとてもうまくこなしていると，私を説得しようとした。ある意味ではそうだった。彼女は人気のある友達グループに居場所を見つけ，歌やダンスを上手にこなし，強迫的特性も減り，問題になるのではないかと心配していた食事も正常になっていた。私の心配は，彼女が情緒的困難を無視し，感情について語らないという，フロイトが「健康への逃避」と呼んだものに戻ってしまうのではないかということだった。

　しかし，新しい声のトーンはより明瞭で偽りがなく，それが私に希望を与えてくれた。彼女は，自分が良くなったのは友人のおかげであり，母親でもセラピーでもないと主張したのである！　私は，彼女があまりにも強固な幸福感に浸っているのではないかと心配したが，彼女は良い経験もしたのだから，のちに必要であればセラピーに戻ってくるだろうことも分かっていた。

そうなる可能性は低いとは思っていたが。確かに，症状的には良くなっていた。身体つきもふっくらとし，表情のつっぱり感は減り，より多くの感情を許容し，表現できるようになっていた。

　最後のセッションで，自分がどう変わったと思うのか尋ねてみた。彼女は，「もう不幸じゃないし，片づいていなくてもあまり気にならなくなったわ。食欲もあるし」と言った。実際，彼女の親も，同僚との面接でこれらの変化を裏づけていた。また，身体も楽になったようだった。彼女は，自分が成長したこと，家庭でうまくやっていること，事実，家族は皆，うまくやっていること，また学校での友人関係もうまくやれるようになったことを話した。さらに，大きなショーでのダンスや，テレビのゲーム番組への出演の可能性など，前向きな話を続けた。

　友人の話，特に今「付き合っている」という男の子の話では，最も生き生きとしていた。彼女は今朝，彼が彼女を「無視」したことや，最後に送ったテキストメッセージを返してこないことなどについて，簡単にはいかないと言う。私はこの会話から，転移の含意を脇に置いておく必要があると感じていたが，それでも，私のこころや考えに，自分のことが残らないだろうと彼女が心配しているのかもしれないとは伝えた。これには懐疑的な反応が返ってきた。しかし，彼女が携帯電話に目を落としたとき，彼女がこの面接で強い影響を受けたことを，彼女も私も分かっていると感じた。彼女は，男の子のことは「悩むに値しない」と豪語したが，今回，この男の子に対しては，実際にはあえて自分のことをオープンにしたのだと伝えてくれた。私は，私に対してもそうだと思った。彼女が「私はママみたいに心配性なの。ママは何でも心配しちゃうの」と語ったのには，こころを動かされた。

　彼女は，男の子を「１週間で捨てる」と言っていた以前との違いについて話した。私は，初期のセッションでは，彼女の軽視的な回避型アタッチメントによって，どれだけ自分が見捨てられたと感じていたことかと考えた。そして，少なくとも今は，一部の時間ではあっても感情に触れ，私たちの接触にこころを動かされている。また，私のことを受け入れ，私のケアを信頼してくれた，かつてとは対照的な若い女性であることを私は純粋に嬉しく思っている。もちろん，ストレスを感じると退却し，心配事を否定する傾向や，見せかけの独立性や強迫的特徴，そして食べることにまつわる問題の性質に

ついては，懸念が残った。しかし彼女は，自分のことを考えてくれ，自分の情緒状態に耐えてくれる人と共にいるという新しい経験をし，情緒的に生き生きとする能力を発達させ，関係性を築くことができていたのである。

アタッチメントの回避と情緒の脱活性化

アタッチメント対象が情緒に耐えることができない場合，いかに情緒に耐える能力の低下を招くのかをジェニーは示していた。ニーズを遮断することで，養育者を疎外することなく，その近くにいることができるのである。その代償は，ジェニーのように，自己の諸側面の放棄と人間の生活の最も豊かな特徴の遮断である。

アタッチメント理論の調査・研究を，科学的により厳密な領域へと飛躍させたストレンジ・シチュエーション法というテストでは，回避型の子どもは母親が部屋を出て行っても気にしないように見える。しかし，明らかに苦痛を感じている安全な子どもと同じように，見た目に反してその心拍数は上昇する。これは，少なくとも身体的なレベルでは動揺を感じているが，そのような身体的なシグナルから自分自身を切り離さなければならないことを示唆するものである。私たちがジェニーのような人に気づいてもらいたいのは，このような微弱なシグナルである。

ジェニーは，典型的な回避型アタッチメントを示していた。彼女は情緒的なバランスがとれていなかった。表面的には，分別がありポジティブであることにこだわっていた。また，情緒的な接触をするのは難しかった。このような軽視型スタイルの人の脳活動は，他者に近づくよりも引きこもる傾向，そして情緒的な刺激に対して，さほど活性化されないことを示唆するものである（Kungl et al., 2016）。

興味深いことに，これは周囲にいる人々にも影響を与える。拒絶的アタッチメントに関連する会話を聞くだけで，聞き手の社会的嫌悪感に関する脳内ネットワークの活動が高まり，他者の情緒に関心を持たなくさせる（Krause et al., 2016）。回避型・軽視型スタイルを持つ者は，自分について，自給自足ができると強くイメージしたがる。そのような子どもは，困難な情緒を過少に伝え，それをあまり意識しない。また，アタッチメント対象に対して，実

際の経験に裏打ちされない誤った肯定的な見方をする。そして，自分の感情について言うこと（例：「何も問題ない」）と，実際の行動には深い乖離がある（Borelli et al., 2016）。

　このような情緒の抑制が起きていると，面接は難しくなる。このような子どもや成人は，しばしば強力な情緒やニーズの世界から切り離されたシェルターに退却して，「スキゾイド」の防衛を持つと描写される。

　イアン・マクギルクリスト（McGilchrist, 2010）は，これを脳の観点から理解するのを助けてくれる。合理性と情緒性の間に，単純な左右の半球の分裂があるわけではないが，二つの半球は一般に，異なる方法で世界を解釈し，世界と相互作用をする。ほとんどの種では，左半球はマッピング，数学，医学や科学のように，細部を見て分解し，構成要素を調べるような注意の集中に用いられる。不確実性や好奇心を許容し，より広い環境をスキャンするときには右半球を用いる。左半球が論理と確実性に関与する一方，新しい経験は右半球でより多く処理される。

　共感や体現された情緒の認識など，セラピーで必要とされる中心的な情緒的スキルの多くは，主に右半球を通じて行われるが（Schore, 1994），それは他者のことを感情に満ちた人間として見て，それに同一化することの要である。右半球の一部に脳卒中を患うと，共感したり感情に調和したりする能力を失い，自分の身体に対する感覚を失ってしまうことがある。マクギルクリスト（McGilchrist, 2010）が示すように，右頭頂葉は身体感覚の中心であり，左半球は身体をより機械的に扱う傾向がある。

　興味深いことに，マクギルクリスト（McGilchrist, 2010）は，左半球は言語，論理，直線性を伴う，言葉による会話をコントロールすると示唆し，「脳のベルルスコーニ†訳注1。メディアをコントロールする政治的重鎮」（p.229）とすら呼んでいる。分離脳の患者について調査・研究をした神経科学者のマイケル・ガザニガ（Gazzaniga, 2006）は，これを「左半球のストーリーテラー」と呼んだ。内的な論理に比べて事実に関心がなく，望まない現実を根気よく否認する。また，過剰なまでの楽観主義を助長する。左腕が機能しなくなった右半球の脳卒中患者の多くが，その事実を否認し，「今日は動かしたくない

---

†1　1960〜80年代のイタリアの企業家で政治家。「イタリアのメディア王」と呼ばれるほどの権勢を誇った。

だけだ」などと言ったりするのが，その典型である。

　私たちは，左半球なしではほとんど機能できない。左半球は物語のギャップを補い，物事の意味を理解するのを助けるが，右半球によって調節されていないと，愉快で奇想天外なあとづけの説明をする。マクギルクリスト（McGilchrist, 2010）やその他の人々は，右半球は，身体感覚，直感，そして情緒を用いて，ある種の「でたらめ探知機」のような役割を果たすと論じている。アントニオ・ダマシオ（Damasio, 1999）は，身体のフェルトセンスで何かを知らせる「ソマティック・マーカー」という言葉で，同様のことを説明している。ジェニーやこれから紹介するエドワードのような人が，情緒と身体の両方に無頓着なことが多いのは偶然ではない。ダマシオが教えてくれているように，情緒は身体的なプロセスなのである。

　アラン・ショアー（Schore, 2012）が一貫して注意を喚起しているように，右脳は左脳よりもはるかに早期に発達する，共感や情動調整の要である。ジェニーは，むろん摂食障害の兆候を含め，こうした特徴の多くを示していたが，幸いにも現実には至らなかった。マクギルクリスト（McGilchrist, 2010）は，左半球の脳卒中後に摂食障害患者が自然に回復したケースを引用して，この障害は左半球が活動してこそ存在しうると示唆し，摂食障害が左半球優位であることを示している。解離性障害も左半球の優位が特徴で，マクギルクリストは自分の身体から外れているような不協和な感覚があることを示唆している。これらの多くは，これから紹介するエドワードの興味深い物語に見られる。

エドワード

　待合室で私は，目を大きく見開いて忙しくおもちゃを分解している，12歳のブロンドのエドワードに出会った。父親は驚くほど姿勢を正して，見下したような表情で，まるで長年の同僚であるかのように堂々とあいさつをしてきた。部屋では，いつも私が座っている椅子に，専門家のような雰囲気で座った。

　エドワードの独り善がりの教訓的な口調が印象的だった。私はどこから話を始めたいか尋ねた。彼の首は長く見えたのだが，これはジェームズ・ジョ

イスが『ダブリナーズ』で描写した，「自分の身体から少し離れたところに」
住んでいるダフィー（Joyce, 1914/1992）のように，こころと身体の間のずれを
示唆しているのではないかと考えた。彼は次のように言った。

　　「まあ，僕の見方では，幼い頃にいろいろとうまくいかないことが
　　あったんだけど，それは今の状況とは関係ないんです。ただ単に，回路
　　の調整の問題で，それですべてがうまくいくようになるんです」

　私はすぐさま，非の打ち所がなく，ほとんど情緒のない論理を目の当たり
にした。身体とこころを機械的にとらえるのは，古典的な左半球の論理であ
る（McGilchrist, 2010）。
　父親は，「プラマイゼロ」の軍隊のような口調でこう言った。

　　「エドワードは幼い頃，ひどい扱いを受けて散々な目に遭ったんです。
　　母親はどちらかというと混乱していましたが，私は明瞭でした。私は物
　　事を改善していますし，実際，私一人ですべてできるのですが，彼には
　　家の外に誰かが必要なのです。私自身はユング派で，よりスピリチュア
　　ルなタイプなんです」

　明らかに私の治療的立場が揶揄されたのだが，私は，エドワードの背景に
ある真のトラウマと，誇張された確信と論理で人生を管理する主要なアタッ
チメント対象である父親に警戒感を抱いた。エドワードは「僕の考えでは，
教師は僕のことを理解できないし，個人的には教師ってあまり価値がないと
思っているんだ。今の勉強は，普通校の頃にやっていたことと同じで，何
も学べないし」と言う。エドワードは，行動上の問題から，特別支援学校に
通っていたのである。彼の「ストーリーテリング」は，マクギルクリスト
（McGilchrist, 2010）が示す，確実性，論理性，そして独り善がりの優越感に当
てはまる。つまり，根拠のない楽観主義や，不確実性の拒否とともに，左半
球の支配下にあるものである。
　彼と父親は，私が「正しい種類」の人間であるかどうかをテストしていた。

エドワードはバッジを見せて,「これが何かわかる？ スカウト†訳注2について知っている？」と尋ねた。その後すぐに,父親もまた,フリーメイソンに入っているのだと話した。2人とも,優れたグループの秘密のメンバーであることを誇りに思っていた。ここには,古典的なスキゾイドが2人いた。感情から非常に遠いのである。

　父親は自身の哲学について,軍隊にいたことを説明し,軍の方針に沿って家庭を築きたいのだと言う。

　　「母親といると好きなようにできましたが,私は洗濯をしなければならないと教えています。毎日ベッドメイキングをし,少しは洗いものや料理もすること,そして,アイロンがけも覚えさせました。少しは怠けてもよいですが。まだ口を開けて食べることもありますが,少なくとも今は,彼は努力していると言えます。以前がどんなだったのかを思えば,進歩はゆっくりです。けれど,少なくとも今は考え始めていますし,それがルールの持つ意味です。今夜はオペラに連れていくんです。前にも行ったことがあるんですが,こんな体験をできるこの子の年齢の男の子って,そうはいませんよね」

　言葉を発するのも大変だった。私は彼の独り善がりの優越感と,規則に縛られた世界に動揺した。父親は「良いことチャート」を設定したと説明する。「行動や家事の達成度なんかのすべてを含めているんです……彼はかなりよくやっていて,83〜85％になっています。85％に達したら,ご褒美はバリ旅行ですよ」。

　私は,わずか1年前に亡くなった母親に対するエドワードの気持ちが気になり,そのことについて尋ねてみた。エドワードは,「あのとき僕は,物事を終わらせたいと思ったんだ」と,悲しみの情緒なく言った。「そうすれば,僕の野望の一つが叶うんだ。生命が終わるとそのあとに何があるのか,他の人

---

†2　1907年にイギリスの陸軍中将であったロバート・ベーデン＝パウエルが少年向けに偵察と斥候術に関する書籍を著し,実験のキャンプを行ったことが始まりとされている。その後,青少年の肉体的・精神的スキルの向上を目的とする教育運動としてイギリスのほか世界的な発展をした。

が知らないことを知ることができるからね」と続けた。すべての感情を超越した論理に，私は戸惑いを覚えた。

　父親はもうすぐ手術を受けるが，その間，エドワードを親戚のところに預け，その陰惨さから彼を「救う」のだと言う。私は，エドワードは父親のことが心配で，連絡を取りたいのではないかと伝えてみた。エドワードは，父親のことは分かるのだと言う。父親は，「この子は波動に凝っているんですよ。かなり直感的で神秘的なんです」と返す。エドワードは，「僕は父親の状態にチューニングできるんだ」と言う。情緒のない，どこか奇妙な二人芝居に，私はまたしても動揺した。

　私は，母親の死後，彼が異母弟に会っていないことについて，何か思いがあるのだろうかと問うてみた。彼は，「あの子はまだ4歳だから，感傷的なアタッチメントを築く機会はなかったんだ」と言う。私が「感傷的なアタッチメント？」と繰り返すと，彼は「そうだよ。パパには気を悪くしないでほしいんだけど，誰に何が起こるか分からないんだから，あんまりアタッチメントってものに思い入れを持たないほうがいいと思うんだ」と言う。私は唖然とした。これはまさに，アタッチメントの回避として考えられるものにほかならないだろう。私が，「じゃあ，パパのことも同じように思っているんだね」と言うと，彼はうなずいた。私は，親密さや強い感情に対する彼の恐れについてコメントしようとしたが，これは知性化のなかで見失われてしまった。

6カ月後

　この頃になると，小さな変化が起きていた。あるセッションでは，彼は満面の笑みで私についてきて，音楽プレーヤーを取り出して曲をかけ始めた。私はその音に不安にさせられたが，彼は，これは質の悪い機械だが，学校で使うには十分なのだと，高慢な態度で言う。「庶民」にはこれで十分だと言わんばかりの口調だった。彼はスイッチをオンにすると，尊大に「何だと思う？　これは僕のお気に入りの曲だよ」と言う。私は音量を下げるように頼んだ。しかし，少なくとも今の私は，大切なものを共有したいと思える相手であるということは分かっていた。

　彼は，「スカウトのことなんだけど，良くないからやめようと思ってるん

だ。僕はあそこじゃ成長できないよ」と言う。彼はおもちゃの車をいくつか
手に取って，床の上で，自分の軍用車が必然的に他の車をコントロールして
いるという遊びを始めた。私は，彼は士官候補生であることには満足してい
るが，彼の思うスカウトは劣っているようだとコメントした。私はこのこと
を，彼が私や他者を，すぐに良い者から悪者にすることができることと結び
つけた。これはあまりにも知的で，インパクトがなかった。彼にはもっと微
妙な方法でしかアプローチできなかった。少しでも批判的な要素を含むコメ
ントには，彼は否定的な反応を示した。

　彼が情緒的な意味を持たない知的な決まり文句を話すと，私のこころはし
ばしば散漫になった。少し皮肉を込めて，自分がすべてを理解していると感
じているようだと言うと彼は，私がようやく理解したとでも言うかのよう
に，これを鵜呑みにしてうなずいた。自分は本当に理解していると思ってお
り，父親と一緒に暮らすようになってから，物事は計り知れないほど改善さ
れたのだと言う。彼の車が他の車を粉砕した。これはまさに，彼が私の思考
やコメントに対してしていることだと感じた。

　私はまるで，自分の方向性を見失ったように感じていた。私は，「僕の言葉
を恐ろしく感じるから，時にきみは，僕を黙らせるために何か言うんじゃな
いかと思うんだけど」と言った。ここでは，特に「恐ろしい」という言葉が
間違いだった。彼は弱さや不確実性に耐えられず，「勝者」である必要があっ
た。彼は「ちがうよ」と言った。私の言葉をとても気に入っており，そのほ
とんどに同意していると言う。彼は他の車を3回も「ぶつけてやって」から，
昨日のサッカーのマン・オブ・ザ・マッチは自分だったと話した。彼の独り
善がりの勝利感は，私が彼の世界に入る隙を与えなかった。

　無力感に苛まれた私は彼に，自分がここにいる理由に疑いがあるのかと尋
ねた。彼は同意し，何事も「大丈夫」だと言って譲らなかった。彼は，自分
がいかに優れた戦略家であり，敵の弱点を突くのが得意であるのかと語りな
がらゲームに戻り，新たな勝利を手にした。私は陳腐な常套句，「きみは私の
ことを言っている」という，転移のコメントをするという罠にはまってし
まった。つまり，彼は私の弱点を突くのが好きかもしれないと示唆したので
ある。彼は「そんなことはないよ。ほら，僕たちはとても似ていると思うん
だ。先生は物事を分析するけど，僕もそうなんだ」と言う。彼は私の向かい

側のカウチに移動した。「先生の仕事は，僕のこころの中で起こっているこ
とを理解しようとすることだ。で，僕は時々，先生のこころの中では何が起
こっているのかって考えてみるんだ」。

　私は，私のこころの中で何が起こっていると思うのか尋ねた。彼は，私に
はするべき仕事がたくさんあって，とても忙しく，時間を正確に守らなけれ
ばならないのだろうと考えているようだった。私はより落ち着いて，多少の
感情を込めて，彼はもしかすると，私には実際，彼のための十分な時間がな
く，忙しいスケジュールに組み込まれたものの一つにすぎないのではないか
と思い，そのことを心配すらしているのかもしれないと言った。すると彼
は，「心配も動揺もしていないけど，混乱はしているかもしれない」と言っ
た。雰囲気が変わった。何かが変わった。私は，彼といくらか情緒的な接触
をしたと感じ，これがどれほどめずらしいことかと考えた。

　私は，彼が私の忙しさに混乱していること，彼を人間ではなく単なるファ
イルとして見ているのではないかと数週間前に彼が言っていたこと，そして
真剣に受け止められたいと思っていることを繰り返した。私は，彼の中に
は，１週間に50分では十分ではないと思っている部分があるのではないか，
と伝えてみた。彼はうなずき，「たぶん，僕の言いたいことのとおりかもしれ
ない」と言う。何かが彼に触れたのか，雰囲気が柔らかくなった。

　驚いたことに，彼は夢について話した。これは初めてのことだった。

　　　「このクリニックはアメリカに移ってしまったけれど，僕は毎回，飛
　　　行機に乗るだけだよ。でも，ある旅で，５時間ほどすると飛行機が墜落
　　　したんだ。僕は窓から這い出た。持って出るものを四つ選ばなければな
　　　らなくて，ベッドにもなるのが分かっていた座席，ペンナイフ，調理器
　　　具，それから手動式の懐中電灯を選んだんだ」

　そこから，無人島にいることになるという長い描写があった。そして，グ
レースという少女に出会い，船に救助されるまでの15年間，島で一緒に過ご
した。船は島からの光を見て驚いたという。その間，彼らには二人の子ども
ができていた。私は，グレースとグレイアムという名前の類似性を考えてい
た。また，馴染みのありすぎる万能感とともに，他者を必要とするという，

おそらくは最初の例にこころを打たれた。私は，彼は非常に才気豊かで，一人でなんでもこなせると信じている面もあるが，一人ですべてをしなくてもいいように，サポートが欲しいという願いが隠されているのかもしれないと言った。もしかすると，私が彼を助けることができるかもしれない。彼がおもちゃを落としたので，私は身をかがめて拾い，渡した。すると彼は，「どうもありがとう」と言った。私たちは二人とも，この「どうもありがとう」が，おもちゃを拾ったこと以上のものであるのを分かっていたと思う。変化が起きていた。

終結間近

　6カ月後，彼らが国内の別の場所に転居することになったため，終結の日を決めた。私は安堵と寂しさの両方を感じていた。迎えに行くと，彼は慣れ親しんだ さわやかな口調で，「こんにちは，グレイアム」と言った。廊下で彼は，「今日はとても良い日だったよ。ホントにとっても良い日だよ。ほら，これを見つけたんだ。知っているかもしれないけど，トラベルカード†訳注3 だよ。歩道で見つけたんだ。分かる？」と満足げに言う。「まだ8ポンドも残っていたんだ。これこそラッキーだよ。これで友達に会いに行けるよ」と言う。私は，私のところにやってくることの喪失について考えた。

　彼は，父親からもらった別のトラベルカードの話をしながら，「パパはね，僕のことをアル・カポネ†訳注4のマーク2って呼ぶんだ。だって，僕はとっても打算的だからね」と言い，自己満足げに笑った。私は，自分がイライラしていることに気がついていた。彼は次のように言った。

　　　「ほら，これがロンドンでの生活だよ。タフでなければならない。それが僕の意見だよ。でも，他の場所は違うかもしれないよね。たとえば，デボン†訳注5では違うだろうね。何度も行ったことがあるから，とっ

---

†3　事前にチャージしておくことで，ロンドン市内の電車・地下鉄・バスに乗ることのできるカード。
†4　アメリカ合衆国のギャング。
†5　イングランドの南西部地域。

ても慣れてるんだ。あそこでは，カードを落としても，誰かが拾って返してくれるよ。知ってるよ。だって見たもの。だから，そこに行けばそのように行動して適応するよ。でもここでは，先生が僕の面倒を見てくれて，僕が……いや，（話すのを止めて）自分で自分の面倒を見るよ。ともかくも，このカードがあれば，僕が一人でここまで来れない理由はないってことだよ」

　私は，彼が独立した，欲求のない存在であるという主張について，何か言おうとした。しかし，特に苛立（いらだ）っているときには，批判的に聞こえないように気をつけなければならないことも分かっていた。私は，彼のデボンの部分を取り上げることにした。優しさを与えたり受け入れたりすることができ，時には私のことを親切で助けてくれる人として見る。そして，人はお互いに助け合うということについて，理解しているエドワードである。驚いたことに，彼はリラックスして，ほとんど好意的に私のことを見た。間一髪で，戦場に戻らずに済んだ。往々にして，相手の万能感を打ち破ろうとするのではなく，希望やポジティブなものを取り上げることが重要なのである。
　彼は，私がより良いセラピストになるために何をすべきかを話し始めた。その後，穏やかになって，「先生が会っている他の子どもたちは，それほど難しくないんだと思う」と言う。私は「終わりだという悲しみを感じるよりも，僕のことを無能なセラピストだと思うほうが楽なのかもしれないね」と言った。彼は次のように答えた。

　　「いや，絶対にそんなことはないよ。ママが死んだときも，たぶん1
　　時間くらいはちょっと気が動転していたけど，そのあとはただ学校に
　　戻って，することをしたんだ。まったくセラピーが恋しくなんかならな
　　いよ。ご覧のとおり，僕は自分のことを機械みたいにするのを目指して
　　いるんだから」

　私は，これはまさに本当のことだと思ったが，同時に，この防衛は崩れ始めているとも思った。私が温かく微笑むと，私の中の変化を拾うかのように，彼は柔らいだようだった。

　すると驚いたことに彼は,「僕が信じているのは,もし良い神様がいるのなら,なぜあんなふうにママを連れ去ったのかっていうことなんだ」と言った。彼の人生に対する信念の何かが破壊されてしまったこと,そして,この終結に彼がどれほどの悲しみを感じているのかということも伝えているのだと,私はこころから感じた。しかし,このことをどう切り出すのか,慎重にしなければならないと分かっていた。私は,「そうだね。とても残酷で悲しいことのようだね。終わりはつらいもので,人を失うのは悲しいことだよ。きみは,僕がこれからきみに会えなくなるのを悲しいと感じるようにと願っているんだろうね」と言った。

　彼はより柔らかく,より幼く見えた。私は彼に,私が彼のことをこころに抱えておけるのかどうか疑問に思っているに違いない,と伝えた。今では,私も彼に対して好意的になっていた。彼の傲慢さや虚勢をありのままに見ることができるようになっており,その他に頼れるものがほとんどない脆弱な子どもが,父親の優越的なあり方に同一化することで,自分を支えているということに同情できるようになっていた。

最後のセッション

　待合室で音楽を聴いていた彼は,すんなりと入ってきて,ドアの前で,いつものように使用中の標示を出した。私が彼より先にこれができたことは一度もなかったと思う! 彼は椅子に座り,自分の箱からお気に入りの軍用車を取り出して,持って帰っていいかと尋ねた。私は,彼がここで私たちが過ごした時間を思い出すために,何か持ち帰るのに同意していたことを確認した。

　彼は次のように言った。「そうだね。これを棚に置いておくと,思い出すよ」。私は,私が彼のことや,ここでの時間を覚えていると彼が感じているかどうかについて話した。彼は意外にもこころに触れて,しかし冗談めかして,ここ数カ月はちょっとひどいやつだったかもしれないと思っていると言う。「もっと良いことを覚えていてほしいんだ。賛成してくれる,グレイアム?」。

　彼は車を見ながら,「本物の軍用車ならオレンジのストライプはついてい

ないけど，これは子ども用だから。なくしてもすぐに見つけられるように
なっているんだ」と言う。私はこれはもちろん，彼が私のこころから忘れら
れてしまうこと，あるいは彼のこころが私を忘れてしまうことについてなの
だろうと考えていた。

　彼は，これまでの偉そうなやり方で説明し始めた（「いいかい，グレイア
ム。何が起こるかというと……」）。私は，彼はこの間，いつも自分がどれだ
けのことを知っているのかを示すのが好きだったと言った。驚いたことに彼
は「そのとおりだ。十分に公正なコメントだと思う。僕は少し知ったかぶ
りをしていたよ。そういえば，床に誰か他の子のおもちゃがあるよ」と言っ
た。実際には，それは彼の箱の中のものだった。私は「きみがいなくなった
あとに，他の子どもたちがここに来るのは，不思議な感じがするだろうね」
と言った。彼は「まあ，それが人生だよ。この場所は僕のためだけにあるん
じゃなくて，前から他の子どもたちも来ていたし，僕がやめたあともそうで
しょ」と言う。私は，私が金曜日の10時には何か他のことをしていて，他の
誰かと会っているのかもしれないと考えるのは，簡単なことではないだろう
と示唆した。「僕がきみのことを覚えていて，一緒に過ごした時間を懐かし
むのを望んでいるんだろうね」。

　彼は，「次はもっと楽だといいね」と答えた。私は，彼が私にどんな影響を
与えたのかという，彼の気がかりについては取り上げなかった。私は，これ
までほぼ垣間見ることのなかった彼の思慮深さに気がついていた。彼は，新
しい家では，失くした鍵を探すのに役立つ笛のようなものを手に入れるつも
りだと言った。私は，彼が新しい生活の中でどのように居場所を見つけ，こ
れまで培ってきた良いもの，つまり気分を良くするための鍵を失わないよう
にするのかについて考えているのかもしれないと言った。彼は驚くほど穏や
かで静かだった。

　セッションが終わりに近づくと，彼は箱の中を見て，特によくしていた車
をぶつける遊びを始めた。彼は，おそらく最後になるかもしれない箱の中身
をひととおり見て，車につけた跡に気がついた。そこにはかすかな悲しみが
あった。彼は「まあ，これが人生だ」と言って，最初に来たときにした遊び
を彷彿とさせるゲームをした。彼はバスについた跡を見て，「僕みたいによ
ほどの観察力がなければ」気づかないだろうと言った。私は，彼が私やクリ

ニックに対して本当に痕跡を残したいと願っているのだと考えたが，口には出さなかった。

　彼は，田舎で何かを踏んで泥が飛び散った話をして，「僕の足跡は次の1000年はそこに残るよ」と言う。私は，彼がこの場所に，私のこころの中に，彼が刻んだ痕跡を残したいと，こころから願っているのだろうと言った。彼は嬉しそうに微笑んだ。

　私は，彼がおもちゃで遊んでいるのを切なく眺めていた。そして，あと1分しかないので片づけようと言った。彼が片づけをしていると，おもちゃを踏みそうになった。彼は顔を上げて「ほら，僕だって間違えるんだ」と言った。今や，当たり前の失敗を許容するのも，多少は安全なことになっていた。私が「さよならを言う時間だ。最後の言葉だ」と言うと，彼は「最後にドアのところで言うよ」と言う。彼は箱に残りの物を入れ，部屋を見渡して，「さよなら箱，さよなら部屋」と言った。私はできる限り温かく，彼の新しい人生がうまくいくようにこころから願っていると言った。私が手を差し出すと，彼はその手を取り，もう片方の手を私の肩に置いて，「グッドラック。幸せで豊かな未来を」と言った。私は悲しい気持ちになり，彼を待合室に連れて行きながら涙が溢れてきた。ジェニーのように，セラピーに来る前に必要としていた彼の回避は崩れ始め，本当の感情を持ったひとりの人間が現れ始めていた。

第7章

ネグレクトされた子どもたち
：ネグレクトはいとも簡単にネグレクトされて しまうが，それが危険な理由

Neglected Children
: Why it is easy yet dangerous to neglect neglect

ネグレクトの深刻な影響

　ある典型的な朝の，二人のクライエントに対する私の反応を対比してみよう。6歳のトミーとの先週のセッションで，私は脛に打撲を負って終わり，私の部屋も精神もボロボロだった。おぞましいトラウマを負わされたトミーは，私や教師，ソーシャルワーカー，そして何より里親にとって竜巻のようであり，手一杯であった。それでもなお，私はトミーと共に生き残り，彼への関心を抱き続けていた。彼の到着が知らされると，いくらかの不安から交感神経系が覚醒し，鼓動が高まったが，同様に幾分かの熱意もみなぎっていた。トミーから明らかにいじめられていないときには，私は彼に好意を寄せていたし，彼は他者の中に温かな感情を引き起こしもした。

　これに対して次の患者，パブロが到着した際には，私は内的に死んでいることに気がつき，ゆっくりと受付係に対応し，無気力に廊下を歩き，呼吸は浅く，退屈に感じられる。セッションは灰色の広大な空間に覆われて不鮮明である。ロボットのように鈍麻した感覚といった雰囲気の中で，私の主な意図は，自身を心理的に生き延びさせることであった。

　このような子どもたちに対して，他者も同じような感情を抱いているのは分かっているが，これらは認めることが難しい感情でもある。セラピストや子ども支援の専門家は，子どもに関心を持ち，優しく共感的で，退屈してはいけないことになっているのだから！　ミーティングで彼について議論する際には，空気が平板化する。教師やソーシャルワーカーは，彼に関心を払うこと，あるいは彼のこころや魂が成長するために必要なものを与えるのに苦労する。

　私たちは，彼の早期の生育歴についてほとんど知らない。彼はもう少しで

3歳になる頃に，南米の孤児院から養子に出された。早期の養育環境では，基本的な身体的欲求には応じられていたが，情緒的欲求には応じてもらっていなかった。彼がいつ孤児院に入所したのかも，彼の生物学的親についても，私たちは何も知らない。

　パブロに対する私の反応は，情緒的ネグレクトを受けた子どもといる際には，非定型のものではないように思われる。このような反応は，彼らのこころの状態に関する重要な情報を提供してくれる。これは，しばしばソーシャルワーカーが専心する，汚れて空腹の状態で学校にやってくる，あるいは不潔な状態で生活しているような子どもといった類のネグレクトではない。身体的ネグレクトは確かに深刻で，極めてよく知られているが，情緒的ネグレクトの心理的な後遺症は，よりたちが悪い。

　このような子どもは，暴力やトラウマ，あるいは明白な虐待は受けていないかもしれないが，彼らのその後の人生には暗雲が立ち込めている。良い出来事が起こらなかった，つまり生き生きとして好奇心旺盛，あるいは情緒に触れるような経験の欠如は，彼らに起こった悪い出来事よりもさらにたちが悪い。過酷な施設で，孤児が自分を慰めるために身体を揺り動かすという示唆に富んだ映像を見たときに，私たちが悲しみの鈍麻を経験するのを考えてみてほしい。それは，熟考するにはあまりにもおぞましい体験である。

　水や栄養を剝奪された植物のように，ネグレクトをされた子どもが成長し，花を咲かせる潜在能力は退化してしまう。「過活動な」子どもに比べて，その後の彼らは，認知能力と情緒的潑剌さが低下し，平板で活力がなくなる。情緒的ネグレクトを受けた多くの子どもとは異なり，暴力や明白なトラウマを経験した子どもは，少なくとも反応的になるための，ある程度の活力を発達させる素地を持っている。

　ウィリアム・ブレイクの「愛の光を受け取ること」についてのリフレインに立ち戻ると，情緒的ネグレクトを受けた子どもはしばしば，ずっと以前に，自発的に愛を与え，受け取ることを諦めてしまっている。第3章で論じたスティル・フェイスの実験（Tronick, 2007）に戻って考えてみると，（乳児に）波長を合わせていた母親が，予期せずに無表情を続けると，乳児は通常，混乱をきたす。彼らはたいてい，おそらくは笑顔や指差し，悲鳴など，それまでに学んだあらゆる対人関係上の駆け引きを用いて，母親の関心を取り戻

そうと試みる。もしそれが失敗に終わり，母親が無表情のままでいると，彼らは一般に関心を内側へと向け換え，拳を握りしめたり，自身を叩いたり，空間を見つめたり，前後左右に揺れ動いたりするなど，自身をなだめる方法に助けを求める。他の駆け引きが失敗した際は常に，重篤なネグレクトを受けた子どもからは，引きこもりや情緒的遮断といった反応が見られる。

　このような子どもとは，共にいること自体が難題である。彼らと空間を共にする際，私たちはしばしば退屈さに陥り，思考は木偶に，身体は根無し草になる。彼らに共通するのは，彼らに起きたことではなく，彼らに起こらなかったことであり，健康的な情緒的発達を育む体験の不足であるということに気がつくのには，月日を要した。

　私は，ネグレクトという用語は，母親の抑うつや回避的なアタッチメントなどの相対的に軽度なものから，剥奪的な社会福祉施設で育てられた子どものような極端な事例まで，幅広いスペクトラムを網羅すると見込んでいる。このような子どもは，情緒を思案する能力はごくわずかであり，かつ抑制され，受け身的で，自己包容的である。しばしば，自身の人生について物語る能力は制限され，ごくわずかな満足しか体験できず，彼らを取り巻く人たちに希望や愛情，または楽しみを喚起することがない。

　本質的な治療的ツールは，体現される逆転移や，私たちの情緒的応答性である。ネグレクトをされた子どもは，私たちのこころから容易に抜け落ちてしまう。パブロと一緒にいると，私はよく，ショッピングなどの日常生活のことについて考えてしまっている自分がいることに気づいていた。彼らの心理的世界に足を踏み入れるためには，彼らの鈍麻したこころの状態を反映する，私たち自身の無関心や実在の欠如が，重要な情報である。これは，正直に認める必要があり，また忍耐が必要なものでもある。

　ごくわずかな関心しか受け取ってこなかった，ネグレクトをされた子どもは，本来の生物学的なアタッチメント欲求に背を向けてしまう。その後，子どもの心理療法士のジアンナ・ヘンリーが「二重の剥奪」（Henry, 1974）と呼んだ，利用可能ないかなる良いケアにも気がつかないことで苦しむ。さらには，ルイーズ・エマニュエルが「三重の剥奪」（Emanuel, 2002）と呼んだ，専門的なシステムによって，さらに多くの子どもがネグレクトを受けてしまうことにもしばしば出くわす。ネグレクトをされた子どもは，特に問題の原因

にはならないということで，教室の後方に座ることになる。一方で，華々しい特徴，行動化や自死願望のある，あるいは攻撃的な子どもには注意が向けられる。

　私は，症状や原因が混乱することの危険性と，すべてのネグレクトをされた子どもが同じ結果になるわけではないことは認識している。気質や遺伝，そしてその他多くの要因が，結果に影響をおよぼす。それでもなお，特有の理解が必要なこのグループには，他と一線を画すのに十分な共通の特徴がある。

アタッチメント理論と発達科学を通じて理解すること

　すべての乳児は関係を持つ準備をして生まれてくるが，この能力は，周囲からの反応がない場合にはかき消される。上述のパブロは，早期には自分でつながりを保っていたが，関係性のある接触を諦め，対人関係を生き続けようとする可能性を遮断してしまった。

　乳児調査・研究は，こころの中に抱えられて調律されることが，いかに成長促進的で，行為の主体の感覚や対人的相互作用の期待を導くのかを示している。最初の1年間，十分に順調にことが運んでいる場合には，生まれつつある対人関係能力は，洗練された相互理解へと形を変える。乳児は出生後から，周囲の反応を喚起し，模倣することができ，そして意味で溢れた社会的な世界の中でやり取りすることができる。たった4カ月までに，乳児は自分が他者の注目の的であると知ることができ，はにかみさえ浮かべる（Reddy, 2008）。そして，8カ月までには，他者の「からかいやおふざけ」などの思いを十分に理解できる。9カ月までには，「共同注視」と「社会的参照」によって，他者の思いを評価する能力が深められる。すでに共感の煉瓦（れんが）は積み上げられ，利他主義や相互関係の用意ができているが，これは，コールウィン・トレヴァーセンのあとにアン・アルヴァレズが「生きた仲間」（Alvarez, 1992）と呼んだものを，彼らが体験しているときのみに限られる。

　このような体験は，幼少期の毎秒，毎分，毎時間，毎日，毎週，毎月，そして毎年という時間をかけて，徐々に構築されていく。ネグレクトをされた子どもに欠けているのは，まさにここである。調査・研究者らが悲痛に描く，剥奪された孤児の映像や報告のように，彼らは毎分，毎時間，しばしば

空白を経験している（Spitz, 1945; Tizard & Hodges, 1978）。脳やこころが発達のために成熟するちょうどそのときに，あまりにも頻繁に人気のない世界に置いてけぼりにされるのである。幸運な子どもが抱えられ，触れられ，遊んでもらい，そして愛されるのに対して，ネグレクトをされる子どもは，散漫な世界にとどまり，アルヴァレズ（Alvarez, 2012）が「引きこもった状態」の対義語として提唱する「他者に関心を引かれない状態」のままなのである。

ある事例

　トロイはもうすぐ3歳になる男の子で，不妊の問題を抱えたカップルの養子である。彼らには，すでに4歳の養子のアルフがおり，それで手一杯だった。アルフはアンビヴァレントなアタッチメントのスタイルを持ち，しがみつき，一定の関心を必要としていた。親は，アルフと共にいると，絶え間なく関わらざるをえなかった。アルフがいかに親を必要としているのかは，疑いの余地がなかったのである。

　しかし，トロイの場合は勝手が違った。彼は熱しがたく，自分の世界に入り込んでパズルをしたり，想像性なく，繰り返し砂遊びをしたりしていた。最も重要な点は，人との関わりを必要としていないように思われたことであった。彼はおもちゃや食べ物といった物については頼むことができたが，誰と一緒にいるのかには，関心がないようだった。彼はよく自分のことを傷つけたが，慰めを求めず，スーパーマーケットでは後方にいる親に一瞥（いちべつ）をくれることもなく，逃走したりした。分離後の再会にも喜びを見せず，親に対して他人であるかのように反応した。極端に移ろいやすい回避型のアタッチメントのスタイルで，他者に向ける必要のあるいかなる感情も断ち切っていた。

　このような感覚は，トロイの生育歴によってもたらされていた。彼は，ほとんどやり取りをすることのない，学習障害を持つ抑うつ的なシングルマザーのもとに生まれた。母親が数回にわたり夕刻に彼を放置していると隣人が通報し，1歳のときに公的養護に入った。彼は，何人かの子どもを育てたことのある，経験のある里親に預けられた。彼女はとても有能で，家の中は大変きれいで，どの子どもも食べ物や洋服を与えられ，オムツも変えてもらっていた。トロイは「育てやすく」「問題のない子」だと見られていた。や

り取りをしてもほとんど主張せず，彼にとって何がより良いことなのかも分からなかったので，多くの時間を一人にされていた。確かに，のちの里親が彼に最初に会った際，彼は乳母車の中で哺乳瓶を咥えていた。どうやら，このような「自身での授乳」は当たり前のことだったようである。彼は何千時間もかけて，ほとんど大人に期待しないことを学習していたのである。

　私との初回面接で，親が数多くの不安を口にする一方で，トロイは部屋の中をうろうろしていた。衝撃的なことに，私や，子どもと関わる訓練を受けた子どもの心理療法士，そして親は，それと気がつくおよそ25分もの間，彼にいかなる注意も向けることがなかった。私たちは，思考や感情を持つ人間としての彼，という考えを失っていたのである。

　私は，トロイと彼を連れてくる親に対して，親子面接（Hughes, 2007）を始めることにした。私は，生き生きとしたやり取りを形成し，彼の動作について声に出し，彼のこころの中で起こっているかもしれないことについて想いをめぐらせ，こころへの関心を実演しようと試みた。彼に働きかけたり，訝しげに見たりするようなやり取りのいかなるサインも，モリーやスチュアートの事例で論じたよりも，誇張し，拡充した。私は，親がそれらのサインを見抜き，彼に伝え返すのを促進するために懸命になった。やがて，親のこころの中で，彼は生命の息吹を感じ始めた。アルフとトロイが一緒にいると，アルフが親の関心を奪い，ほとんど要求しないように思われるトロイは十分に関心を得られないため，それぞれの親が，毎日トロイと二人で過ごす時間を設けるように提案した。

　私が用いたモデルは，1960年代のセルマ・フライバーグ（Fraiberg, 1974）の，盲目の乳児と目の見える母親に関する独創性に富んだ仕事に由来している。フライバーグはこのような母親に対して，ほとんど気づくことのできないほどの乳児の反応を指摘することで，乳児を対人関係の世界に引き入れる支援をした。乳児の顔が母親の声に反応して明るくなることはなかったかもしれないが，つま先の動きや手の仕草などは，母親の声が乳児にとって重要であることのサインだった。このことが，母親の関わりをより促進し，次いで乳児が反応し，より生き生きとしてくる。重要なことは，世話をすることがより報われるようになっていったことである。

　数週間のうちに，トロイの親は，彼が紡ぎ出す変化のストーリーを報告し

てくれるようになった。セッションで，彼が絵画を指してかすかに私を見たのをとらえた際，私はとても感激し，今にも泣きだしそうになった。これは，彼が知っている何かが私のこころの中にもあり，私たち二人が第三の対象を共有していることを理解していることを示す，「原-叙述の指差し」であった。これは，子どもが単純に何かをしたいがためにする「原-要求」の指差しとは極めて異なる。トロイのジェスチャーにおける「間主観性」（Trevarthen & Hubley, 1978）は，私たちが危惧していた，自閉スペクトラム上には彼がいないことを示していた。私たちは，自閉的な子どもたちがめったにしない本物の間主観的瞬間を共有していたのである。

　次第に，母親は彼に対してより興味を抱くようになり，彼もそれに反応するようになっていた。数週間後，彼が机をコツコツと叩いていると，母親は「あら，机を叩いてるの？　何か不安なのかしら？」と言った。これは奇跡的なことである。彼女は気づかれないままになる前に，情緒的な意味合いを強調し，身体的な行為の原因をそこに帰属させていた。これは，乳児がこころの中で抱えられるという感覚を育み，かつ彼らの思考や感情を知る方法でもある。徐々に情緒が平板化し，切り離されていたこの男の子は，生き生きとし始め，好奇心を呼び起こされ，楽しむことが好きになっていった。

　すぐに，彼は「いないいないばあ」をし始め，見つけられたときには喜びとともに甲高い声をあげ，注意を引きつけた。「いないいないばあ」をするためには，誰かがそのこころの中に自分を抱えてくれており，会いたいと思ってくれており，そして見つけるのを喜んでくれると信じていなければならない。トロイは今，これを信じている。ウィニコット（Winnicott, 1953）が述べたように，「隠れるのは喜びだが，見つけられないのは悲劇である」（p.168）。数週間後，つまずいて倒れて頭を打った際，彼は何事もなかったかのように立ち上がるのではなく，母親を見上げ，瞬時にその手を母親に向けて伸ばした。これは，一般的なアタッチメント行動の始まりであり，母親へと向けた欲求表現である。私たちは，再び深くこころを打たれた。

　家族面接と並行してプレイセラピーを行う臨床心理士の訓練生[†訳注1]を紹

---

†1　子どもの精神分析的心理療法ではなく，プレイスペシャリストやプレイセラピストと呼ばれるプレイセラピーの専門職が行う療法であるため，子どもの心理療法士の訓練生ではなく，臨床心理士の訓練生。

介した際に，もう一つの兆候が見られた。彼は安心感を得るために，不安げに母親に身を寄せ，見知らぬ人に対する不安を適切なアタッチメントで示したのである。ほんの数カ月前であれば，何も影響を受けずにそこに居続けていたであろう。

　プレイセラピーと家族療法が開始されてから数カ月後，彼の様子は顕著に変わったが，親は，彼がむしろ騒々しくなっているのではないか！ と心配していた。彼は注意を引くために叫び声をあげ始め，きょうだいとライバルになり，無視されるのを拒否した。自分の欲求を知った，この生き生きとした小さな男の子は今，それを表現でき，それを聞いてもらえることを知っていた。自分の生活についての語りを展開させたり，想像的なストーリーを話したりするための能力も発達させた。速やかにこころを成長させるためにはまだ十分に若く，あたかも隠れた「本当の自己」(Winnicott, 1965) は最初からずっとそこにあり，状況がそれを保証すれば，人生が芽吹く準備ができていたかのようである。

　リファーされてきた時点で，親は危機の中にいた。確かに，母親はこの時点では，彼のことをもう諦めようと思っていたと，のちに認めている。「きっと一人の子どもで十分だったんだわ」。そして，「いずれにしても，おそらく多くの注目を必要としているアルフには，望ましくない状況なんだわ」。彼女はそう言っていた。実際のところ，彼らはトロイへの十分な温かい気持ちを抱くことができず，育児を楽しめていなかった。最終的に私たちは，皆，喜び，そして確かに愛情を感じていた。

　トロイは，周囲にいる人々に温かな感情を呼び起こさないという点において，ネグレクトをされた子どもの典型である。ネグレクトをされた子どもは，あたかも欲求を持っていないかのように振る舞い，私たちを必要のない存在であるかのように感じさせ，ケアを提供したいという感情を生じさせない。最終的に，親はトロイへの穏やかな気持ちや愛情，そして情熱を感じ，彼と向き合い続けた。トロイの事例は，彼がまだ幼く，発達の可能性が多く残されていたため，他の多くのネグレクトをされた子どもの事例に比べて容易であった。彼の物語は，里親先を転々とし，冷酷で感情が切り離された若者へと育ってしまうといった，容易に悲惨な終焉を迎える可能性があったにもかかわらず，である。

さらに，ネグレクト，発達，そして脳について

ネグレクトは，子どもの脳発達やホルモン系に深刻な影響を与える。対人関係の潜在能力に息吹を与えることのできる「意味づけをする仲間」（Trevarthen, 2001）がいないと，乳児は自身の中に引きこもってしまう。私たちは，最も劣悪な状態の孤児院でよく見られ，ラターら（Rutter et al., 1999）がルーマニアの孤児の大多数が自閉的な子どもと区別できないということを認めるために導き出した，虚空を見つめることや身体を揺り動かすこと，死んだような目，そして乏しい反応性といった症状を目撃することになる。私もしばしば，アスペルガー症候群だと誤診された，このような子どもたちと出会ってきた。養子に出された上述のルーマニアの孤児の一人は，14歳のとき，苦痛を感じると身体を揺り動かし，対人関係に苦労し，分類することやリストを作成することに多大な興味を抱いていた。主な興味は，車のマニュアルやショッピングカタログを暗記することであった。

ブルース・ペリー（Perry et al., 1995）は，ネグレクトをされた子どもの慢性的に刺激の不十分な脳が，いかに異なって発達するのかに注目した最初の一人である。彼らの脳画像は，感情表現をしている表情の写真に対する反応に乏しい（Porto et al., 2016）。彼らは一般的に，脳の活動の代謝が低い状態を呈しており（Marshall et al., 2004），社会性と情緒発達を司る領域との連結が低い（Eluvathingal et al., 2006）。灰白質の減少（Sheridan et al., 2012）や，扁桃体の非定型な発達，および共感や集中，自己調節の中心的役割を担う前頭前皮質の欠損（Maheu et al., 2010）も見られる。

重度にネグレクトをされた子どものホルモン系にもまた，異なるプログラムが起こる。オキシトシンレベルが低く（Bos, 2017），表情や感情への関心がより薄い。多くはドーパミンレベルも低く（Field, 2011），享楽系の活動性が低い（Panksepp & Biven, 2012）。興味深いことに，マッサージなどによって刺激が与えられると，ドーパミンやセロトニン（心地良さの中枢）のようなホルモンレベルは急上昇する。

喜びや探索システムについて考えるのに役立つ方法は，コンパッション・フォーカスト・セラピー（CFT）において，ポール・ギルバート（Gilbert,

2014) が発展させた。ギルバートは, 危機状態にあるときに作動する脅威システムと, 穏やかな感情や愛する人と共にいて安心しているときにくつろぎをもたらす鎮静システム, セックスや食べ物のような快楽や興奮, そして食欲を駆り立てる欲動システムとを区別した。後者は一般に, ネグレクトをされた人には発達していない。

多くの心理療法は, 人が脅威システムから抜け出し, 一刻も早く闘争や逃走から抜け出し, 親和的な鎮静システムに戻すのを援助することと関係する。ネグレクトをされた子どもは, 親和的なシステムを手に入れるのに苦労するが, 彼らはしばしば, 暴力のような恐怖体験の対象にはならないため, 脅威システムの活動性は低い。むしろ, 彼らには良い成長促進的な体験が不足しているのである。これは, 喜びの刺激や健康的な興奮, 新奇性や希望といった, 異なるセラピー技法が求められることを意味する。

ありがたいことに, 変化は可能である。剝奪的なルーマニアの孤児院から良い養子先に措置された子どもたちは, そこにとどまった子どもたちに比べて, 劇的な改善を見せている (Smyke et al., 2014)。彼らはより良い実行機能を持ち, 前頭葉の脳領域に相関する脳活動とともに, 脳の連結や灰白質の興奮が新たに向上した (Vanderwert et al., 2016)。

幸いなことに, 実生活においては極度に剝奪的な孤児院で目の当たりにするような, ネグレクトの純粋な形式に出会うのはまれである。ネグレクトをされた大多数の子どもは, いくらかは良い体験もしているが, 多くが明らかな虐待も経験している。しかし, 彼らはほとんど常に回避的で, 過剰に自己充足的である。ストレンジ・シチュエーション法において, 回避型の子どもは, 見た目とは裏腹に, 母親が去った際, 安定型の子どもと類似した発汗や心拍数の上昇などの生理的反応を示す。しかしながら, 私たちはこうした不安のサインを見抜くことはほとんどない。欲求のサインにネガティブに反応する養育者の元にいることで, 身体的苦痛のサインから自らを切り離すことを学んでいるのである。

私たちはしばしば, 抑うつ的な母親の乳児にも類似したものを認める。母親が引きこもり, 十分にやり取りができないとき (Field et al., 2006), 子どもは, 主体の感覚, 好奇心, あるいは人とこころを通わせたいという思いの低下とともに, より受け身がちになる (Murray & Cooper, 1999)。不活性化した

アタッチメントのスタイルが発達するのは当然の理由からだが，代償は大きい。気がかりな点は，彼らが外側からは問題なく見え，心配を喚起しないがために，私たちが問題を見抜けないことである。

もう一つの事例：マーティン

　週1回のセラピーを18カ月間行っている，10歳の男の子，マーティン。セッションが始まる前に受付から連絡を受けると，私はすでに典型的な情緒の平板化を感じる。今ではもうこのパターンは分かっていたが，息を吹き返し，自身の身体感覚を取り戻すのには少々時間を要する。マーティンは従順な笑みを浮かべながら，足をひきずって歩く。私のこころはうつろになり，すでにすべての「生きとし生ける」事象は，私の責任であるかのように感じていた。沈黙を保つのであれば，とても適切なセラピストだとは言えないと感じていたが，おおむね，私の口頭でのコメントはぞっとするような沈黙の中へと消えていく。私は純粋な「充実感」や情緒的な誠実さを持って話さなければ，いかなるインパクトももたらすことはないことを学んでいた。特に，マーティンの親や教師のように，彼との接触を保っている大人や彼の周りにいて落胆した大人など，「同じ感情を抱く同志」がいるのだと，自分を慰めていた。

　マーティンは三人きょうだいの長子であり，他の二人は比較的正常に発達していた。彼は数週間の早産で，器質的な疾患はなかったようだが，生後数週間は，病院にとどまっていた。出生時，母方祖母は終末期の病気で，その後すぐに他界した。母親は物理的に不在だったが，抑うつ的でもあり，妻と死別した父親の世話に専心していた。マーティンは，彼の感情状態を調律してくれる対象を逸し，あまりにほったらかしにされすぎていたのである。

　彼は「良い」「静かな」赤ん坊だと言われており，そういった描写は私をしばしば不安にさせた。おそらくトロイのように，彼も自身のために「あまりに良い子すぎた」のである。彼は，頻繁に家族や隣人から放置されてきた。身体的には順調に発達指標を進んだが，求めたり，受け取ったりする刺激が少なすぎた。保育園時代にはほとんど他児に関心を示さず，「ごっこ遊び」をせず，独りぼっちの子どもだと描写されていた。親は彼からほとんど喜びを

体験することがなく，彼は自分の部屋で，あてもなく時間を費やしていた。マーティンのような子どもは，他者のこころの中に時間とともに自分が存在するといった自己感をほとんど持っていない。また，思いやりのあるこころを取り入れておらず，好奇心や興奮を示さないことがしばしばある。

　私はよく，マーティンに会わないでよければ嬉しいのにといった，恥ずべき考えを抱いていた。私は，ネグレクトを受けて切断された子どもの多くが，教師や保護者のような周囲にいる人に対して，似たような感情を引き起こすと確信している。このようなケースは，サービスにリファーされてきたときでさえ，他のケースよりも早く打ち切られるのではないかと思う。このような子どもは，援助を得られるのかどうかは気にしていないように思われ，間違いなくそれを求めてもこない。これは，私たちには拒否として体験されうるため，私たちはこれを正当化できる。認めるのは難しいが，彼らとの面接を継続しないという考えに，時に安堵してしまう。それゆえ，ネグレクトは永続していくのである。

　独創性に富んだ精神分析家であるクリストファー・ボラス（Bollas, 1987）は，患者が心理学的に「生まれておらず」，しばしば「本当の自分」が映し出されず，子どもの内的現実に気づいていない親がいる家族の中で育ったことを記述するために，「ノルモティック（normotic）」という用語を創案した。ボラスは，彼らがわずかな共感能力しか持ち合わせておらず，「奇妙に対象が不在」であるという。別の精神分析家，ジョイス・マクドゥーガル（McDougall, 1992）も同様に，彼女が「ノルモパス（normopaths）」と呼ぶ，情緒的な活気，あるいは「個人の精神的舞台」（p.156）が欠落し，「鎧兜の殻」を伴う患者について記述している。彼女は，このように「拒絶された表象と，滅菌された空間を取り囲む息苦しい影響が，言語的思考と心理的精緻化を利用できるようになる」前に，何年もかかることがあると論じている（p.443）。

　このような臨床的な著作が，しばしば絶望的な糸で結ばれていることは印象的である。アメリカの精神分析家，トーマス・オグデン（Ogden, 1999）は，「生き生きとしている」あるいは「死んでいる」という感覚は，セラピーがどのように進んでいるのかを示す尺度であり，セラピストは自身の逆転移に開かれていなければならないと論じている。彼は，「セッションが停滞し，死んでいる感覚から逃れるために」（p.31），病気をでっち上げる空想について率

直に記載している。私も似たような「こころが沈む」瞬間を体験する。平板な内的世界や，想像上の遊びの欠落，そして共感性の乏しさが，セッションを報われないものにするのである。

　以上のことは，このようなケースにおいて，死んだ状態にとどまり続けるのではなく，意図的に活気づけるような，彼らを「再生する」（Alvarez, 1992）ことを目的とした，より能動的な技法を発展させる必要がある理由の一端を説明するものである。さもなければ，生気のない，強迫的，あるいは空虚な行動と共謀することになりかねない。

考えること，共感，そして内的な自由を維持すること

　マーティンは，ありきたりな社会的手がかりを理解することができなかった。仲間と比べて「カッコ悪く」見え，学校ではいじめられていたが，その体験についてうまく説明できなかった。「僕はそわそわするタイプなんだ」とでも言いたげに，足をピクピクさせたり手を叩いたりしながら，こころの動きの遅さとは裏腹のスピードで身体を動かす。そわそわするのは自分自身を抱えるための彼なりの方法であり，自身を慰める「第二の皮膚」防衛（Bick, 1968）であり，こころの中で抱えられる感情，あるいは，よい内的対象の内在化の欠如を補うためのものでもあった。

　電車やタイムテーブルについて強迫的に言及する男の子のほかに，マーティンに友達はいなかった。コゾリーノ（Cozolino, 2006）は，このような患者は，大脳の右半球の情動能力が未発達であり，論理的であることは多いが，感情の深みはあまりないと示唆している。たとえば，気持ちを想像していつものように話しかけようとしても，それは一蹴されるか無視される。私はしばしば，あたかも自分は真綿のように死で包まれているかのように感じた。私は，時には心理的に生き残るためだけに話しかけていた。ボラス（Bollas, 1987）は，このような患者に対して，意味やエネルギーを持って語りかける私たちの言葉も，いかに意味をはぎ取られてしまうのかについて書いている。このような子どもは，私たちが話すことを無視するというよりも，しばしば，それがいかに共感的で正確なものであっても，本当にそれに気がつかないのである。悲しいかな，彼らは自分に興味を持ってくれるというこころ

を知らない。

　私はしばしば，英国独立学派の精神分析家，ニーナ・コルタート（Coltart, 1992）やネビル・シミントン（Symington, 1983）の著作や，彼らが「自由の内的活動」と呼ぶものを引き合いに出す。私たちの内的な精神作業は，このようなケースにおいて活力を維持するという側面が決定的に重要である。つまり，一見，心理療法のように見えるが，実は疑似療法であるという罠にはまらないために，である。マインドフルネスの心理療法士モーガン（Morgan, 2005）が記すように，「最も優先すべき第一の課題は，殺されないことである。私，いや私たちが殺されるのは，その瞬間に存在していないときである」（p.141）。こころや身体，そして情緒が鈍磨している際，これは言うは易く行うは難しである。

　私たちの遮断した状態は，投影というよりもむしろ，実際は役割応答の一形態（Sandler, 1993）であったり，「情緒的伝染」（Hatfield et al., 1993），あるいはミラーニューロンの応答（Rizzolatti et al., 2006）であったりする。投影は，コミュニケーションや，他者が自分のコミュニケーションを受け取ってくれると信じていることを連想させる。逆説的ではあるが，私たちは逆転移の中で，彼らの死んだようなこころの状態に耐えつつも，彼らの死にあまりに引き込まれすぎることのないように，十分な共感性を保っておく必要がある。しばしば，共感することが彼らに対してできる最後の手段になってしまい，それによって課題を増やしてしまうことになる。

　マーティンは，彼に対する両親のフラストレーションや絶望などの感情に狼狽し，渋々セラピーに引きずり込まれてきた。これらの感情は，私もすぐに理解することができた。学校では，彼は変わり者で一匹狼，そして「頑固者」だとすら見られていた。セッションで彼は，座って迎合的にじっと私を見つめる。彼は「3分間は夢の話，4分間は家庭のこと，5分間はハングマンの遊び，4分間は悩み事について話す」と，執拗なまでにセッションを分割した。

　彼は，私が当たり前だと思っていた世界とは異なる世界に住んでいた。ある週，彼は「今週あったこと」のリストを作ったが，そのなかには祖父が亡くなったことが含まれていた。私はショックを受け，共感を示そうとした。しかし，彼は無表情に私を見つめ，葬式についての事実の詳細をいくらか話

した。しかし，私が間違って思い込んでいた，あるいは「そうあるべき」感情からはほど遠いところにいた。

　助けになったのは，退屈だったり，イライラしたり，揺さぶりをかけたくなったり，あるいはぼんやりしてしまったりといった自分の感情に耐えながら，彼と一緒に部屋にいるときの気持ちに集中することであった。あるとき，感情が鈍磨して半死のような気分のときに，彼が体験しているかもしれないことに懸命に集中すると，より共感的な感情を見出すことができた。彼は，私の気持ちに応えるかのように，顔を上げて微笑んだ。その一瞬を大切にしたことで，そこから真の関係が築けたように思う。その笑顔は迎合的なものではなく，本物のようだった。そんなとき，私の声はより臨場感のある，純粋なものになった。私は「彼を呼び戻し」，「再生」したのである。このようなときのMRIスキャンでは，彼や私の前頭前野にはどのような結果が出ていたのだろうか。あるいは，皮膚伝導度検査ではどんな測定結果が出ていたのかが気になる。ただ，私たちのセラピーで，稀有な方法で何かが達成されたことは確かだと感じている。

　私が彼の世界に入り込むことで，彼は徐々にリラックスしていった。私は彼をより好きになっていることに気がついた。より温かい気持ちを感じた際には，より積極的に，より批判的ではない方法で，彼に挑戦することができるようになっていた。時にはイライラが募り，無愛想な口調になって，うまく伝わらないこともあった。しかし，そのようなイライラを抑え，私の試みが臨場感を持ち，温かく接することができたときには，真の意味での接触が可能になった。私が身を乗り出して，「ああ，このブラブラさせている足は，マーティンが緊張するのを防いではくれるけど，そのせいでミュージック先生が本当にきみに興味を持っていることには気づかないんだ」と言うと，彼は顔を上げ，口調を変えた。このような変化は，私がほとんど耐えられないと感じていた彼の存在の一面に，私自身が没頭することによってもたらされた。

　彼が足をブラブラさせるので，私もそれに応じて足をブラブラさせると，彼は顔を上げてぎこちなく微笑んだ。これは初歩的ではあるが，真の意味での「互恵性」（Brazelton & Cramer, 1991）であった。彼が足を動かすのを止めると，私も止める。すると，彼は再び顔を上げ，足を動かし，私が反応する

のを待つ。これはまるで，マーティンが乳児の頃には経験したことがなかった，普通にリズミカルなもので，多くの赤ん坊を魅了するもののようであった。このような互恵性によって，赤ん坊は喜びの能力を発達させるのである。

　マーティンはより困難な感情に対処する能力を，少しずつ身につけていった。私が話しすぎたこともあって，セッションとセッションの間の休みや休暇についての話は，彼にはまだほとんど意味をなさなかった。しかし，ゲームのなかで私が突然足止めを食らい，悔しさをにじませると，彼はそれを楽しんだ。彼は気まずそうな顔をしたあとに笑い，次のセッションでは同じことの少し活気のないバージョンを行うなど，取り入れや「延滞模倣」(Meltzoff, 1988) の能力を示したのである。

　このように生気のない患者が「解凍」され始めると，しばしば彼らの攻撃性やサディズムを目撃することになることがわかった。これに耐えるのはつらいことだが，パーソナリティの不快な部分を表現することは，皮肉にも彼らの生命力の一部であると私は思う。時折，残酷なパーソナリティに不安を感じると，真の意味での「感情に満ちた状態」や「生き生きとした状態」を阻害するような話し方をしてしまうことがある。マーティンが生き生きしてくると，私は時々，拷問のような不穏で病的なシーンが演じられるのを見た。私がほんの少しでも不承認の兆候を示そうものなら，彼は遊ぶのを止めてしまう。時には，サディスティックで攻撃的な声に対してさえも，「そう，本当はできる限り思いっきり殴りたいんだよ。そうなんだよ」と，共感的に語りかけることも必要だった。ここには，恐怖と同様に，何らかの「欲望」や動機，活力，そして「リビドー」が表現されていた。このような仕事の大部分は，「生き生きとした状態」を促すことであり，精神分析が常に示してきたように，人生は良いことばかりではないし，楽しいことばかりでもないのである。

喜びと楽しみ

　マーティンは，よりプレイフルになっていった。よく椅子の後ろに隠れては脚を揺り動かし，たいてい，いたずらっぽい表情で応じるために私のこと

を待つ。彼は主導権や主体性を示し始めていたが，おそらくより重要な点
は，面白みである。私はしばしば，これは厳密な意味でのセラピーではない
という，内的な審判の声を聴いた。セラピーに関する文献（Music, 2009）に目
を向けると，楽しみや興奮，活気，そして，ネグレクトをされた子どもがほ
とんど経験していない情緒を含め，十分に関心を向けられていない感情があ
ることが分かる。乳児研究では，乳児が紐を引っ張って音を出したり，泣い
たり笑ったりして母親を呼んだりするなど，彼らは何かを起こすのが大好き
であることが示されている。ネグレクトをされた子どもが，このような主体
性や楽しむ能力を発達させることは稀である。

　アルヴァレズ（Alvarez, 1992）は，苦痛に耐えることができないために，他
者を元気づけるような躁的防衛と，楽しむ能力を発達させるための純粋な欲
求とを見誤ることに対して，特に警鐘を鳴らしている。椅子に飛び乗り，「僕
はこの城の王様だ！」と叫ぶような子どものなかには，防衛的になっている
子どももいるかもしれないが，強さや自信を感じる最初の体験である可能性
も，彼女は提唱しているのである。「あなたは強くなりたいって思っている
けど，実際，こころの中では，ちっぽけで，どうしようもないって感じてい
るのかもしれないね」といった発言で虐げられるよりも，発達が促されるた
めには，こういった体験が必要なのである。

　子どもは幼い頃，高い山に登れると思ったり，もっとボールをうまく扱え
たり，もっと得点を挙げられたり，実際よりももっと良いパフォーマンスが
できたりすると考えがちである（Bjorklund, 2007）。十分な自信を体験してい
ないことは，子どもにとっては抑うつの兆しになりうる。ネグレクトをされ
た子どもは，しばしば信頼するという能力を持ち合わせていない。前述のモ
リーのように，子どもにとって楽観主義は，情緒的健康の兆しになりえ，ま
た，課題をやり遂げるための十分な回復力を提供する。ネグレクトをされた
多くの子どもには，これが欠落している。当初マーティンは，タワーを作る
など，何かに取り組む際にはすぐに諦めていたが，今ではそれは減じてきて
いる。私は能動的に「きみならできるよ」「諦める必要はないよ」「おお，よ
くできたね」などと言い，彼を励ます。彼は，粘り強さや希望に満ちた様子
を発達させることによって，これに反応している。

　ネグレクトをされた子どもの多くは，自信の欠如と同様に，あまり楽しめ

ないでもいる。心理療法において，私たちはしばしば，困難な体験を統制する防衛システムに特権的な地位を与える。しかし，そのような子どもの「食欲」や欲求，「探求心」のシステム（Panksepp & Biven, 2012）は，プレイフルで相互の楽しいやり取りを通じて刺激が与えられることを，いたく求めている。苦痛と同様に，「喜びににじりよる」必要がある。これは，興奮と，それに類似した身体的システムを用いる不安とが混乱しやすい，ネグレクトをされた子どもにとって，特に重要である。

　マーティンがかすかに微笑んだとき，私は時折そうした感情に出会い，おそらく「ああ，うん。ワクワクするね」，あるいは「わー，すごいね。本当にいっぱいしたいんだね」といった感じで対応した。コツは，許容できるレベルの興奮を保証しながら，かすかで感知しにくい生命の灯に生き残り続けることである。私はすでに，こうしたことに気づくにはあまりにも鈍くなりすぎていたため，数年にわたって通過していった灯について考えるのが嫌だった。このような生命の灯を拡充，あるいは「標（しる）す」（Fonagy et al., 2004）ことで，彼らは生き生きとした相互性を積み上げていくことができるようになる。ネグレクトをされた子どもには，「生きている仲間」（Alvarez, 1992）になるために，このような楽しげなコミュニケーションのダンスが必要なのである。最終的に，私がマーティンと共にいることを，そしてマーティンが私と共にいることを楽しむ瞬間が，確かに存在していた。

おわりに

　ネグレクトは，すべての子どもに同等の影響をおよぼすわけではない。他の子どもと比べても，あまり良くないインプットになってしまう子どももいる。後成学的な調査・研究では，悪い体験によってより大きな影響を受ける子どもがいる一方で，良い体験によってより大きな影響を受ける子どももいることが示されている（Bakermans-Kranenburg & van IJzendoorn, 2015）。おそらく，すべての子どもが，トロイやマーティンのように引きこもってしまうわけではない。しかし，遺伝的形質が何であれ，すべての人間に，相互に影響し合う早期の良好なケアがいくらかは必要である。早期の対人関係上のインプットの「致命的な」欠落が，表立ったトラウマよりもいかに有害になり

うるのかを，孤児の研究から学んだ。

　フィールド（Field, 2011）は，引きこもり気味で抑うつ的な母親を持つ乳児と，侵入的な養育にあえぐ乳児とを比較した。前者は 1 歳時点での探索が少なく，3 歳までには共感性が低く，受け身的で，引きこもり気味，そして認知的により悪化していた。侵入は，厄介ではあるが少なくとも興奮はさせる一方で，ネグレクトは無感覚にさせてしまう。私たちの人生は，ビオン（Bion, 1962b）が提示した，生得的な「期待」である「前概念」とともに始まるが，もしも「進化的に期待される環境」（Cicchetti, 2010）が整っていない場合には，単純にある一定の能力が発達しない。

　この群の子どもは困難を引き起こす。彼らと共感的につながるためには，活動やポジティブな感情，活気のない対峙から退く，逆説的な作業を促進することが必要である。私たちは生気を拡充するためにここにいるが，侵入的ではなく，かつ，主体性や楽しみを育む方法を見つける一方で，過度に躁的でも誘惑的でもないきめ細やかな綱渡りをする。そのために，私たちは不快な体験に耐える必要があるが，麻痺したような空気に取って代わられてはならない。私たちの情緒が平板化し，生気が欠けると，機械的なルーティンや，過度に認知に基づく作業に容易に退却してしまう。

　マーティンのように，私が知っているなかでも最もひどいネグレクトを経験した子どもは，セラピーを通しても完全にはパーソナリティの変容を経験できない。彼らはしばしばゆっくりと「温まり」，活気を得て，わずかにより現実的になる。他の専門家と親との同時並行面接は，希望的な発達の兆候を特定し，拡充するのを保証する点において，中核的なものである。

　時折，親や教師，他のセラピスト[訳注2]らは，私たちの仕事がトロイのような子どもを，静かで活気がなく切断した状態から，より生き生きとして攻撃的で挑戦的な状態へと導くため，喜ばしくないように思うかもしれない。しかし，最も重要なことは，生命が息づき始めることである。ネグレクトを経験した子どもは，一般に治療的熱意を喚起しないが，私たちが彼らのためにいくらかの情熱や希望を見出せないのなら，彼らの予後は極めて劣悪なものにならざるをえない。

---

†2　子どもの心理療法以外の療法を提供するセラピスト。言語聴覚士，作業療法士，理学療法士など。

身体を育むこと
：身体的気づきと安楽な自己

Bringing up the bodies
: Body awareness and easeful selves

イントロダクション

　マイラは私の顔を見るためにカウチから起き上がり，「こころがいつもド
キドキしていて，リラックスできないの。くつろげると良いんだけど」と
言った。私は彼女の言い回しから，いかに彼女が彼女として自分のこころを
見ていないのかに，特に衝撃を受けた。彼女のこころは極端に快活で，学業
成績もとてもよく，知的好奇心をくすぐられるような多くの関係性を有して
いたが，これらすべては，その大部分において，彼女が彼女自身として見て
いないそのこころに帰する。彼女は自身のこころを否認しているわけではな
い。確かに彼女は，自分のこころに執拗に頼っており，それが自分のもので
あることや，自分のアイデンティティの中心に据えられていることを完全に
理解しており，強烈に誇らしく思ってもいるが，それは彼女が彼女であると
感じられる中核ではない。セッションで私はしばしば，彼女の輝くような素
晴らしい考えに幻惑されながら座っていた。しかし，こころは踊るが，首か
ら下の感覚は失くしてしまったかのように，体現された自分自身との接触は
失われるのだった。
　私はしばしばこのような患者といると，ドナルド・ウィニコットの先見の
明のある古典的論文「こころとその精神-身体との関係」（Winnicott, 1953）に
立ち返る。神経生物学のような発達科学の急速な発展を考慮すると，今日で
は，こころや脳，身体といった明確な区分は意味をなさなくなりつつあり，
ウィニコットのアイディアはますます確証されてきている。革新的な研究者
であるスティーブン・ポージェス（Porges, 2011）は，ウィニコットの臨床上
の天才的ひらめきの骨子に，好奇心を呼び起こされるような科学的な肉づけ

をし，自律神経系に関する私たちの理解を描き直した。身体的な気づきは，より良い心理療法の実践のために，ますます主要な位置を占めるようになっている。直接具現化された体験に対して注意深い関心を払うマインドフルネスが，ここに加わる。身体的状態や感覚への敏感な気づきである内受容感覚（Farb et al., 2015）は，自身の身体を把握できず，自己調整に困難を抱える人との面接においては不可欠である。デカルトがこころに特権的な地位を与えたことの縮図として示される，心身二元論の代償は大きい。情緒は，単に脳だけではなく，全身体的プロセスであるという新たな知見（Damasio, 2012）にもかかわらず，心理療法ではいまだに，どんなふうに語られたのかといった非言語的な領域よりも，何が語られたのかといった，こころと考えが主に優先されている。心理療法の実践において，より直接的に身体的な気づきに取り組むことによって，このことを見つめ直す機は熟している。

こころ-身体，実存，そして退行

　ウィニコットの理想的な世界においては，母親が情緒を抱え，敏感に調律することで，乳児は安らぎを覚え，彼が言うように精神の身体への「内在化」が可能になり，安楽に「存在し続けること」（Winnicott, 1965）が促進される。多くの人々は，外的にも内的にも，ウィニコットが「つまずき（impingements）」と呼んだものによって遮られない沈黙や，ただそこにいることを許容する，安全で平穏な経験を欠いている。苦痛や危険を感じている乳児は，自分で自分を抱えるという代替手段に出る。それは，エスター・ビック（Bick, 1968）が「第二の皮膚」と呼んだ，筋骨のたくましさや自己をなだめること，両手をギュッと握りしめること，皮膚を撫でること，目を見開いてモノを凝視すること，あるいは自己抱擁のために他の感覚を利用することなどの反応である。危険を感じると，リラックスしたり世界を信用したりするために，そしてマイラのように自分で自分を抱えるために，時に知的な防衛と呼ばれる，早熟で過活動なこころを利用する人もいる。

　深いリラックスや安らぎ，あるいはウィニコット（Winnicott, 1965）が一人でいる最初の現実の体験は母親の面前においてであるとして記述した，追憶を体験できる場であるセラピーでの「退行」の促進について，彼に影響を受

けた英国の精神分析家もいる（Rayner, 1991参照）。

ここにいることという用語は，まさに魚が水の中にいることを自分では知らないように，母親（あるいは他者）が存在しているものの，それに気づいていない体験を示す。英国の精神分析家であるハリー・ガントリップ（Guntrip, 1995）は，これを，「知的に考えられた自分の世界にいる感覚ではなく，自分自身が自身の内側に存在し，持続しているという安全な空気感であり，所属していることに対する深淵な感覚」（p.240）という感情として述べている。

バリント（Balint, 1968, p.142）は，セッションの半分を沈黙で埋めたのち，人生で自身に触れられたのは初めてだと言いながら，泣きじゃくる患者について記述している。バリントは，言葉は真の意味で自身と接触することから，私たちを引き離すと言う。ウィニコット（Winnicott, 1965）は，人がいかにつまずきに反応して思考に達するかについて述べている。これは，思考は，しばしばピンと張りつめていたり，緊張していたりするときに訪れると示唆する，瞑想の指導者と共鳴する。

ガントリップ（Guntrip, 1995）は，活動することや考えることを脇に置くことができ，痛みや絶望の感情を防御する代わりに支えられ，それに触れたときに深淵な解放とリラックスへと導かれた患者について記述している。ガントリップは，自身のウィニコットとの個人分析において，「あなたは活動的であるということは知っているが，成長するということを知らない。寝ている間，ただ息をして，心臓はただ鼓動を刻んでいるということを。あなた抜きで何でもしていることを」と言われたことを報告している（Hazell, 1996, p.249）。これは，マインドフルネスの指導者からのコメントにもなりうる。

私たちが面接をする多くの人々，特に，過度に警戒心が強く，トラウマを抱える患者は，「存在し続けること」のような，決してリラックスした状態には至らず，外的，内的な刺激によって常に過覚醒状態を体験している。彼らにとってセラピーの成功とは，心的活動に過度に頼ったりすること（Corrigan & Gordon, 1995），あるいは身体的な「第二の皮膚」の防衛から逃れることを意味するのである。

ポーラ

　20歳のポーラは，経済的な支援は得られても情緒的な支援は得られない，裕福な家庭の出身であった。父親は身体的に虐待的で，気まぐれに激怒するような人であった。父親は性的な境界も踏み越え，彼女が青年期の間，日常的に「衛生上の理由で」彼女の性器を確認していた。彼女いわく，母親はよそよそしく，緊張感があり，忙しかった。彼女はまた，情緒的に理解された，あるいは抱えられたと感じられることがほとんどなく，早期から人に頼らず自力で行動し，疑り深くなることを学んでいた。

　ポーラは学業は優秀であったが，社会生活においては苦労していた。彼女は，性的関係もその他の関係も，自分が主導権を持つ必要があった。驚くまでもなく，彼女は私に対しても猜疑的で批判的であった。私はしばしば，自分が不適切で，彼女を寄せつけないようにしていること，また彼女に頼られることは大変危険で不可能なことのように感じていた。

　彼女の身体との関係は，問題含みであった。確かに彼女は，身体を異質で不快なものとして語っていた。しかし，彼女の身体は「何が起こっているのかを示し続け」(Van der Kolk, 2014)，しばしば，何らかの些少な問題を報告した。私は彼女を「奇妙」だと体験していた。彼女の身体は緊張で混乱していた。おそらく，男性セラピストとの心理療法という文脈における親密さが，これを悪化させていた。彼女には親密にこころを通わせることのできる友人がほとんどいなかった。しかし，彼女は日記でのみこころを打ち明けており，そこにおびただしい量の詳細を記していた。それは，明らかに役に立ってはいたが，生きた人間に対する信頼というよりは，むしろ自分をあてにしたものだった。

　彼女は，幼少期から意志の力やコントロール，堅苦しい身体的な防御に過剰に依存していた。おそらく，より的確には，情緒に対する身体からのシグナルを蹂躙（じゅうりん）しなければならないような，コリーガンとゴードン（Corrigan & Gordon, 1995）が記述する，他者よりも自身のこころを頼りにするような患者の典型であった。

　猜疑的で自己をあてにするクライエントとの間でしばしば起こるように，

　私は，はねつけられ，いささか無能で，言うことはほとんど役に立たないように感じていた。真の意味で他者を決して信頼してこなかったポーラは，見知らぬ男性と過度に親密なセッティングであるセラピーを始められそうにはなかった。共感や好奇心を持つことには効果がないように思われ，私の言うことの多くは不適切であるように感じられた。

　しかし，彼女の身体的な状態や感覚について，ゆっくりと探索するように方針を変えると，変化が見られた。あるセッションで彼女は，私が言ったことに対してネガティブに反応した。彼女の手がこわばり，指が固まっていることに気がついた。私は「いやいや，僕が言ったことは，強く指をこわばらせるような，うっとうしいものではないよ」と言った。彼女は私を見て手をおろした。これは，彼女が自分でしていたことに気がついていなかったことを物語る弛緩であった。私は彼女に，感覚や，こわばらせるように駆り立てるもの，他に何かを感じているところについて，もう少し尋ねてみた。答えるのは容易ではなかったが，彼女はこのことに興味は抱いたようであった。数分後，彼女は再びこわばった。私は彼女に対して，それに気がついたかどうか，また，そうさせるように急き立てたものについて聞いてみた。彼女は自分の動きが自動的であることに驚いていた。感覚の気づきを活用することにおいて，ずば抜けた才能があったマリオン・ミルナーは，人生に対する「濃縮された」態度について，脅威のサインとして肉薄するものは単にイソギンチャクみたいなものかもしれないと，記述している（Milner, 1936）。ポーラは，これをより簡単にやってのけていたのである。

　来たる週，彼女はさまざまな状況において，自分の緊張感が増すことに気がついたと報告した。自分を不安にさせるものについて話したときや，私が言ったことに対してネガティブな反応をしたことに私が気づいた際には，固唾を飲むなど，私は彼女の身体に生じていることを問うようにした。彼女はますますこのことに関心を抱き，お湯が沸くのを待っているような，日常の些細な一コマのなかで，いかに身体をギュッとこわばらせたり，ペースを乱したりしていたのかに気がついた。このような気づきから，たとえ一瞬でも身体のこわばりを弛緩できるようになっていった。当然，彼女の生育歴や私の性別を考慮して，身体的な問題に注目することには細心の注意を払う必要があった。

　概して，敏感な調律を体験してきた安定したアタッチメントをもつ子ども
は，自己調整能力を自律的に発達させる傾向がある。理解されるという体験
は内在化され，身体からのシグナルを含む自己認識を可能にする。ポーラが
そうであったように，意識的に身体的プロセスに気がつくようになるのは出
発点にすぎず，やがて自己調整のようなスキルが自動的な手続きのプロセス
になりうる。

　ダマシオ（Damasio, 2012）は，意識によって意図的に振る舞う方法を得るこ
とは可能であり，それは第二の天性になりうると提起している。セラピーに
おいて私たちは，衝動や欲動，あるいは，結局は意識の外側で自動的に生じ
る，何か駆り立てられるような力を抑制する，フロイトが自我と呼んだ遂行
能力を積み上げる。このようなスキルはしばしば，患者とセラピストの双方
に具現化された，逆転移における基本的な身体感覚の感知とともに始まる。

迷走神経と自律神経系

　ポージェス（Porges, 2011）は，哺乳類に見られ，人間においては極めて複
雑な様式をした，安楽に「存在し続けること」の中核である自律神経系の分
岐について述べている。迷走神経（「第三の自律神経（smart vagus）」）の高
度な有髄枝（腹側）は，顔面の筋肉のほか，脳幹や心臓，腹部，その他の内
臓と連結している。これは，つながりや社会的コミュニケーション，顔の認
識，情緒の表現において活動する。愛する人と共にいるとき，感謝あるいは
深い安らぎを感じているときに，胸の内で温かく灯るような感情とともに発
せられる。

　このシステムは，闘争–逃走反応を含む，交感神経系が作動する不安や恐
怖，あるいは脅威を感じている際には働かなくなるか，ポージェスが言うよ
うに，迷走神経ブレーキが停止する。その後，心拍数の上昇や発汗，速い呼
吸，瞳孔の膨張，消化の抑制などを経験する。私たちは時にこのような覚醒
システムを必要とするが，トラウマのあとにはあまりにも早急にこのような
調節不能の状態に陥る。

　ミックは，学校では過活動で，取るに足らないようなごく些細な侮辱に対
してもすぐに攻撃的になる男の子の典型であった。彼は10年間，暴力や薬物

が横行し，ほとんど境界がなく，敏感な対応がほぼ得られない，ネグレクトに満ちた，予測不能な環境で生活してきた。彼は，弱音を吐いたり人を信じたりするのは危険で，自分が最初に復讐をしなければならないような世界を想定していた。これは，彼の早期の養育環境においては有効な生存のための方略だったが，養子に出されてからはうまくいかなくなっていた。ミックの交感神経系はほとんど常に興奮状態にあるようで，呼吸は浅く，身体は常に行動に備えていた。心拍数は速く，ストレスホルモンが体内を駆けめぐっているようだった。

　トラウマに対して効果的な心理療法は，実行機能の中心となるトップダウンの脳回路の活動を強化し（Márquez et al., 2013），恐怖の中心となる原始的な皮質下領域の調整を強化するものである。これは，安全感や落ち着き，他者への開かれた感覚を促進する。副交感神経系のこの「休息と消化」の側面は，情緒的な親密性やチームワーク，そして協働の可能性を提供する。生理的には，心拍数や血圧の低下，よりリラックスした状態，より深い呼吸をもたらし，また，消化器系や免疫系を向上させる。これは安全な環境において有利に働く。

　このような特性は，心拍の変動やその間隔，あるいは呼吸性不整脈（RSA）を通じて，容易に測定することができる。心拍の変動が大きい人は迷走神経の活動性が高いが，これはよりリラックスした開放的な状態をもたらす。迷走神経の活動性が低いと，生涯を通じて，身体的および精神的な健康状態の悪化を招くことが多い（Pakulak et al., 2018）。たとえば，不十分な育児や虐待は，迷走神経の機能低下をもたらすのである（Rudd et al., 2017）。

　迷走神経機能の改善により，ストレスフルな刺激のあとにも冷静になれる。また，乳児においてさえ，うまくいかない相互作用のより良い修復につながる（Provenzi et al., 2015）。さらに，これは思いやりのあるこころの状態とも関連する（Stellar et al., 2015）。一般に迷走神経機能が高い人は，多くの尺度において，より良い認知機能を示し，社会的問題が少ないことなどを含め，より情緒的な幸福感を感じる（Graziano & Derefinko, 2013）。迷走神経機能は早期の経験に強く影響されるが，マインドフルネスや心理療法，食事，呼吸法などの実践によって，より良い方向に変化させることができる。

　私はこれまで，調節障害や過覚醒の患者に，多くの焦点を当ててきた。

ポージェスの理論は，原初的な凍りつきや麻痺，解離状態に依存する患者を
理解するうえで，実に重要な貢献である。これについては次の章で取り上げ
る。このような不動状態のシャットダウンは，第三の自律神経系だけではな
く，交感神経系の闘争–逃走システムが破綻したときにも頼ることができる
ものである。このようなとき人間は，他の哺乳類と同様に，自律神経系の最
も洗練されていない枝である背側迷走神経枝に頼るが，これは最も原始的な
前哺乳類の祖先とも共通しており，麻痺や代謝の停止，「死んだふり」などを
引き起こす。このような解離したこころの状態は，さまざまな観点から最も
気がかりな状態である。

　心理療法は，迷走神経を活性化させ，より安心できるように，神経系を再
構築する援助をするものだと私は考えている。これは，ウィニコットの，人
は「存在し続けること」の状態に移行するという記述にとてもよく似ており，
早熟で過度にせわしないこころや，興奮した身体とはまったく異なるもので
ある。

実　例

　ミックやポーラ，その他のケースを通じて，私は彼らのことをこころにと
どめておけるという新たな信念とともに，よりリラックスしてその場にいる
ことができるようになった。ポーラの事例においては，長い沈黙の時間が生
まれた。その間の，自分の静かで活動していないように感じられる時間が，
これでも心理療法と呼べるのかどうかと信じることに苦心した！　おそらく，
ウィニコットやガントリップが描写した古典的な退行のケースのように，苦
痛に満ちた情緒を伴う深い接触のときもあった。

　ミックの事例においては，彼の年齢ではよくあることだが，彼が手に入れ
られなかった人生に対する悲しみや嘆きを，あからさまに表現するようなこ
とはなかった。一方で，より静止し，過敏さや躁状態が減っていくのを目の
当たりにした。彼はより静かな遊びにふけり，自分のために巣穴を作り，毛
布を被り，私のことを長い間静かに待たせるようになった。彼もまた，「一人
で存在すること」について学び，静寂を信頼することを学び，その中に身を
置くようにすらなったのである。

　このような調節障害のある人の多くは，自分の皮膚の内側で何が起こっているのかに触れるのが非常に困難である。自分自身の身体への気づきを高めることは，他者と有意義につながるのを助ける。ミックとのあるセッションで私は，彼が高い戸棚に登ったり，危なっかしくものを投げたりするなど，安全ではないことをするのではないかと，自分が緊張と不安を感じていることに気がついた。心臓が口の中に入ったかのように身体が硬直し，呼吸は浅くなった。このことに気がつくだけで，身体はリラックスし，より自信に満ちた楽な姿勢をとることができ，潜在的に闘争的な再演から抜け出すことができた（Aron, 2001）。

　またあるときは，ミックが落ち着きなくソワソワしていると，私はイライラしてきた。私は自分の緊張に気づき，自分の気持ちに寄り添うように深呼吸をした。再び顔を上げると，彼は落ち着いて絵を描いていた。私の単純な自己調整の行動が効果的であったのかどうかを証明するのは難しいが，ミラーニューロンを介するなど，人が無意識のうちに相手の身体の状態に共鳴する仕組みは分かっている（Rizzolatti et al., 2006）。

　私はしばしばミックの気持ちを代弁し，理解していることを伝えた。そうすることで，彼は自信を持ち，自分自身でこのような感情をコントロールするようになった。理解されていると感じることで，何が起こっているのかをセラピストが明確にしなくても，安心とリラックスをもたらす。

　さらに一歩進んで，ポーラのところで述べたように，生理的に起こっていることを患者が意識的に認識できるよう助けることもできる。たとえば，緊張に意識を向けることで，リラックスすることができる。練習と習慣によって，このような自己調整の意識は高まり，相互受容的な自己認識の筋肉が鍛えられる。こうした新たな心的筋肉は，事実上，精神分析が考える良い内的対象であり，「気づく他者」（対象）との同一化から派生して，柔らかさ，気楽さ，リラックスといった身体的状態を向上させる。

　もちろん，洞察力によって変化がもたらされることもある。あるセッションで，ポーラは新しいボーイフレンドの振る舞いに激怒していたが，私は単純に私たちの間に芽生えた理解に基づいて，以下のように示唆した。すなわち，彼女の挑発的な行動が，彼の嫉妬心を誘発しているのかもしれない，と。これは，多くのセラピーの基本であり，身体的な状態にはいっさい言及

していない。ポーラは「ああ，そうね」というようなことを言い，眉を寄せて微笑み，全身が落ち着いた。ここでは，洞察のみで身体的なリラックスがもたらされた。

　またあるときは，何を言ってもあまり効果がなく，彼女は興奮して怒ったままか，あるいは調整が効かない状態のこともあった。おそらく，私には適切に落ち着かせる心理学的な解釈を行うスキルが不足していたように思われるが，人はいったん非常に興奮してしまうと，解釈が届きにくくなる。アルヴァレズ（Alvarez, 2012）の革新的な考えは，セラピーの技法について，特に特定の臨床群に対して，あまりに認知的なレベルで出会いすぎてはいないかと，慎重に考えるよう後押しするものである。明らかに虐待を受けている患者に対して，私はしばしば，強烈な情緒を落ち着かせるように調整したり，過覚醒をコントロールしたりするような，より精神生理学的なレベルで出会う必要性に気がついた。

　身体的な経験について純粋な好奇心をもって問うことで，深い連想を呼び起こすことができる。あるセッションでポーラは，怒りを交えながら，彼女を狼狽させたある人物について語っていた。私は，彼女が頬をこすり始め，顔が赤くなるという，通常とは異なる様子に注意を引かれた。私は彼女の顔に何が起こっていて，何を感じているのか尋ねた。彼女はとまどいつつも，動揺を表に出すと父親にどのように平手打ちをされたのかを語った。そして，幼少期の父親との体験について，異常とも言える素材が次々に出てきた。こすって赤くなった頬について尋ねなければ，これは決して明るみに出ることはなかったであろう。頬はあたかも，意識的には忘れていても，身体的には覚えている幼少期の経験を表現する媒体であるかのようだった。

　より能動的に患者の身体的状態に対する気づきを導くことができることもある。涙をギュッとこらえるのをやめてもよいだろうかとつぶやくことが，泣くのを許すのと同じであるように，相対的に非-指示的でありうる。たとえば，ポーラが悲しみのどん底にいながらもそれに立ち向かおうとしているとき，もっと深く呼吸をしてみてはどうかと提案することで，私たちは共に，彼女の感情をコントロールできるという信頼を示した。

　さらに一歩進んで，人によっては多少いきすぎになるかもしれないが，何らかのガイドをすることで，身体の状態への気づきを積極的に促す。私は数

年前から，脳科学とマインドフルネスの両方に関心を持つ，精神分析的心理療法士の先輩たちと会っている。私たちは皆，身体の状態や呼吸，覚醒レベルをより認識するようになるなど，自分自身のマインドフルネスの実践から恩恵を受けている。私たちは，重篤な調整障害のある患者とは，身体的な気づきについて，より積極的に取り組む必要があると信じている。私自身の仕事においては，ある特定の瞬間に身体に何が起こっているのかに，常に好奇心を持つとともに，ボディスキャンをすることを通じてガイドしたりすることを意味する。

身体的気づきの力

　徹底した精神分析的訓練とともに，私は以前，ライヒ（Reich, 1945）やケールマン（Keleman, 1975），ローウェン（Lowen, 1975）などの理論に基づく，相当量の身体的理解を含む統合的心理療法の訓練も受けていた。訓練は，特に身体において，いかに防衛が構造化されるのかに焦点が置かれていた。近年，私はこれらの理解を，心理療法の実践やスーパーヴィジョンに援用しようと試みている。私はタビストックにて，セラピストや訓練生のために，体現された逆転移を含む具現化の気づきの向上を目的に，トラウマや神経科学，そして身体について考えるためのワークショップを立ち上げた。また，他の研究者（Sletvold, 2014）のように，スーパーヴァイジーに対してケース記録に身体的な逆転移を含めるように伝え，身体的なロールプレイをするなど，より活きたスーパーヴィジョンを行っている。これは，理解に苦慮するセッションのほかにも，具現化された状態や声のトーン，あるいはジェスチャーの雰囲気などが極端に少ないケース描写を，あまりに頻繁に耳にしてきたからである。スーパーヴァイジー自身とクライエントの身体的状態に対する気づきを向上させることは，スーパーヴァイジーの仕事において強力な効果をもたらしている。

　たとえば，マークというある心理療法士の訓練生は，ブリンという8歳の男の子と週3回，2年以上にわたって会っており，毎週の個人スーパーヴィジョンも受けていた。ブリンは双子であった。二人は健康に誕生したが，母親は産後うつ病にかかっていた。彼女は，ブリンの双子のきょうだいをとり

わけ可愛がっていたが，18カ月のときに，この寵愛を受けていた双子のきょ
うだいの首にカーテンの紐がからまるという悲劇的な事故により，彼は亡く
なってしまう。ブリンは生きていた。その後，母親は重度のうつ病を患い，
ブリンや彼の姉の養育ができなくなってしまった。彼らは母方祖母に預けら
れ，6カ月後に，悲劇が起きた家に戻された。

　セラピーにおいてブリンは，常に躁状態で攻撃的な行動に訴え，非常に活
動的でほとんど感情に触れることができず，面接をするのが難しい存在で
あった。マークが彼と共に考えようとするのを常に妨害し，概して万能的で
反抗的，自己批判的，そして破壊的な様相を呈していた。ワークショップに
おけるマークの報告を以下に示す。

　　「立ち上がってグループの前でブリンのことを体現するように言われ
　ると，最初は身体が緊張し，鼓動が高まるのを感じた。グレイアムか
　ら，椅子がいくつか置かれたその真ん中に行くように勧められた。私は
　落ち着くことを願いつつ立ち上がった。すると，ある変化が起こった。
　ブリンになりきって一人称で話すようにという，グレイアムの言葉に引
　き込まれるように，私はブリンになりきって話していた。直感的に，私
　は床に座るべきだと感じ，深呼吸をしたあと，再び不安を感じ始めた。
　どこから始めたらよいのだろう。
　　特定のシーンを思い出そうとすると，腹部と胸部に不安なエネルギー
　が誘発される。身動きが取れなくなるような感覚だ。グレイアムが，内
　側で起こっていることを説明するように言ったのが聞こえた。
　　最初は苦戦したが，ある変化が起こった。もはや思考で頭がいっぱい
　になることはなく，まるで床に重しをされたように重く感じ始め，その
　まま床に引きずり込まれるのを想像するようにすらなった。グレイアム
　から何を感じているのかと尋ねられた。私は，（身体もこころも）重く，
　圧迫されているように感じる，と答えた。グレイアムは，私の身体のい
　ろいろな部分で何が起きているのかを尋ねてきた。私は右足に注目し，
　震え，痙攣していることに気がついた。動けなくなるような強い感覚が
　顕著であった。気がつくと，倒れそうなほど身体が横に傾いている。自
　分ではどうしようもないことが起こっているのだが，その意味を感じな

がら，そのままにとどまった。

　自分の体験を言語化するのは難しいということに気がついた。グレイ
アムが「とてつもない悲しみを感じた」と言うのが聞こえた。グレイア
ムがその悲しみに名前をつけると，私にも悲しみが押し寄せ，目が涙で
いっぱいになり，右の頬から髪と耳へと流れ落ちた。その後，どうなっ
たのかは思い出せない。グレイアムは抑うつと名づけたと思う。強くこ
ころに響いた。躁や不平不満，自己卑下といった通常の防御をすること
なく，私はブリンの強烈な抑うつの一端を直接感じることができた。そ
の後，グループと私自身は，この体験を消化していった。明らかな悲し
みが共鳴し，私は重く感じ続け，その後，とても疲れ果てた」

　母親が予定されていたセッションをキャンセルしたため，マークが次にブ
リンに会ったのはこの５日後だった。週末の間，この経験はマークとともに
あった。マークはブリンと会う前に，彼の母親に会い，ブリンの他界した双
子について話す新たなスペースが生じた。母親は珍しく，自身の喪失に対す
る体験ではなく，ブリンのそれについて考えることができた。
　ブリンの次のセッションは，これまでと違っていた。マークは，これまで
の堅苦しい緊張感ではなく，次のセッションを楽しみにしていたと報告し
た。ブリンは，より満足しているようであり，学校で三つのはなまるをも
らったと報告した。そして，父親の家に行ったときのことを話し，父親がま
た家を引っ越したことに対する怒りと絶望を表明した。自分は今，落ち着い
ているので，父親には引っ越してほしくなかったと主張した。そしてブリン
は，父親が飼っていた犬の２回目の命日だと言った。ソファに座っていた彼
は，頭を下げて嗚咽し始めた。のちに起きたことであり，このときはまだそ
れに触れて口にすることはなかったのだが，明らかに二人ともブリンの双子
の悲劇的な喪失に触れていたのである。彼はセッションの間中泣き続け，
マークの近くに寄ってきた。嗚咽の合間，彼はマークに「引っ越したくない
のに，引っ越さなきゃいけなかったことってある？」「ペットの犬が亡く
なったことってある？」など，多くの問いかけをしてきた。彼は，自分の経
験，喪失感や痛みを理解してくれる人を切実に求めていたのである。マーク
がそう話すと，ブリンは明らかに安堵の表情を見せた。二人とも，安堵と笑

いと涙の間を行き来していた。マークはいつもより自分の感情に敏感になっ
て，自分たちがいかにお互いにつながっているのかを感じ，とても親しみを
覚えたと言う。

　以前のブリンは，いかなる動揺した状態にもとどまり続けることができな
かった。通常，彼の絶望や悲しみは，すぐに躁状態や攻撃性，万能状態に移
行してしまっていた。この悲しみは二人にとって新しい経験であり，ここか
ら積み重ねていくことができるものだった。この悲しみは，ブリンのセラピ
ストが彼自身の具現化された気づきを通して，ブリンの深い感情の状態に触
れるという新たな体験をしたことが，引き金となっていた。

┃おわりに

　本章では，身体-気づきレベルで作動することの重要性を強調した。ダマ
シオ（Damasio, 2012）は，情緒がいかに身体的プロセスであり，脳がいかに外
的環境（例：脅威）や内的環境（例：鼓動の高まり）から絶え間なく手がか
りをすくい上げているのかを，有益に示してくれている。ダマシオ（Damasio,
2012）はまた，脳がいかに絶え間なく身体的な状態をモニターし，ホメオス
タシスを維持するために内的環境を調整しているのかを記述している。身体
的な状態に関する気づきである内受容感覚は，良い治療的結果の中核になり
うる。また，興味深いことに，これは長期的な瞑想における重要な結果でも
ある（Farb et al., 2015）。

　ダマシオ（Damasio, 2012）が言うように，意識は「自己がこころに達する」
ときに出現するが，ここには私たち自身が身体的シグナルに気づくようにな
ることが含まれる。換言すれば，感情調整はまず，皮質の「トップダウン」
調整や意図的な意識の注意から発達するが，最終的にはよりボトムアップ的
な感情の調整になり，それは非意識的で手続き的，そして後天的な習性であ
る（Chiesa et al., 2013）。

　情緒を支え，調整するための支援は，しばしば内省の先駆けである一方，
圧倒された情緒状態は，内省的な脳回路を妨げる皮下大脳辺縁系の活動を誘
発する。ポーラやマイラ，ブリン，そしてミックのような子どもたちは，し
ばしば自身の身体的状態に触れられず，自分を自分で抱えるために早熟な精

神発達（Winnicott, 1953），あるいは「第二の皮膚」の筋肉活動（Bick, 1968）に頼る。私は，身体的な気づきの向上が，いかに静寂や深いリラックスを伴い，言葉を必要としなくなるような状態への移行をもたらし，ただ「存在し続けること」が起こりうるのかを強調したい。

　ダマシオ（Damasio, 1999）は，この体現化としての自己感は，自己感を持つという感情の根源であると見なした。彼はこの意識の自己感を，「ライトに照らされてステップを踏んでいる」ようなものとして，かなり美しく描き出し，「意識のための，こころを知ることが生じるための，単純だがこころの世界へと自己感が入っていく極めて重要で強力なメタファー」（p.3）だと記述した。ポーラはこれを，自分の身体が何をしているのかに気づくようになった瞬間，自己感が新たな体験をした状態で，ある種のひらめいた瞬間（eureka moment）だと述べた。外的，内的な刺激への反応に対する，穏やかな好奇心の気づきを促進するマインドフルネスの領域においても，多くの似たような報告がなされている。これは，トラウマを抱える人が，しばしば統制するのに苦労することである。このように，身体的な状態も含む意識的な自己認識を育むことは，次の章で論じるように，トラウマを抱える患者とともにどのように心理療法を実践するのかという点において，重要な位置を占めるものである。

第9章 トラウマ：慎重に歩を進めること

Trauma and treading carefully

失敗から学ぶ：ローリー

　私は長い間，トラウマのなかでも特に発達早期に生じるトラウマに取り組む際に，一個人としても専門職としても，典型的な思い違いをしてきた。つまり，これらのトラウマは，理解可能な起源を持つものだという思い違いをしていたのである。ここ数年，私たちはトラウマについて考え直し，新たな臨床的アプローチを発展させてきた。

　数十年前，一般診療科医（GP）のクリニックでローリーという若い男性に会った。彼は自転車に乗っているときに，地元の若者から転倒させられ，地面に投げ出されたうえ，暴行を受けて金品を奪われていた。面接では，彼は一見すると親しげだったが，緊張しているという表現のほうがより適切で，むしろつながりを持ちにくく，不安でいっぱいのようだった。たいていがそうであるように，彼は話をする機会を喜んでいるだろうし，その出来事について考えていくことが彼に安心感をもたらすだろうと，私は予期していた。しかし，実際には反対のことが起こった。彼はまるでチックのように身体をピクピクと動かし，目は遠くを見つめているようで，すぐに落ち着きを失った。私は自分が不安のあまり息を飲んでいることに気がついた。寒気を感じ，こころを閉ざしつつあるように思えたが，これはトラウマを抱えた患者との間でしばしば経験してきたことだった。

　事件について質問すればするほど，彼の動揺は増していった。私は直観的に話題を変え，彼が私と共に部屋にいてどんなふうに感じているのか聞いてみた。彼は苦しそうにしていたが，注意深く問うてみると，私の先の質問を受けて，これまでにしばしばフラッシュバックに襲われていたことを認め

た。彼はフラッシュバックのために，自分のアパートから出ることさえも安全ではないと感じており，数週間，仕事ができないでいた。

　その頃の私は，フラッシュバックや解離，離人感や現実感の喪失といった状態についてほとんど知らず，トラウマについては素人だった。実際，私には知識も経験も足りず，責任を負えるような状態ではなかったのだ。当時，脳や身体へのトラウマの影響については，まだまだ未知の領域だった。幸いにも，私は身体の状態に関する訓練をいくつか受けたことがあったので，ローリーの握りこぶしや（浅く速い）息づかいといった，身体的な感覚について尋ねてみた。彼はトラウマよりも身体感覚についてのほうが気楽に話をすることができ，そうすることでいくぶんか落ち着いた。私は，ローリーに質問をしていたときに短く浅くなっていた自分の呼吸が，何とかうまく整えられていることに気がついた。ローリーは，セッションの終わりまでには，より安心しているように見え，次週のセッションにやってくることを同意した。違った状況で学んだスキルを使って，身体の状態について質問ができたのは幸運だったと言えるが，ローリーを本当の意味で助けるための知識は持ち合わせていなかった。

　私がスーパーヴィジョンで行っている主なアドバイスは，ゆっくりと進めていくということだが，トラウマを処理することができるまではローリーが良くなることはないだろう。かくして私は，翌週も前回と同じような実践をした。ローリーは今では解離だと分かっている状態に，再び後退した。私は何かがおかしいと思った。ローリーのこころの状態が悪くなっていることもあり，私は彼の役に立てていないと感じていたのだが，そのことに取り組むための理解は不足していた。あるとき彼が面接にやってこなかったので，私は電話をかけた。すると彼は，セッションのあとに悪くなっていると感じるので，今のところは面接を止めるのが一番良いと思っていると述べた。私は気分が悪くなったが，今では，ローリーは自分のために正しいことをしたと思っている。彼は，トラウマ体験についてあまりにも時期尚早に話すことで，再びトラウマを引き起こされることなど，まったく必要としていなかったのである。私はこのケースについて紹介元の GP と話し合い，その結果，精神科看護師がローリーの元を訪れ，抗不安薬を処方されることになった。その後，彼がどうなったのかは知らない。トラウマを受けたあとの望ましい

治療を構成する要素とは一体何なのか。多くの疑問が残った。

私自身に関する閑話

　私は多くの援助職の専門家と同じように，自分の感情をうまく処理するために大人が子どもを頼りにしているような，機能不全家族の苦悩を理解するためのスキルを磨いた。まず，気分の変化に敏感に反応し，改善する方法を学んだ。良くも悪くも私はこれが得意で，苦悩に注意を払うことで，人の気持ちがしばしば落ち着くということを学んだ。このようなスキルは，葛藤がすぐに強まる可能性のある家族では成果を得るが，トラウマに取り組むにはこれ以上のものが必要である。

　私はその後，心理療法と出会ったのだが，その役割の大半は，人の苦悩に対する援助をすることである。その方法は，私が自分自身の家族のなかで学んできたこととよく似たものだと気がつき，何かがひらめいた。私が受けていたセラピーでは，自分の感情を聴いてもらったときには安心し，見ないようにしてきた子ども時代のつらい出来事，そのうちのいくつかは正にトラウマティックな出来事だったのだが，それらに持ちこたえられるよう援助してもらっていた。私は困難に耐え，そこにとどまることに対して恐れなくなったために，人生がより豊かになったと感じていた。私がセラピーの熱烈な支持者の一人になったのは，驚くことではない。

　心理療法の仕事を始めたとき，私は経験から学んだことを頼りにした。苦痛な感情を聴いてもらい，それに耐え，表現することの重要性や，それが与えてくれる安心感，そして苦痛な体験を葬り去ったままにしておく危険性について，ヒューマニスティックなセラピーと精神分析的セラピーの両方が教えてくれた。セラピストになった際，他者が苦痛な体験にうまく対処し，そのような問題を転移のなかでワークスルーするように援助するのは，比較的容易なことだと感じた。長期的でしばしば骨の折れる作業であるにもかかわらず，私は劇的に人生が変化することや，人がより安らかで，自己受容的になっていくのを見た。しかし，なかにはローリーや，以下に論じるフレッドのように，これがうまくいくようには思えない人もいた。彼らとの面接では，自分の手には負えないと感じさせられるパターンが現れてきたのだった。

フレッド

　10歳のフレッドは，継父に身体的虐待を受けたため，里親の元で過ごしていた。食べ物もトイレもない部屋に閉じ込められ，辛辣な言葉の暴力を受けていたが，この1年間は思いやりのある里親と共に過ごし，落ち着いていた。しかし，学校である子どもを傷つけ，また，別の子どもを脅迫したことで紹介されてきた。初回面接では，何が起こったのかについて描写するフレッドの能力に感心した。最終的に心理療法を開始したとき，彼が象徴的に遊ぶことができ，空想上の出来事と現実の生活の出来事についての遊びを展開できることに私は驚いた。

　あるセッションで，彼は怯えて警察を呼ぶという場面を実演した。おもちゃの電話機を握りながら，私は「こんにちは。こちらは警察です。どうされましたか？」と言った。フレッドは，「お継父さんが僕を傷つけてくるんです」と答えた。私は「あぁ，それはひどい。お継父さんは何をしてくるの？」と言った。フレッドは，自分が傷つけられた場合には自分の部屋を出るのは怖いが，母親が傷つけられたときには自分の部屋にいるのは嫌なんだと話す。私は「あぁ，それは怖いし，恐ろしいことだね。それに，そんなことはきみくらいの年齢の男の子には起こっちゃいけないことだね。どんなことをしてほしいですか？」と言った。フレッドはよく分からないようだった。私がそこに行って継父を逮捕すべきかどうかと問うと，フレッドはそうしてくれと言った。そして彼は，継父が部屋の外にいるので電話を切らなければならないと言った。

　このような面接に，私は希望を抱いた。フレッドは遊びを通して，象徴的な形でトラウマティックな経験の記憶を表現することができ，共にそれを消化していくことができるように思われた。これはある程度は真実で，翌週，彼は落ち着いているように見えた。そのときの遊びは，異なる展開となった。彼は，継父が怒り，暴力をふるう場面を実演した。私はこれもまた希望に満ちた進展であり，彼のこれまでの体験を消化するのを援助する適切な治療的作業であろうと推測し，この遊びに参加した。その場面は，身体的にも言葉のうえでも攻撃的なものだった。

　しかし，私が気がつかないうちに，この遊びは悪い影響をおよぼしていた。フレッドは家では落ち着きがなくなり，学校でもいくつかの問題を起こしたのだが，それはここ数カ月では初めてのことだった。また，あまり眠れなくなり，悪夢を見るようになっていた。最も心配だったのは，彼が里親に継父の顔が思い浮かんでくると話していることだった。明らかにフラッシュバックが起こっていた。

　私は，セッションでの劇的な再演が彼のトラウマを再び呼び起こし，彼を傷つきやすい状態にしてしまったのだと，遅ればせながら認識した。私には自分のアプローチを再検討する必要があった。トラウマティックな経験は，扱う必要があるときにはいくらでも隠蔽されるものである。しかし，ここでのタイミングとアプローチは役に立たなかったうえに，実際に再びトラウマティックな経験となってしまっていたのである。私は方針を変えて，記憶を呼び起こすことはせず，フレッドくらいの年齢の男の子が熱中する，より普通の遊びが可能なスペースを取るようにした。これは，私にとっては，「本当のセラピー」ではないように思えた。感情的に当たり障りのないゲームやサッカー，積み木など，より退屈な遊びをした。フレッドは，今では他の少年たちのように落ち着いて，一般的な生活にある，安全で平穏無事な感覚を経験することができていた。また，予測可能な新しい生活のなかで，信頼を築くこともできるようになっていた。それは，彼が必要としていたものであり，彼が育ってきた混沌とした恐怖の生活とは対照的なものだった。

　児童期中期は，より穏やかな通常の遊びや，社会的な学習によって特徴づけられる。精神分析ではこの時期を潜伏期と表現し，強い衝動や性的衝動などが，少なくとも青年期までは抑えられている時期であると説明する。私の時代は，この時期にはスタンプやカードを集めたり，おもちゃの車で遊んだり，トチの実遊びなどをしていた。潜伏期は，情緒的な不安定さが減じる期間として知られているが，フレッドのように不適切な養育を受け，調節がうまくいかない子どもにとっては，そうではない。

　フレッドには安全で脅かされない体験が必要だった。たとえサッカーばかりで，他には何もないセラピーになったとしてもである！　フレッドのような子どもにとって，サッカーやボール投げでさえも，ソーシャルスキルや他者と交互に話すこと，また信頼感を根づかせる助けになる。すべてが極めて

重要なものになるのである。フレッドには，トラウマティックな過去に再度
直面する前に，こうしたことが必要だったのだ。穏やかさと安心感がいくら
か発達してくると，人は困難な経験に向き合ったり，それを消化しやすく
なったりするのである。

安全を第一に

　セラピストになるための訓練では，困難で恐ろしい経験や苦痛な感情，
パーソナリティの攻撃的な部分，あるいは絶望している部分を消化していく
ことが奨励されるが，これはもっともなことである。トラウマに関する新た
な知見は，肯定的で安心感に基づいた情緒状態を築くことが極めて重要であ
るのはなぜなのかを説明してくれる。

　ローリーやフレッドのように大きなトラウマを負った患者は，彼らが耐え
忍んできた激しい苦痛にアプローチする前の準備が必要である。あまりに早
くトラウマに触れさせることは，開いた傷口を鋭利なもので突き刺すような
ことになる可能性がある。それは，トラウマの再被害を引き起こし，防衛を
強める。より気がかりなのは，ローリーやフレッドに見られたように，解離
のような状態を引き起こすきっかけになる可能性があることである。

　定義上，トラウマは人を打ちのめすものである。自分の体験の意味につい
て理解するための視座を欠いているため，フラッシュバックは，過去の恐ろ
しい出来事が，まるで現在起こっているかのように感じられる。まずは，安
心感や平穏，信頼感を与えることができるパーソナリティの部分を最初に築
く必要がある。そして，その安全で見晴らしの良い立ち位置から，困難な経
験について再検討し，整理していく必要があるのである。

　コンパッション・フォーカスト・セラピー（CFT）（Gilbert, 2014）や，眼球
運動による脱感作と再処理法（EMDR）（Parnell et al., 2013）など，より新し
い形態のトラウマセラピーは多い。いわゆる内的資源を築き上げることに多
くの努力を費やすものだが，これは偶然の一致ではない。内的資源とは，安
全で安心，そして自分を大切にできる内的な状態のことである。CFTは，た
とえば心地の良いリズムの呼吸と呼ばれる呼吸法を用いたり，安全な場所や
思いやりのある人物をイメージしたりすることによって，クライエントが健

全に副交感神経系を刺激するのを促進する。EMDR の臨床家も同様に，トラウマを負った人が，安全な場所や頼りにできる内的イマーゴになるような，思慮深く思いやりのある人物像といった良い資源を「インストール」できるように援助する。

　このようなアクティブな技法は万人のためになるものではないが，再被害化の危険性を深刻に受け止めるものだと言える。良い資源をインストールすることは，精神分析が良い内的対象をインストールすることとして記述するものとかなり似ているが，良い内的対象というものは，たいていは自動的に生じるものだと考えられがちである。治療技法はしばしば，いわゆる適切に陰性転移を取り上げることに焦点を当てるが，極めて動揺している子どもや大人の多くは，陰性転移が生じる前に，自分の内側にも外側にも，良い経験や，セラピストを含め，十分に信頼することができる対象を必要としているのである。

　恐怖や危険の中にいるときの最初の反応は，交感神経系の作動であり，これにより身体の緊張や浅い呼吸，心拍数の上昇や胸のつかえなど，闘争-逃走反応のような，広範囲にわたる心理学的プロセスが引き起こされる。現実のものであれ想像上のものであれ，危機が生じている間，内省と熟考，あるいは共感のための回路はさえぎられる。深刻なトラウマのあと，特に継続した複雑性トラウマに続いて，しばしば解離的な，麻痺した状態が引き起こされる。悪い体験の影響に備えるための情緒的予防接種である良い体験があまりにも少なすぎると，危険度は増す。

　学校の教室のように，他の子どもならいつもの穏やかな場所だと解釈するような環境においてさえも，危険や脅威，恐怖だと感じられる世界に，多くの子どもは住んでいる。このような子どもは，戻るための安全な場所を提供する「耐性の窓」（図9-1を参照）や，より困難な経験にアクセスするための視座を構築するための援助を必要としている。

あまり深刻ではないケース

　ポジティブな感情状態に取り組むことの重要性は，あまりトラウマ化されていないケースにも当てはまる。そういったケースにおいても，時に困難に

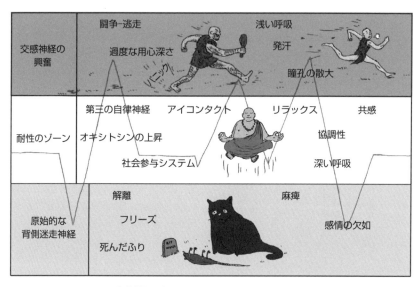

図 9 - 1　自律神経系（Porges, 2011; Ogden, 2006を元に著者作成）

とどまることが十分だとは言えない場合がある。17歳のイザベルは，いくら
かは家族から純粋に愛され，世話をされてきた。しかし，父親は不在がちで
受身的であり，母親は偽りの陽気さと前向きさによって不安に対処しがちで
あった。イザベルは抑うつ的で不安が高かった。セラピーの数年は，彼女の
絶望をワークスルーすることに費やされた。今ではイザベルは，以前には恐
れていたネガティブな感情状態に対して，複雑な気持ちを抱いてはいるが，
うまくやっていける古い友達のように考えることができている。これは，真
の進展ではあるが，彼女はいまだに人生における多くの場面で楽しむことが
できないとも感じていた。

　イザベルは暗闇や閉じられた空間を恐れていた。たとえば，ロンドンの地
下鉄で移動することができなかった。幼い頃，虐待的な子守りに棚に入れら
れ，恐怖のなかで置き去りにされたというお仕置きがいかなるものだったの
かについて，私たちは取り組んだ。その子守りは，のちに解雇された。また，
森の中で道に迷って，自分は死ぬかもしれないと恐ろしかったことを思い出
した。私たちは，過去の体験とのつながりを見出し，その象徴的な意味を見
つめていった。たとえば，暗い精神状態にある家族のなかの恐れ，母親の暗

闇と抑うつのなかでの窒息の恐れ，地下鉄に対する恐れと無意識の感情など
である。これらすべてはそのとおりだったが，まだ道半ばであった。発達性
トラウマのような深刻なケースとは違って，イザベルのトラウマは限局性の
ものであり，自分は本当に愛され，大切にされていると感じていた人生の状
況のなかでのことであった。それにもかかわらず，彼女のトラウマは取り組
まれる必要があった。

　セラピーによって，イザベルは不安に苦しめられることが少なくなったと
感じ始めていた。しかしながら，それまでと同じように暗い場所を恐れた。
挫折感が頭から離れず，それに苛まれ続けた。その挫折感は，抑制され，行
き詰まっていると彼女が感じている人生のいくつかの領域を象徴するもので
あり，彼女はそれを「こころが凍りついて固まってしまっている」と表現し
た。

　この時点で，私のセラピーの方向性は変わった。彼女が幼少期の恐ろしい
という感情を，再体験するのを助けた。彼女がはまり込んだ心身の状態を本
当に知る必要があることに気がついた。その前に，安心感や愛されていると
感じていたときの良い体験を，彼女が思い出せるように助けた。恐怖感が強
くなりすぎるときには，積極的に良い体験に立ち戻るようにした。立ち戻る
ことのできる安心感を確立していったことによって，彼女の身体の中にある
困難な感情を知り，耐えることを学ぶ作業に取り組むことができた。私たち
は，彼女が自分の困難な感情を扱うことができる方法を見出した。その結
果，これらの感情が彼女の人生を支配し続けることはなくなった。これは，
行動療法的なセラピストが行うような脱感作の一部であり，彼女が非常に恐
れているものに慣れさせることだった。良い体験と，それに付随する身体的
な安全感によって，彼女は，思い切ってより恐ろしいものへと足を踏み入れ
ていくことができるようになったのである。

　もちろん，いくつかの点で，イザベルは思い切って暗闇の中に入っていく
必要があった。精神分析の訓練では，私は前向きな行動変容を促す力を身に
つけることはできなかった。自分の仕事が彼女の役に立っているのかどう
か，疑問に感じたほどだった。結局のところ，彼女を援助することはできた
のだが，しばしば複雑な似非解釈を用いて，真の励ましになるはずのものを
覆ってしまっていた。「実際にはきみならできると僕が思っているっていう

ことを信じがたいみたいだね」，あるいは「おそらくきみは，自分がまだ5歳
で，暗闇は恐ろしいと感じるという考えにしがみついているみたいだね」と
いうようなことを言っていたのである。ありがたいことに，彼女は私が何を
しているのか分かっていた。あるとき，顔をしかめて次のように尋ねてき
た。「先生，本当に私のことを励ましてるの？」と。

　最終的に，イザベルは文字どおり一歩ずつ，恐ろしいと感じる場所に，思
い切って足を踏み入れていった。たとえば，自分の呼吸やその他のストレス
を観察しながら，だんだんと深くなっていく地下鉄の階段を，思い切って降
りて行った。また，他の領域においても自信が育ってきて，仕事や人間関係
においてもチャレンジするようになり，自分が持つ力をより信じられるよう
になっていった。私は，彼女が困難を隠したりごまかしたりして，偽りの能
力を発達させるのを促しているのではないかと心配になっていた。また，私
があまりにも好意的な人物になりすぎてしまっているとしたら，たとえば，
私がいかに信頼できない親像と同じであるかといった，陰性転移を取り上げ
ることができなくなるのではないかと恐れた。しかし，不幸な気持ちにうま
く対処するのに加えて，肯定的な感情を体験するよう援助することが必要で
ある。そうでなければ，セラピーの仕事のうちの半分しか行っていないこと
になる。

　このような精神分析家の仕事に関する有名な最初の一例に，マイケル・バ
リントのものが挙げられる（Balint, 1968）。彼は著作『基底欠損』で，多くの
潜在能力を持っているにもかかわらず，常に失望している女性患者について
記述している。彼女は聡明だったが試験に失敗し，活発で社交的だったの
に，人間関係をうまくやっていくことができなくなってしまっていた。彼女
は，地に足をつけて慎重に行動することはできるようになったが，バリント
には，自分は望んでいるのに一度もでんぐり返しをうまくやれたことがない
と話した。それに対する解釈的ではないバリントの有名な反応は，「今はど
うなんですか？」である。このとき，彼女は起き上がり，部屋ででんぐり返
しをしてみせた。バリントはこのことについて，「新しいことが始まりつつ
ある」一つのターニングポイントであり，その後「彼女の情緒生活，社会生
活，キャリア生活において，たくさんの変化が起こり，彼女はより自由で柔
軟になった」（p.129）と記述している。バリントは，私たちがそうすべきでは

ないように，過度に好意的な治療者ではなかったし，苦痛や困難を避けるようなことはしなかった。しかしながら，良い体験と悪い体験の両方の間の適切なバランスを取りつつ，焦点づける必要があるのである。

アラン

　15歳のアランは，イザベルと同じく，解離状態を起こすようなトラウマは経験していなかった。しかしながら，彼は不安のために不自由だった。母親は，彼の出産時には抑うつ的で，発作的に激しく怒る傾向があった。両親の不安定な結婚生活は，彼が3歳のときに破綻した。母親がいつ病気になり，いつ怒り狂うのか。そして，たまにではあるが，いつ幸せな気分になるのか。アランには一度たりとも分からなかった。母親の幸せな気分は，より躁的な興奮状態であり，彼女が一見前向きな状態のときは，常に大惨事の寸前だった。母親が調子の悪いときには，よくアランをののしり，非難した。それは，部屋を散らかしたり，食べ物をバラまいたりするといった些細な悪さに対しては，不相応な反応だった。アランは非常に不安げで自責的だった。私といるときも，過度に丁寧で用心深かった。

　たとえば，誰かに非難されたり，動揺させられたりするような出来事があると，自己嫌悪の気持ちが高まった。自己嫌悪感は，セクシュアリティに関する恥の感情によって高まっていた。彼はゲイの青年だったのである。うまくいかないことは何でも自分のせいであり，自分にはひどい欠陥があると信じていた。一度自己嫌悪が引き起こされると，それがはびこり，彼の内面には，穏やかさや安全な場所がなくなってしまうのだった。驚くまでもなく，自己嫌悪があまりにも強まりすぎたときには自傷行為に頼り，過量服薬をしたことも2〜3回あった。

　アランのような若者は，すぐに絶望した状態になってしまい，多くのトラウマ患者のように，たいていの場合，頼りにできる良い内的資源をほとんど持っていない。あまりにも直接的かつ性急に苦痛や絶望に取り組むことは，深く暗い溝の中から逃れられないかのように感じさせてしまう可能性がある。偽りの躁を積極的に促すべきではないが，困難な経験に取り組み始めるためには，安全な場所があることを見つける援助をする必要がある。苦痛や

恐怖，絶望，不安の真っただ中にいるとき，人は，同じように何かもっと良いものもあるのだと信じる必要がある。

　困難な体験を観察したり，それに取り組んだりするためには，情緒的にも身体的にも調和のとれた視座を作り出す必要がある。これは，良い母親が幼い我が子のためにすることである。つまり，母親は前頭前皮質を差し出して，この経験は耐えることができ，理解でき，そして実際に過ぎ去るものなのだという考えを子どもに伝えるのである。マインドフルネスも同様に，すべての経験はやり過ごすことができるということ，加えて，今，この瞬間の複雑さや困難に耐えるための場を育むことができるということを教えてくれる。

　アランは古典的なトラウマのケースではないが，彼は人生の大半を，母親の気分の嵐に巻き込まれて生きてきていた。彼は母親の感情状態に対して，なす術がなかった。幼い頃，物事がうまくいかなかったときには，誰かが（たいていの場合，それは彼なのだが）責められるべきだという母親の世界観を身につけ，それが恥の感情や自己に対する攻撃をもたらしていた。しかし，急速にアランの中により安全な視座が発達してきたことから，以下のことを推測することができた。つまり，こころを穏やかにしてくれるようなことをいつも言ってくれていた祖母のように，他の大人が，彼の人生のなかに良い経験を与えてくれていたのではないだろうか，ということである。

　アランとのセラピーのかなり初期のことだが，ある週，彼は不安でいっぱいでやって来た。サッカーをしていたとき，彼がすぐにパスをしなかったという理由で，彼のことを怒鳴りつけた少年と喧嘩になったのだという。他の侮辱として，彼はチームをおとしめているとも言われた。彼は取り乱し，自己嫌悪と絶望感でいっぱいになっていた。最初に私は，彼のこころの状態を理解しているという共感を示しつつ，彼の気持ちにしっかりと寄り添う必要があった。そして，その刹那の反応について尋ねてみた。彼は「最悪だ。僕はクソだ。これが僕の人生なんだ。僕の人生は最低だ。自分なんて嫌いだ。ほんと死にたい」と言った。

　その次に，私は相手の少年がどんな子どもなのか聞いてみた。そして，その彼に対して何かできることはあっただろうかと，いくらか興味を示しながら質問をした。これは新しい思いつきだった。用心深い子どもの多くがそう

であるように，アランは他者のこころを読むのが誰よりもうまかった。結局のところ，母親の気分を読むことで，彼は安全への通行証を得ていたのである。しかしながら，彼は，他者が何を考え，何を感じているのかについて，純粋に興味を持ったことは一度もなかった。彼のメンタライジング能力は防衛的なものだったのである。彼は，他者の感情を用心深く読むことはできても，「他の誰かと共に感じる」のは容易ではなく，他者の観点から物事を見ることはできなかったのである。

　相手の攻撃的な少年は，暴力的な父親と暮らす怒りっぽい若者で，いじめっ子でもあることが明らかになった。私はできるだけ興味を示しながら，強い調子で次のような疑問をアランに投げかけた。おそらく相手の少年は，自分自身が「いろいろな問題」を抱えていて，今回の件に関する問題は，アランではなく相手の少年のほうにあるのではないか，と。私は「だから，相手の子が不適切な行動をとった。つまり，相手がやりすぎたっていう可能性はないのかな？」と言った。アランは，いつもより深く呼吸をした。そこには，安堵の感覚や，自分がすべて悪いわけではなかったのかもしれないという驚きがあった。

　その後のセッションでも，相手の少年についてもっと多くのことを考えることにした。その少年も自分のセクシュアリティについて悩んでいたようで，以前，アランに性的に言い寄ってきたことがあったという。彼は父親から虐待を受けていたことがあり，今では自分が感じさせられたのと同じ方法で，他の子どもを嫌な気持ちにさせていたのである。アランは，その生い立ちからして，このような扱いを受けるのに，まさにぴったりの「人物（valency）」だったのである。私はアランに，そんなふうに扱われたらどう感じるか，問いかけを始めた。「それって公平なことだったのかな？」「アランはすごく悪い扱いを受けるのに『足る』人間なんだと思う？」と。彼にとって，自分はきちんとした扱いを受ける権利があるのかもしれず，また当たり前のこととして大切にされるべきだという考えは，新しいことのように思われた。幼い子どもの彼には，選択の余地などなく，母親の言葉を信じ，母親が怒ったときには自分のせいだと推測するしかなかったのである。幼いときには，母親を拒絶する余裕などなく，彼は非難を浴び続けた。これは，すべての幼い子どもに共通することである。

　やがて，母親との関係について考えることができるようになった。母親の気分の波が押し寄せてきたときに，彼の身体と感情に与える影響について探索してみることができた。また，母親の感情に対して責任を負っていると感じている自分自身についても，観察できるようになった。そして，責任があると感じることから，少し距離を置くことができるようになった。

　精神分析家のロナルド・フェアバーン（Fairbairn, 1962）は，こうした力動について，かなり以前に次のようにたとえている。それは，子どもにとっては「悪魔に統治された世界で生きるよりも，神に統治された世界で罪人になるほうがましだ」（pp.66-67）というものである。幼少期にトラウマを受けたこころの中では，しばしばスプリッティングが起こり，良いものは外側に投影される一方で，悪いものは内在化されてしまう。アランはこのようなやり方に慣れており，その逆もありうるという考えは新しく，かつ希望をもたらすものでもあった。彼は，母親の不幸な感情に対してさほど責任を感じる必要はなく，同じく，サッカー場で起こったことについても非難される必要も自責的に感じる必要もないと気づき始めた。彼は，母親やトラブルの相手の少年も含め，他者の動機や思考，そして意図について，より考えられるようになった。

　アランは，他者の感情は必ずしも自分の側の問題であるわけではないと気づき始めたことで，大きな安堵感を得た。このことで，他の関係性においても感じ方が変わった。彼は次のように話した。

　　「前は，皆が僕のことを好きじゃないといけない，そうじゃないと最悪だと思ってたんだけど，それはおかしかったと思う。でも，先週，Bくんが非難してきたとき，僕はたぶん，それはBくんの問題であって，僕の問題じゃないって思ったんだ。もし，そのことでBくんが僕のことを好きじゃなくなったとしてもなんとかなるし，世界の終わりじゃないって思える。今は，僕は友達を集める必要はない。自分にとって良いと思える友人関係を築いていけるし，拒否することだってできるんだ」

　時間が経つにつれて，すべてが実を結び，成果につながった。2年間のセラピーを通して，「自分のせいではないのかもしれない」というテーマが，中

心的なモチーフとして取り扱われた。デートをしてみたことで，彼の中で最も渇望している感情がすぐに明らかになった。彼には自信が欠如しているという問題に向き合わなければならなかった。その自信は，彼が魅力的で受け入れられるのかどうか，そして何よりも愛されるのかということに関連するものだった。親密な関係では，昔の古いパターンが強力に再現され，セラピーはこのことをワークスルーするのに最適な場となった。彼は，他者の気分というものは，ただその人の気分というだけのことであり，自分が他者の問題を解決する必要はないのだということを信じられるようになっていった。

　アランはデートに誘った少年に断られた際，最初は強いショックを受け，再び自傷しそうになった。しかし，相手の少年に起こっているかもしれないことを理解してみようと促すと，気持ちが楽になった。またあるとき，恐れてはいたが，ほめられたいとも思っていた教師からこっぴどく叱られたことがあった。彼は傷つき，当初は罪悪感で自分を責めるあり方に退避してしまった。しかし，今では，彼はその教師の自分に対する扱いが不適切だったことについて，抗議することができるようになった。アランにとって他者は，それぞれに考えや感情，そして生い立ちを持つ，より現実的な存在になりつつあった。他者に関心を持つことができるようになり，人を楽しませないといけないと気に病むことも減っていった。これはすべて，内的な安心感がいくらか育ってきたことや，彼の中で自分は大丈夫だという感情が育ってきたことによるものだった。そのためには，彼が自分の生い立ち，特にどのように過剰に反応し，自責的になっていくのかを理解することが役に立った。アランが早期に身につけたかつての適応パターンは，彼を悩ませる原因となっていたが，それにずっととらわれる必要はないのだということに気づきつつあった。

ジェイド：虐待のケース

　数年後，14歳のジェイドに会う頃までには，私のトラウマに関する理解ははるかに進んでいた。彼女は長年にわたって，母方の伯父から性的虐待を受けていた。彼女の母親も虐待を受けてきており，世代間で虐待が繰り返されていた。ジェイドは友人関係で苦労しており，しばしば拒絶されたり，自分

は被害者だと感じたりしていた。ジェイドは，ソーシャルサービスを経由して，父親のきょうだいである伯母のもとに行くことになった。伯母夫婦には実子がおり，その養育状況は慎重にアセスメントされた。そして，ジェイドは初めて，安全で守られた家庭を経験することになった。彼女の養育をする能力はないと見なされたにもかかわらず，好意的な存在として彼女の中に残っていた父親とは，良好な関係を保っていた。

　多くのトラウマサバイバーがそうであるように，ジェイドもトラウマティックな出来事に性急に取り組むことはできないだろうということを，私はすでに学んでいた。男性セラピストであることで，私に課された仕事はより複雑なものになった。彼女はたびたび解離性「遁走のような」状態に引きこもり，すぐにフラッシュバックが引き起こされるということを，私は学校から聞いて知った。

　私は，ゆっくりと進んでいくことができ，彼女の準備が整うまでは，あまりにも困難な事柄について話すことはできないと明確に伝えた。すると彼女は，目に見えてリラックスした。初期の取り組みの多くは，ごく日常的な問題に関することだった。たとえば，友人関係で何があったのか，演劇部ではうまくやっているのか，新しい大規模校に適応するのに苦戦していないか，などである。表面上，これは心理療法には見えないかもしれないが，日常の良い体験のなかで信頼感を積み上げていくことが決定的に重要だと，私は学んでいたのである。彼女が良いと感じ始めている事柄，特に伯母に大切にされているという感情に対して，十分なスペースを確保するようにした。私は，彼女がいったいどのように感じているのか，彼女の身体の中で何が起こっているのか，温かい感情は何に似ているのかといった問いをしながら，これらの肯定的な感情について詳細に探索していった。

　ある週，彼女は仲の良い女友達と，誕生日にお泊り会をしたという話をしてくれた。彼女は微笑を浮かべていたが，明らかにそのような幸せな気持ちには慣れていない様子だった。私は，「きみがそういう良い時間を持てたっていうのはすごいことだね。それに，きみを大切にしてくれたり，世話をしてくれたり，安心していられるようにしてくれたりする人が周りにいるっていうのは，すごいことだよね」と伝えた。彼女は微笑んだが，泣きそうになっているように見えた。私は，友達を家に呼ぶというのはどんな感じなの

か，今回のお泊り会で一番良かったことは何だったのかを聞いた。2，3年前は，「一番良いこと」を尋ねるのは，防衛的で，躁的に苦痛なものを避けることだと思っていた。しかし，今ではもう，ジェイドがそのような希望を持てる部分を，自分の中に築き上げていく必要があると分かっている。彼女は，楽しかったことやクスクス笑ったこと，心配はなかったことについて話してくれた。一番良かったのは，伯母の顔が愛情に満ちていたことだと言った。それに対して私は，「伯母さんの表情がそういうふうに見えたとき，どう感じたの？」と尋ねた。すると，彼女は微笑み，目に涙を浮かべながら，「なんて言ったらいいのか分からないんだけど，温かくて，柔らかくて，ちょっと夢を見てるみたいな感じかな」と答えた。私は彼女に，その感覚をどこで感じているのか，胸や顔や筋肉では何が起こっているのかを確かめながら，その感覚に立ち戻れるように，しっかりとそれを保持しておくようにと伝えた。私は，このような良い感覚が，彼女の身体記憶になることを願っていた。

　ゆっくりと時間をかけて，私たちはこのような良い感覚のレパートリーを積み上げていった。彼女がリラックスでき，くつろげる安全な場となっていたベッドルームについて話し合った。ジェイドは，「そこで呼吸をしていると，落ち着いているなあっていうか，自分の呼吸が柔らかくて穏やかになっているなって思うの。バカげてるって思われるかもしれないけど，喉をゴロゴロ鳴らしそうになりながら，何も悪いことは起こらないわって，ただそう思うの」と言う。私たちは，不安なときの彼女の呼吸と比べながら，この種の呼吸を知っていくことに時間をかけた。そして，ギルバートが示す3サークルモデル（図9-2参照）（Gilbert, 2014）のように，脅威システムから，鎮静，穏和，親和システムを行きつ戻りつする過程について理解していった。トラウマの治療にあたって私たちは，愛情や共感，セルフケア，心地良いくつろぎを感じられる，鎮静，穏和システムで説明されるようなシステムを構築しようと試みる。ジェイドは，新しい家族やセラピー，そして友人を通じて，彼女自身のものである愛らしさに自信を持つようになった。彼女の耐性の窓や鎮静システムは，信頼でき，ストレスを感じたときに戻っていくことができる場となっていった。

　時折，たとえば試験期間中などに，不安は急激に増した。私は次のように

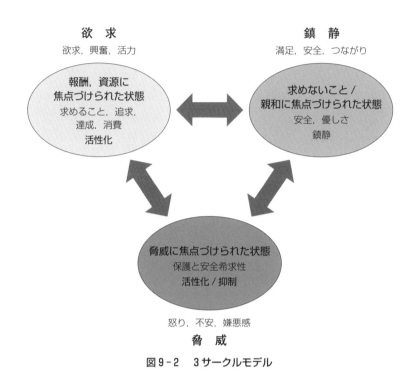

図9-2　3サークルモデル

言う。「きみは，まさに大災害が起ころうとしているって感じているみたい
だし，実際にそうだと感じているんだろうね。今，身体の中で何が起こって
る？　呼吸はどう？」。「そうね……」と彼女は言い，かなり驚いて「こわばっ
て緊張しているし，呼吸もほとんどしていないわ」と答えた。彼女はリラッ
クスして，ゆっくりと慎重に深呼吸をして，次のようなことを言う。「実際に
は，最善を尽くそうとする限り，伯母さんは私の成績なんて気にかけないっ
て分かってる。そこが重要なのね」。

　驚くまでもなく，ジェイドに好意を寄せ，彼女もかなり好きだった少年が
彼女に言い寄って来たとき，彼女のストレスは非常に高まった。悪夢を見る
ようになり，時折，再びフラッシュバックが起きるようになった。何かに魅
了されるという感情を恐れ，虐待の記憶がフラッシュバックされるように
なったのである。彼女が罪の意識を持ちながら認めたように，彼女に虐待を
していた伯父との経験には，性的なものも含め，心地の良いものもあったと

いうのは驚くことではなかった。

　「すごく混乱するよね」と，私はこころからしみじみと言った。そして，虐待のなかでも気持ち良いと感じたことや，自分が特別であると感じたこと，たとえそれが性的快感であっても，おかしなことではないと伝えようと試みた。しかし，その一方で，伯父の行為がいかに不適切で間違っていたのかということも強調した。彼女は，伯父に対する感情と，好きな男の子に対する感情とを区別することに苦闘したが，ゆっくりと両者の間に明確なスペースができていった。ジェイドは，楽しんだり満足したり，良いことを追い求めたりするのが安全なことだとは，まったくもって信じられないでいた。欲望と快楽のシステムは恐ろしいものだと感じられ，たいていの場合，スイッチが切られていた。彼女にとって，ワクワクすることと不安はほぼ同義であったが，もちろんこれらの二つは似たような身体的システムを使用していた。ゆっくりとではあるが，彼女は不安や興奮，恐怖といった感情を識別できるようになっていった。ジェイドは，恐怖や恐れよりも，不安を伴う喜びという，一般的な10代に見られる性的感情を経験し始めた。

　長い間，ジェイドは何が起こっているのかを理解しようとする前に，すぐにパニックになり，時には解離することすらあった。やがて彼女は，心臓の鼓動が速くなることや筋緊張が起こること，呼吸が浅くなることの誘因となる最初のサインが分かるようになっていった。私たちは，これをセッションで追っていくことができた。私は「うーん」などと言いながら，彼女の腕の様子を見て，それを真似て，自分の身体を緊張させてこわばらせたり，呼吸を浅くしてみたりした。彼女は声をあげて笑い，身体の緊張が和らぐ。私たちは，このようなことを実際にセッションで行ってみた。つまり，緊張した状態を作り出し，何が起こっているのかを観察し，彼女が怖いと感じたときに，身体の中で何が起こるのかを探索したのである。実際の不安状況に対して，彼女の身体がどのように反応するのか，ロールプレイと思索の両方を行ったのである。ジェイドは，自分が深呼吸をしたり，自己調節をしたりすることができると学んでいった。私たちは，自分たちが築き上げてきた，今ではより信頼することができる，安全で安心感のある体験に，しばしば立ち返った。

　私たちは良い関係を築くことができた。その結果，彼女はより容易に耐性

の窓に戻ることができるようになり，突然の過度な不安や，ぼんやりとした状態に陥ることもなくなった。実際に，彼女の耐性の窓は広がりつつあり，そこに戻るための道も見つけやすくなっていった。これによって，彼女は自分の欲望と遊びのシステムを試してみることもできるようになった。そして，ダンスの授業に参加したり，合唱団の一員になって歌ったり，演技をしたりしてみるなど，新たな活動を楽しみ始めたのである。

　安心感が発達するにつれ，少しずつトラウマのいくつかに向き合い始めることができるようになった。彼女が解離状態へと向かいそうなときには，地に足がついている感覚や，指のチクチク感といった，基本的な身体感覚に着目することにした。私の目的は，再び具体化し，現在にとどまり，どんな困難が起こっても耐えることだったが，私たちが発展させてきた新たな視点からすると，安全な場所とそうではないところを絶えず行きつ戻りつしながら，彼女が耐性の窓に戻ることを学び，その窓から出て行っているときを認識することであった。

　交感神経系が活性化すると，脳の前頭葉部分のスイッチが切られ，生き延びることだけが重要になる。これは，背側迷走神経による感覚が麻痺した解離状態のケースに，より見られるものである。バッセル・バン・デル・コルク（van der Kolk, 2014）が示すように，ブローカ領野のような脳の言語中枢部分は，麻痺や解離といった凍りついた状態では不活発になる。「マクベス」で，シェークスピアは強く促している。「思うさま悲しみをぶちまけるがいい。言葉を封じられた悲嘆は，言葉にならぬ言葉となって胸に渦巻き，ついには心臓が張りさけずにはすまぬぞ」[†訳注1]（第4幕第3場）と。しかしながら，これは，十分に安心や安全を感じることができるようになるまでは不可能なことである。ジェイドのような患者の場合，耐性の窓へと移動できるよう援助することで，再びトラウマを引き起こすことなく，困難な経験を扱うことができるようになるのである。

　このような取り組みは忍耐を要するものであり，何度も後退したり前進したりする。私たちが共に協力して進めてきたセッションが終結するまでに，ジェイドは自身のトラウマについて，私や親しい人たちと話すことができる

---

†1　安西徹雄訳『マクベス』光文社古典新訳文庫を参照した。

ようになっていた。彼女は自分のことを，単にトラウマを抱えた人間ではなく，また，かつて自分自身について感じていた「ポンコツ」でもなく，能力も将来もある，ひとりの人間だと感じるようになり始めた。今では，彼女の中には確固として希望に満ちた，頼りになる頑丈なパーソナリティの部分が存在する。

　健康な生活は，困難な経験にうまく対処できるだけではなく，良い経験を受け入れ，活用することができるかどうかにもかかっている。心理療法で私たちは，陰性感情や防衛機制，そしてトラウマに，あまりにも多く，またあまりにも早く焦点を当てすぎてしまっている可能性がある。しかし，私たちもまた，基本的な二つの良い感情システムを発達させる必要がある。

　その一つが鎮静システムであり，これは人間関係における協力関係やアタッチメント，そして安心感に関連する。私たちが安らぎやウェルビーイングを感じる場所であり，ジェイド，ローリー，そしてアランのようなトラウマサバイバーにとって，不可欠なものである。もう一つの主要な肯定的感情システムは，欲求あるいは探索システムである（Panksepp & Biven, 2012）。これは，喜びや希望，楽しみをもたらし，単にネガティブな感情を避けるのではなく，良い感情を増進させるために，体験から逃げずに立ち向かうことと関連する。終結までにジェイドは，感情的に圧倒されることなく，この2つの肯定的なシステムを自分の中に宿すことができた。トラウマを抱えた患者は，鎮静，そして安全システムを信頼できるような援助を必要としている。これは，探索システムの中の喜びと，困難な体験にうまく対処する能力の両方にとって，必要な条件となるからである。私と，私が以前会っていた患者が，痛みを伴う経験から学んだように，時期尚早にトラウマを中心に扱うことは逆効果になる可能性があるのである。

天使と悪魔：子どものサディズムと暴力

Angels and devils: Sadism and violence in children

サディズム，攻撃性，そして嗜癖

　暴力的，あるいはサディスティックな性格傾向を持つ子どもについて考えるのは，気分の良いことではないだろう。アン・アルヴァレズ（Alvarez, 1995）が明確にしているように，つらい事実を避けることなく「悪を見つめる」には，勇気が必要である。なかには，子どものことを，希望にあふれた，前向きな性格を持つ，「天使」のような存在だと考える人もいる。そのような人は，優しさや愛情がいつも明らかに存在しているものだと純粋に信じているわけだが，不安にさせられるような現実には気づかないふりをしている。一方で，生来的に破壊的なところがあり，将来的に悪事をはたらく可能性があるような子どももいると考える人もいる。私たちは，こうした身動きの取れなくなるような見方に対して，舵を取らなければならない。

　メアリー・ベルは，極端に悪名高い一例である。彼女は11歳の誕生日を迎える前に，地元の荒廃した地域で，3歳の男児を絞め殺したほか，数人の子どもを殺害している。恐ろしいことに，彼女は現場に戻ってその男の子のお腹に「M」の文字を刻み，髪の毛を切り，性器を切断したのである。メアリーは被害者でもあった。母親は，男性に性行為を提供する売春婦だった。メアリーが「誤って」窓から落ちてしまったこともあれば，母親が自分の睡眠薬を，甘いお菓子だと言ってメアリーに与えたこともあった。しかし，当然のことながら裁判官と陪審員は，メアリーは無情なサイコパスであり，子どもにとって極めて危険な人物だと判断した。専門家として私たちは，パーソナリティの暴力的な側面と暴力を受けてきた側面の両方，および同じ人物の中にある被害者と加害者の両面について，理解する必要がある。そして，

そのこころの内側を理解しようと試みる必要があるのだが，これは決して容易なことではない。

　私たちの最初の仕事は，恐ろしい現実を十分に理解し，私たち自身の恐怖心をうまく扱うことである。もう一つ，10歳のジョン・ヴェナブレスとロバート・トンプソンに殺害された，ジェイミー・バルガーの例を挙げよう。バルガーは目の中にペンキを塗られ，踏みつけにされ，セメントブロックと鉄棒で殴られた。また，報道によると，肛門に乾電池を押し込まれており，10カ所の頭蓋骨骨折と43カ所の大きな外傷もあった。加害者に対する嫌悪感と反感以外の感情を持つのは難しいが，彼ら二人もまた，被害者であることが分かっている（Morrison, 2011などを参照）。

　私が見ている多くのケース，特に暴力や性的行動化が見られるようなものは，専門システムにおいても，不安の高さから敬遠されたうえで，リファーされてくる。典型的な例を挙げよう。8歳のビルは，トイレで幼い子ども相手に性的な遊びをしたことで捕まった。ビルはすでに冷徹な性犯罪の常習者であり，学校から永久追放すべきだと考える人もいた。一方で，ビルのことを好きだという人もおり，そのような人たちは彼のことを，罪のない被害者だと考えていた。彼は伯母と暮らしていた。母親は売春婦で麻薬常習者であり，父親は母親に売春を斡旋していた。ビルは，しばしばボサボサ頭の汚い出で立ちで学校にやって来ていた。しかし，伯母と暮らすようになってから，ビルの外見や学力，ソーシャルスキルは改善していた。

　ビルのような例は，典型的なジレンマを引き起こす。ここ数カ月で和らいできたとはいえ，彼は攻撃的で残酷になることがあり，友達もほとんどおらず，他の子どもを傷つけて楽しむ。彼の残酷さは，彼が自分の中で耐えられない感情を，他の子どもの中に投影する方法の一つだったのだろうか。伯母に望ましい養育をしてもらうようになってから攻撃性が減ってきたということは，安心感が増したというサインなのだろうか。あるいは，ただ単に，人をうまく操作するやり口に長けてきただけなのだろうか。彼の攻撃性は，主として冷酷で計算高いものなのか，それともどちらかというとフラストレーションに対する反応的なものなのか。大人の中に喚起される彼に対する肯定的な感情は，信頼すべきものなのだろうか。彼は，若い補助教員の女性の気を惹くのを楽しみ，よく彼女に近寄っていった。彼は本当に愛情を切望して

いたのだろうか。それとも，無邪気な愛情欲求を装って，性的な接触をしていたのだろうか。ビルのようなケースにおいて，こうしたことは丁寧に紐解いていく必要のある典型的な疑問である。

　私たちが面接をする子どもの多くは，人に苦痛を与えることに対して，快楽を伴った性的興奮を示す。強迫的で嗜癖的な行動の多くは，おそらくはトラウマに対処しようとする試みとしての防衛的な理由から始まるのだが，それが嗜癖になっていってしまう可能性がある。典型的なのは，戦争で引き裂かれた地域の兵士の多くが，暴力への欲求（Weierstall et al., 2013）や，人を殺すことへの興奮を示すことである。コンゴの少年兵のなかには，人殺しの興奮を再体験するために，紛争地域に戻っていく者もいる。戦闘に戻ることは，実際に PTSD の症状を避けることになるからである（Weierstall et al., 2012）。攻撃的でサディスティックな行動は，耐えがたい感情に対処するために用いられることがあり，抑うつに対抗するために嗜癖的な形態をとることもある。

　同様に，強迫的な性行動では，嗜癖の核となる脳回路が誘発され（Voon & Potenza, 2015），特に側坐核や腹側線条体のような，ドーパミン作動系の中枢回路が誘発される（Kalivas & Volkow, 2014）。コカインであれ，アルコールであれ，ギャンブルであれ，特に人は落ち込んだときや腹が立ったとき，または恥をかかされたようなときに，何らかの嗜癖に走ってしまうものだが，それと同じように，人はしばしばうまく対処できない感情に対する防衛手段として，衝動的な性行動に向かう。

　他者の苦しみに喜びを感じるのは，おそらく，脳の共感や同情心に関わる回路のスイッチが切られ（Bhanji & Delgado, 2014），報酬に関わる回路のスイッチが入る（Jankowski & Takahashi, 2014）という，通常のシャーデンフロイデの歪みである。これは，情緒的な世界の発達の阻害につながる。このような加害者はしばしば，一種の精神的な死を経験する（Gilligan, 2009）。精神的な苦痛に耐えたり，対処したりする能力を欠いているため，我慢できない感情を即座に取り除こうとして，ストレスや苦痛を感じたときに，しばしば再犯を犯してしまう。私の同僚のアリエル・ネイサンソン（Nathanson, 2016）が記述しているように，多くの患者が，勝利感に満ちたスリルを生じさせ，否定的な情緒を打ち消してくれる，彼が呼ぶところの「どうにでもなれボタ

ン（fuck-it button）」を押してしまうのである。

　11歳のレスは，9歳の弟にペニスをなめるように強要して捕まった。世代間にわたり，性的虐待や家庭内暴力が繰り返されてきた家族で，恐怖や支配，力に基づく関係が築かれていた。私たちのアドバイスでレスは施設に入ったが，そこでも彼は，他の子どもに対する危険分子であり続けた。たとえば，キーワーカーがそばにいないなど，彼の中に困難な感情がかき立てられたときには，なおさら危険だった。レスは気持ちを表す言葉を，ほんの少ししか持ち合わせていなかった。また，大人をほとんど信用しておらず，多くの人を小馬鹿にしていた。私たちは，レスの母親が複数のパートナーからひどい暴力を受けていたことや，レス自身も幼い子どもにわいせつ行為をはたらいていたことを知った。レスは情緒的に苦しいときに，なおさらこうした行動に駆り立てられ，それが我慢できないようだった。そのようなとき，レスのこころが空っぽで平板ではないことに私は驚いた。しばしば，他者を傷つけてまで性的興奮に頼っていたのは，それが彼が生き生きと感じられるための，唯一の方法になっていたからだった。自分の気持ちを生き生きと感じるためのより健全な方法が発達するまでは，こうした方法が続いた。

　レスのように，加害者の多くが，自身も性犯罪の被害者である（Ogloff et al., 2012）。また，生育歴には葛藤や残虐さ，ネグレクトがあり，かつ良い養育経験や情緒的なケアが欠落している（Riser et al., 2013）。彼らはしばしば，世界や他者を，信頼できない危険なものと見なしている。

　ドーパミンシステムが急速に発達していく青年期には，ドラッグであれコンピューターゲームであれ，性的サディズムやその他の形態のサディズムであれ，嗜癖的な行動に向かう危険性が高まる。たとえば，傷つけられるという感情を吐き出すために他者を傷つけるというように，理解できる防衛として始まったものが，しばしば嗜癖的で快楽的な攻撃性へと形を変えていく。私たちの仕事の一部は，水面下にあるものや情緒的な痛みをどのタイミングで取り扱うべきなのか，そして犯罪行為に伴う快楽という「二次的な防衛」について，どのタイミングではっきりと取り上げるべきなのかを解明することである。

　レスのケースでは，セラピーは十分ではなく，進展はほんのわずかなものであった。しかもそれは，限界設定や，彼が引き起こした危険なことについ

て，他の専門家とともに慎重に取り組むことでもたらされたものだった。レスのセラピーの終結は時期尚早だったが，興味深いことに，その2年後，彼を取り巻くシステムがより信頼でき，脆弱ではなくなった際に，彼は再び姿を現した。それから彼は，セラピーをいくらか誠実に活用するようになったが，彼の冷酷な防衛が，どの程度希望の持てるパーソナリティ特性に取って代わったのかについては，時間が経ってみないと分からないだろう。

　次に，短期間で終わってしまい，成功したとは言えない事例を一つと，長期にわたって関わりを持った，より希望の持てる事例を一つ挙げ，コア・コンプレックスの概念と，より冷酷な攻撃性，そしてそれとは対照的に，すぐにカッとなってしまう攻撃性との違いなど，2～3の主要なテーマについて紹介したいと思う。

冷酷な攻撃者たち

　攻撃的な者のなかには，自分が欲しいものを手に入れるために他者をターゲットにする，より冷酷で計画的な攻撃性を示す者がいる。彼らは人のこころを読むのが得意ではあるが，仲間意識は欠落している。積極的で「幸福ないじめっこ」(Smith et al., 2010) も，怒りに対して反射的に反応することがあるが，彼らの行為はしばしば計算されたものであり，楽しんでさえいる。このような「冷酷な」攻撃性は，獲物をつけまわす肉食動物のように，私たち皆に潜在的に備わっているものであり，哺乳類にとってはなくてはならない特性である。しかしながら，気がかりなケースでは，このような冷酷な特性が，人間的で温かい，優しさや思いやりといった衝動とのバランスが取れていないのである。

　不公平性に対してしばしば抗議の声をあげる子どもや大人とは異なり，冷酷なこころを持つ攻撃者は，被害者を気にかけることはほとんどなく，後悔の念に欠けている。彼らの治療はより困難である。それは，変化に対するモチベーションが低く，攻撃による利得にかなり突き動かされていることが，その理由の一部である。

　アーセニオが示唆するように (Arsenio & Gold, 2006)，愛情やサポート，また共感の欠けた家庭環境で育った者の多くは，人間関係は力や支配，そして

自分が欲しいものを手に入れることを目的にしたものだと考えるようにな
る。そして，その多くが反社会的傾向と問題行動を示し，なかには冷淡無情
さを示す者もいる（Viding & McCrory, 2018）。

　冷淡無情な特性は，しばしば幼少期から成人の生活にわたって連続的に見
られる（Waller & Hyde, 2018）。成人のサイコパスの多くは，反社会的な子ど
もであり，その頃から放火やペットの虐待などの残虐性を示す。子どもに見
られる冷淡無情な特性は，行為障害と並んで，のちに犯罪を犯す可能性を高
める。興味深いことに，冷たいこころは単なるメタファーではないのであ
る。低心拍数は，虚言，恐怖感の欠如，問題行動といった特性を予測するの
に役立つ（MacKinnon et al., 2018）。彼らは，暴力的な写真やぞっとするよう
なひどい怪我の写真を見せられても，生理的覚醒が低く，小脳扁桃の反応も
最小限で，他者の痛みにはほとんど動揺しないようなのである（Lockwood et
al., 2013）。

　12歳のミックは，屈強で，鋼のように強い特性を持つ少年だった。他者と
のやり取りは，自分が何を得ることができるのかに基づいており，他者が苦
しむのを楽しんでいた。彼は幼児期に海外の孤児院に置き去りにされ，そこ
ですさまじい性的虐待と暴力にさらされた。小児性愛者の組織のために彼の
ことを育てた男の養子になっていたが，最終的に保護されることになった。
ミックは人を性的に搾取し，自分より弱いものをいじめた。専門家は彼のこ
とをどう理解してよいのか分からなかった。彼は冷酷な残酷さを見せること
があった。たとえば，他児の腕をねじっているところを発見されたのだが，
その際も，できる限り強く他児の腕をひねりあげ，冷淡で残忍な喜びを表し
ていた。

　プレイでは，人形を切り刻み，切断し，拷問したが，それを明らかに楽し
んでいた。私はしばしば彼の前で寒気を感じ，口の中が渇き，彼に会うのが
怖かった。初期のセッションで彼は，わざとある子どもの胸を蹴飛ばし，あ
ばら骨を数本折ってやったと，愉快そうにニヤニヤと笑いながら話した。治
療的には，私が彼の残虐性の根の深さに耐えることができるということを示
すのが重要であった。これはある程度，私たち自身が自分の潜在的な残虐性
に耐えることができ，どんな人間でも残虐になる可能性があるのだと認める
ことができるという考えに由来する。

　ミックは，ポートマン・クリニックの元院長であるマービン・グラッサー（Glasser, 1986）が発展させた概念，「コア・コンプレックス」と呼ばれる問題を示していた。コア・コンプレックスは，時に閉所-広場恐怖の間の揺れ動き（Rey & Magagna, 1994）と呼ばれるものに似ている。サディスティックかつ攻撃的で，性的行動化をする患者にしばしば見られ，親密さにも分離にも耐えることができず，結果としてこの両者を行ったり来たりすることを繰り返すものだと記述される。ミックは，男女を問わずサド・マゾ的な性行為に没頭し，その関係の中では彼が主導権を握り，支配しなければならなかった。このような行動によって多少は親密になれる。しかし，古典的なコア・コンプレックスの様式では，このような行動は独りぼっちの寂しさを避けるためのものであり，真の意味での個人的な親密さを必要とするわけではない。ミックは，彼が受けてきた虐待を連想させるような自慰空想を持っていた。また，性的な接触や，似たようなサド・マゾ的でフェティシズム的なシーンを演ずるポルノグラフィを追い求めていた。

　ミックは，典型的なコア・コンプレックスの恐怖，つまり，見捨てられ恐怖と親密さへの恐怖の両方を示していた。独りぼっちの怖さは，再び関係を取り戻そうとするきっかけにはなるが，それは非常に支配的な方法で行われる。コア・コンプレックスでは，攻撃性と支配を通じて，脆弱性と見捨てられ感が回避され，距離と親密さの両方が，性的または暴力的な行為によって保持される。愛情ある関係は否認され，柔らかさと脆弱性は軽蔑される（Rosenfeld, 1987）。他者と関わりを持つことに伴う苦痛な感情に耐えることができるようになるのは，しばしばセラピーの仕事のなかでも重要なものとなり，ミックともその側面に取り組んでいった。

　アルヴァレズ（Alvarez, 1992）は，自閉的な子どもと仕事をするときに，私たちはパーソナリティの「非-自閉的な」部分を育てる援助をしなければならないと述べている。ミックのように冷淡無情な子どもと仕事をするときにも，甘い考えを持ったり，過度に楽観的になったりすることなく，非-冷淡な特性を育てるような援助をしようとするのである。

　こころの状態に興味を持ってもらうために，私は彼の目の前で，動物のおもちゃで遊び始めた。その際，私は，キャラクターの声を出して話した。私が動物のおもちゃを使って演じてみせるどんな親切も世話も，無残にぶち壊

された。最終的にミックが遊び始めたとき，彼が暴力や殺しを愉快そうに喜んでいる様子を目の当たりにした。私はその様子に寒気がしたが，そのおかげで私は，彼の感情について話すことができ，サディズムと暴力を楽しむ彼の姿を，できる限り判断力を失わずに認めることができた。私は，彼のこころの恐怖に耐えることはできても，共謀することはできないということを示さなければならなかった。

　やがて，希望に満ちた時間がゆっくりと流れていった。あるセッションで，彼は一瞬ためらった。私はその変化に気がついたが，それは私がしばしば見逃してきたであろう何かであった。このとき，私はミックのこころがどこにあるのかを尋ねてみた。彼は驚いた様子で，「僕，Ｘさんという女の人のことを考えてたんだ」と言った。私は，Ｘさんが彼の孤児院にいた親切な人物だということを知っていた。このように，自己への気づきが垣間見えてきたことは，再度，より良い体験につながりつつある兆候だった。私はただ「へえ，ミック，きみにはちゃんと考えも記憶もあるし，良いことを思い出すことだってできるんだね」と伝えた。すると驚いたことに，彼は続けて，自分が通っている小学校に残りたいと声に出し，「このことをしょっちゅう考えるんだ」と言った。

　どんな小さな進展も，私が彼のこころの恐怖に全面的に向き合うことと，私たちの間で培ってきた信頼関係の深化とともに現れてきた，本物の良さに依拠していた。時々，分かりやすい形で希望が表れた。彼の鉛筆はしょっちゅう折れる。数カ月前であれば激怒していただろうが，今では，彼は「大丈夫。うまくできるから」と言えるようになり，鉛筆を削りながら，困難は乗り越えることができ，つぶれたものは修復することができるという新たな信念を構築していった。これは，彼が私を激しく攻撃し，私がお金のためだけに彼と会っているにすぎないと非難し，私のことを「ピード」†訳注1や「サド」と呼んだあとに起こったことである。彼は，私のことを信頼してもいいのだという希望にあらがっていたが，人の善良さや優しさを信じるための種としての希望は存在していた。私が同じ場所にとどまり，変わらず常に存在していることを彼は理解するようになり，それによって，最終的に彼はいく

---

†1　小児性愛者の蔑称。

ぶんか穏やかになっていった。

続く数カ月のうちに，ミックは立ち止まることや聴くこと，そして考えることを容認し始めた。自分が考えていることについて話すことはできなかったが，彼が考えていることについて私がつぶやくのは許せるようになり，もはや私のことを遠ざけなくなっていた。私は「そうだよね。誰かを信頼するのは簡単なことではないよね。特に間抜けでサドのミュージック先生のことはね。ミックが誰も信用していなかった頃は，もっと楽だったに違いないよね。憎んだり怒ったりしているほうが，ずっと楽になれるんだよね」などと言うこともあった。このようなコメントのあと，以前なら冷酷な軽蔑だけが存在していたところに，今では時折，いくらかの安らぎが感じられた。

やがて，Ｘさんのような，孤児院にいた良い人物についてのわずかな記憶が，ゆっくりと面接室の中に流れ込んできた。彼は，里親と同じように，私も彼のケアをすることができるということを信頼し始めた。ミックは私に興味を持つようになり，私の表現を観察し，さらにはセッションのあとには少しは部屋の片づけを手伝ってくれるようになった。同じような変化は，家庭や学校でも見られるようになっていた。

やがて彼は，より多くの感情に対処できるようになっていった。彼はセラピーの休みはつらいと感じており，その間は，惨めな気持ちで，周りの人に対して攻撃的になった。私が「セラピスト中心の」方法で，次のようにミックに伝えるまで，彼は私にどれだけ依存しているのかを認めることができなかった。つまり，休みの間，私のこころの中にミックが存在しているとは思えないと感じるのは，どんなに悲しいことか，と。彼は少し動揺したように見えた。彼の鎧（よろい）に小さな裂け目ができたようだった。しかし，彼はすぐにその感情から逃げてしまった。よくあることだが，私はどれだけ希望を持ってよいものかと悩んだ。ミックのような子どもに対して，偽りの希望を持つのは容易なことなのである。

ミックとのセラピーは，大成功だったとは言えない。その理由の一つに，彼の里親家庭が崩壊し，彼も住んでいた地域から去らなければならなくなったことが挙げられる。冷淡な特性を持つ子どもの里親は，そのような子どもを好きになったり，温かく見守ったりすることが難しいため，しばしば機能しなくなる。ミックの進展もゆっくりで，わずかに減ってきたとはいえ，彼

は他の子どもをいじめたり，操作したりし続けていた。ミックのソフトな部分が表面化しつつあるときにセラピーを去ってしまったので，このあと，これを土台にして固めていくことができたかどうか，私には決して分からない。しかし，たとえゆっくりだとしても，彼らがそうなれることを私は期待している。ポートマン・クリニックにおける犯罪者に関する調査・研究は，真のパーソナリティの変化がしばしば心理療法を通じて生じることを示している。しかし，エビデンスは，このような変化は，治療開始から約３年までは明らかにならないことも示唆している。犯罪者という患者グループに関しては，すぐに改善するということはないのである。

　ミックは典型的な前科持ちで，すでに，窃盗やいじめ，傷害，器物損壊を犯していた。ひどいネグレクトや虐待を経験してきた子どものほうが，その他の子どもに比べて，なぜこのような傾向をより発現しやすいのかは，よく分かっていない。なかには，双生児研究に基づいて，遺伝的要因を示唆するものもある（Viding & McCrory, 2018など）。しかし私は，一般的な子ども時代を過ごした暴力的な人，あるいはサイコパスには一度も出会ったことがない。厳重に監視された刑務所にひとたび足を踏み入れれば，考えられないような恐ろしい話を目の当たりにすることになる（Gullhaugen & Nøttestad, 2012）。

　ネグレクトや不適切な養育（Kimonis et al., 2014），母性的な温かさの不足（Bisby et al., 2017）といったネガティブなライフイベントは，冷淡無情の特性やサイコパスの発達と関連する。良い体験が極端に欠落しているようなネグレクトや，解離状態に見られるシャットダウンのいずれもが，しばしばこのような冷酷さにつながっていくというのが私の意見である。原因は何であれ，ミックのような子どもに対する治療は，かなりの難題である。

ソフィア：コア・コンプレックスの要素を持つ，カッとなる攻撃性

　なかには，冷酷な攻撃行動ではなく，衝動的で「短気な」攻撃行動をする者も存在する。彼らはしばしば，何か「公平ではない」と感じているがために，すぐに挑発されたと感じ，仕返しをする。このような反応は，人生早期のトラウマにより強められている可能性があり，脅威の感情に基づく自己防

衛的な攻撃をすぐさま引き起こす原因にもなる（Yakeley, 2009）。

　すぐにカッとなる攻撃者は，しばしばサインを読み違え，おそらく他の人であればそうはならない場面で怒りを感じ，容易に恥をかかされたと感じる。暴力やトラウマを経験してきた人は，交感神経系が活性化した状態になりやすく，脅威を引き起こす出来事に対して小脳扁桃が平均以上に強く反応し，発火してしまう可能性がある（Qiao et al., 2012）。反応性の攻撃性は，集中力の低下や言語能力が劣っていること，自律神経の反応性の高さ（McLaughlin et al., 2014），そしてメンタライジング能力が低いこと（Arsenio & Gold, 2006）と関連する。共感や思いやりを持つためには，比較的安全だと感じる必要がある。危険が差し迫っているときには，むしろ原始的な生存反応のほうが必要とされるからである。

　「カッとなりやすい」タイプの攻撃性を持つ人との仕事は，しばしばより希望の持てる結果を生み出す可能性がある。その例として，ソフィアのケースを示そう。彼女に初めて会ったとき，長身でぎこちない歩き方をすることや，強靭な「男性のような」態度，そして威嚇するような立ち居振る舞いに，私は衝撃を受けた。ほぼセラピーにやってくることのないタイプの若い女性だった。彼女はボーイフレンドを殴ったことについて話し，私を含め，誰の中にも存在する弱さや脆弱性を見下していた。誰かを大切だと思ったことは一度もないと述べ，早々に威嚇射撃をしてきたのである。彼女は生後数日という乳児期最早期にいくつかの大手術を受けており，差し迫った脅威に基づく大惨事は，彼女自身の中に深くしみついているように思われた。

　ソフィアが心理療法にやってきたのは17歳のときで，暴力的な性的行動化を起こしたあとのことだった。当初，彼女の攻撃性が主に冷酷なものなのか，それとも反応的なものなのかを判別するのは難しかった。彼女は，確かにコア・コンプレックス不安に満ちており，性や他の力に依存せずにはいられなかった。

　ソフィアが，優しく穏やかな自身の側面にあらがうのに効果的な鎧を発達させたのには，十分な理由があった。ソフィアの早期のトラウマは，彼女をからかって面白がったり，馬鹿にしたりして笑いものにした，屈強で男らしい３人の兄の存在によってさらに悪化していた。また，依存心や悲しみ，弱さをうまく扱えるよう助けてくれる親像を欠いており，彼女は傷つきを見せ

ることも，それを感じることさえも拒絶していた。

　ソフィアは，誘惑があれば，いつでもどこでも誰とでも，暴力的な性交を行う傾向があった。これは，ある程度は親密になりたいという願望からきていたが，彼女自身や他者のこころの中にある，甘えたい気持ちに対する冷酷な攻撃にも由来していた。「カッとなる」攻撃性にはよくあることだが，ソフィアは衝動性のコントロールが悪く，引き金が引かれると共感性を失い，他者が存在するのはまるで彼女の要求を満たすためであるかのように振る舞った。

　驚くまでもなく，転移では，私も潜在的な「征服者」であった。ある初期のセッションで，ソフィアは誘惑的に，彼女の服装が私の好みかどうかを尋ねてきた。日中はスポーツや水泳のコーチとして，裸同然でいると話した。また，性的関係や，いかに年上でミステリアスな男性に惹かれるのかを描写した。私は，自分が彼女の餌食になる可能性があるように感じていた。私が境界を明確に示し続け，彼女の誘惑的な態度を断固として拒否することによって，私たち2人はより安全を感じることができるようになっていった。

　彼女は弱い男性に対しては，敬意を払わなかった。たとえば，ボーイフレンドと父親の欠点を情け容赦なく馬鹿にして，笑いものにした。彼女の兄は皆，父親が違っており，そのことは彼らが10代のときに初めて知らされた程度の扱いだった。ソフィアは，自分の本当の父親が誰なのか，確信を持つことができないでいた。

　セラピーが進むにつれて，彼女の優しく穏やかな側面が現れるようになってきた。たとえば，いじめられているところを目撃した，2歳のいとこに対する同情心に言及するといった素材が，セッションの中にゆっくりと流れ込んできた。彼女は，自分は望まれた赤ん坊だったのだろうか，親ははたしてお互いに愛し合っていたのだろうか，言い換えれば，愛ある性的関係を持ちえたのかを知りたがった。彼女は，赤ん坊の頃に受けた手術の傷跡を恥ずかしいと思っているとも話した。その傷跡は彼女が隠しておいたものだった。私は当然ながら，彼女が隠してきたこころの傷についても思いをめぐらせた。彼女はいかに違和感を抱いてきたのか，そして暗闇の中にいることや，一人でいることが，いかに怖かったのかを話すことができた。

　しかし，柔らかさや希望と同時に，自分を制御できなくなるのではないか

という恐怖が戦士のように頭をもたげ，柔らかさを払いのけた。それは，他者の弱さや傷つきやすさを，軽く扱うことにつながっていった。たとえば，元彼について，「私がその気になれば，いつだってよりを戻せるんだから」と言うのである。私が弱さや傷つきやすさに同情を示すと，弱い人，あるいは役立たずの人というカテゴリーに放り込まれた。彼女はテレビの連続ドラマに出てくる「強健で無慈悲な」キャラクターをほめたたえ，優しく温和な男性を「子どもっぽい坊や」だとけなした。

　がっちりと硬い殻で武装することによって，ソフィアは自分を守っていたが，それが親密な関係を持てなくもさせていた。私が，脆弱性に対する彼女の恐怖について話すと，（彼女の）弱さに対抗するための強さの側に私が与（くみ）していると，彼女は思い込んだ。彼女の優しく弱い側面に耐えるために，彼女は私を必要としているのだと示唆すると，彼女は私がうぬぼれた自己満足の優位な立場から話をしていると感じた。実際，あまりに遠い「溝の外」からの解釈は，彼女の眼には，私が鉄のような強いオーラを放っているように映った。彼女にとってもこれは印象的なことだった。

　ある週，その前の週のキャンセルに続いて遅刻してやって来た彼女は，平然とした様子で，新しい（女性の）パートナーと喧嘩をし，自分は怒って外に出て行ったうえ，見知らぬ人を怒鳴りつけたのだと説明した。この頃までに彼女は，自分が失望したり傷ついたりしたときに，それを認めることができるようになっていた。これはそれまでにないことだった。いくらかの内省機能が発達しつつあり，それは，それまでは「考えもしなかった」痛みと，それに続く暴力的な行動との間の緩衝材になっていた。

　彼女は，私が彼女の前に会っている患者に，強い興味を持った。その少女の患者は，泣きながらセッションから帰って行くことがしばしばあった。ソフィアはこの患者のことを，「哀れ」で「変人」に違いないと言い張った。やがて彼女は，部屋に置いてあるティッシュについて，「何のために置いてあるの？」「誰が使うの？」「どうして置いたの？」と質問してくるようになった。ゆっくりとではあるが，彼女のこころの中で，ティッシュは拷問に使う武器から，何か他のものへと変わっていた。このような脆弱性へと向かう一時的な動きに続いて，すぐに再び過酷な冷酷さが姿を現す。たとえば，ソフィアはある少女に惚れ込み夢中になっていたのだが，その少女の親友と寝

ることでその少女に屈辱を与えたことを，詳しく話したりした。

　しかし，夢においてさえも，何かが変化しているのが分かった。以前は暴力的な悪夢に満ちていたが，今ではより物語性があり，ソフトなストーリーの夢を見るようになっていた。青いバイクが丘の上から降りてきて，新しい女性パートナーに怪我をさせた。彼女は悔しく，また心配もしたという夢である。この夢を見た週の初めに，彼女はバイクの色と同じ，青い悪魔のタトゥーを入れてきていた。これは，彼女のパートナーが彼女に「愛している」と言ったときに入れたもので，ソフィアはこの出来事がうれしかったとしぶしぶ認めたが，その後，彼女は再び冷淡な振る舞いをしていた。ソフィアが，このような柔らかな感情を切り捨てることなく耐えられるには，私の助けが必要だった。私はこの機会を逃すことなく，毅然と，しかし気持ちを込めて，このことについて話した。私の声のトーンに毅然としたものがないと，弱く頼りないと批判され，かと言って「こころのこもった」より柔らかいトーンでなければ，ほとんど効果はなかった。いまだにセッションの終わりは，まるで私が彼女の柔らかな感情を残酷にもてあそんでいるかのように受け止められた。しかし，私たちの面接は，水と肥料を与えることによって，長い間，地中に埋められていた種が成長し始めるように，彼女の人生に何かを喚起しつつあった。

　約1年後，彼女は，「私だって愛情を感じたいのよ。でも，ろくでなしになるのが一番いいのよ」と言うことができた。彼女はいまだに，自分の中に芽生え始めたばかりの柔らかさを守るために，容赦のない厳しさを必要としていたが，その程度は弱まっていた。彼女は勇気を振り絞って，数年前に中絶をしたあとに沸き起こってきた感情について語った。その後，再び私に対して攻撃的になった。彼女の相反する側面に持ちこたえることが，私の仕事となった。

　彼女が少しだけ涙を見せたのは，さらに半年後のことだった。私が彼女を辱めたと感じたのである。こうして涙を見せたことに対する揺り戻しはかなり大きかった。しかし，彼女の意に反してと言ってもいいほど，優しさが根づいてきていた。離れた所にある大学に通う準備をしていたこともあり，セラピーの終結が1年半後に迫りつつあった。彼女は目に涙を浮かべながら，自分はどうなるのだろうと尋ねてきた。そして，歯医者や医者を何年も変え

ずにきたように，変化が好きではないのだと認めた。私の生活についても知りたいと思うようになり，「結婚してるの？」「子どもはいるの？」と質問してきた。

　彼女は再び，性的に私の気を惹こうとするようになり，親密さを失う痛みに苦しむよりもむしろ，希望を壊したくなるような誘惑に駆られていた。彼女は，誘惑したというある年上の男性の同僚について話した。私は今一度，簡潔に次のことを伝えた。それは，ここで私と親密になるのはつらいことであり，大きなリスクがあったということ，そして，関わりをもつ他の人にしているのと同じように，もしかするとこの親密な関係も壊してしまったほうが楽なのだろうということである。私はセラピーの初期の頃に言ったことを繰り返した。それは，彼女は安心だと感じる必要があり，そして安心でありながら親密だという耐えがたい感覚に，私たちは一緒に耐えられるのだということを信頼する必要がある，ということである。彼女はほっとするどころか，感謝までするという，それまでとは違った聴き方をした。コア・コンプレックスの不安に耐える，新しい力が示されていた。

　この頃までにソフィアは，穏やかで柔らかくなっているように見えた。身体つきや服装はより女性らしくなり，ジェスチャーにもとげとげしさがなくなりつつあった。ロングヘアやスカートなど，女の子らしいものは嫌いだと言い，自分の変化と格闘していた。声も，今では大きくうるさくはなくなっていた。彼女の大きくてうるさい声は，もしかすると，子どもが成長して必要がなくなったのに過保護であるのをやめられない，かばいだてする親のようなものだったのかもしれない。セッションの終わりが近づくにつれて，私は彼女の生後数カ月のことについて，さらに詳しく知った。彼女は生まれて最初の数週間のうちに，数回の大手術を受けていた。黄疸にかかり，また壊疽を引き起こす腸内感染症にかかってしまい，大腸の大部分が切除されていた。彼女が生き延びられるだろうと思っていた人はほとんどいなかったという。

　ソフィアは，以前であれば軽蔑してはねのけていたであろう共感的なコメントを，今では受け取れるようになっていた。より良い友人関係や，より信頼し合える性的関係を築いていた。最後の休暇前，ソフィアは，自分の脆弱性が引き金になって，人間関係で浮気をすると脅すのと同じように，セラ

ピーを早々にやめることで私に仕返しをしたい，という気持ちを表現することができた。しかし，今では彼女は，即自的な反応をほとんどしなくなり，気分を害しても，そこにとどまることができるようになっていた。そして，私が彼女の弱さを満足気に楽しんでいるという恐れも，もはやなくなっていた。気がつけば，私は彼女に対してある意味で親しみを感じていた。それは，セラピーが始まったときには想像もできなかったことであった。

おわりに

　本章では，すぐにカッとなってしまう攻撃性と，冷酷で冷淡な攻撃性の表れ方との違いとともに，子どもと若者のサディズムや暴力，攻撃性，そしてコア・コンプレックス不安について考察した。また，同じ身体の中に被害者と加害者の両方がいるということを念頭に置き，現実的な希望を持ちながら，子どもの残虐性に正面から立ち向かうことの難しさについて描写した。このようなケースでは，変化は容易には訪れないが，確実に訪れうるものである。ミックに見られた冷酷で冷淡な攻撃性を示すケースよりも，ソフィアのようにすぐにカッとなる攻撃性を示すケースのほうが，はるかにその可能性は高い。

第11章

利他と思いやり：いかにオン/オフできるのか

Altruism and compassion
: How they can be turned on and off

　困難な背景を持つ子どもや大人の多くは，あまり好ましくない性格特性を示すが，セラピーのような援助を受けることで，和らぎ，より協調的で，優しく親切になり，利他的で思いやりを持つようにすらなっていく（Gilbert, 2014）。私たちは本来，利他的ではなく利己的な種であるという主張がいくつかある（Dawkins, 2006）。ケアをしているように見えるものは，実は自発的な互恵的利他主義なのであり（Trivers, 1971），「私の背中を掻いてくれるなら，あなたの背中も掻いてあげましょう」という哲学に基づいている。このような互恵的利他主義が存在する一方で，真の利他主義は私たちの進化上の遺産の一部であるが，それが現れるには，ほどよい経験が必要であることを，エビデンスは示している。脅威にさらされると，共感したり，思いやったりすることができなくなり，利他的にもなれなくなる。

　不適切な養育を受けてきた人は，共感的ではないことが多い。暴力を振るったり，学校を停学になったり，刑事司法制度にかけられたりする数が不適切な養育を受けてきた子どもに圧倒的に多いのは，偶然ではない。彼らが育った環境では，生き残るために，不信感や警戒心，苛立ちを幾度となく必要とした一方で，人に共感したり，寛容になったりすることはほとんど役に立たなかったのである。

　人間は小さな狩猟採集社会で進化してきたが，そこでは，特に仲間内での相互の信頼感や利他主義によって，お互いの命を救うことができる。しかしながら，虐待的でネグレクト，またトラウマとなるような環境は，利他的な特性を弱めやすく，かわりに利己性と競争性を引き起こす。利他的な能力は，「ほど良い」（そして，十分に親切な）養育に特徴づけられるような，十分に安全な子どもの時代に育まれる。本章で見ていくように，優しさや寛容といった特性は，最初に残酷さや攻撃性として表現されるものを通じて，少

しずつ発達していく。利己的な個人主義は人間性の一側面ではあるが，親切で優しくなることもまた，そうである。問いは，何がそれぞれを引き起こすのか，である。

テリー

　17歳のテリーは，国民保健制度（NHS）で，週2回のセラピーを受けるためにやって来た。彼には不遇な過去があった。父親は暴力的で，信頼できるような人ではなく，何度も刑務所に入っていた。テリーは4人きょうだいの第3子で，唯一の男の子だった。母親はアルコール関連の問題を抱えていたが，あらゆる社会福祉の関与から逃れることで，どうにかして家族が一緒にいることができていた。テリーはトラブルメーカーで，学業が困難なことにも気づいていた。情緒の調節や，友人関係の維持にも苦戦していた。気に入られていた唯一の男の子であるにもかかわらず，彼に対するしつけは感情的で厳しく，子どもたちは愛情が行き渡らないなかで，自力で生活しなければならなかった。

　9歳で学校を停学になった彼は，地元の児童相談所で週3回のセラピーを18カ月間受け，母親も隔週で面接を受けていた。報告書には，当初は抑制できなかったが，次第に落ち着いてきて，想像力豊かに遊び，重要な問題をワークスルーできるようになってきたことが示唆されていた。おそらくこのセラピーが，彼が思春期の間，普通学校に通い続けるのを支えたように思われる。

　彼の再リファーは，学校を中退し，飲酒し，喧嘩し，軽い罪を犯したあとだった。彼は強さと暴力にこころを奪われ，いかなる弱さも自分のものとして認めなかったにもかかわらず，自分の人生がどこに向かっているのかを知り，動揺していた。

　その典型例は，セラピーの初期に，ニヤニヤしながら，サッカーをしているときに挑発的な態度で他の選手を退場させたことがあると語ったことである。彼は満面の笑みを浮かべて，その選手の友人からナイフで脅されていたと説明し，誰かが彼のことを馬鹿にしたら報復するのだと断言した。実際に一度，ある選手の脚を骨折させたことがあると話す。彼がなぜそのように振

る舞うのか，同意はできないが動機は分かるということを理解してもらいたいのではないかと指摘すると，彼はわずかにリラックスした。

　皮肉なことに，このような行為は自分にとっての「セラピー」であり，気分を良くするものなのだと彼は言った。私は，それは反セラピーであり，セラピーとは，耐えることが難しい感情を，他者に押しつけないように対処することであると指摘した。彼は，報復できたら良い気分になると言い張り，「仕返ししなきゃいけない。選択肢はない，まったくない」と言う。私は，言い合いにならないように気をつけながらも，挑戦しなければならないと思い，わざといぶかしげな表情を浮かべた。彼は，それはあいつらのせいだと言う。私は優しくとぼけるように「そうかぁ，きみが嫌な気分になるのは，誰か他の人のせいなんだね？」と答えた。彼はわずかに困惑して「えーっと，そうだよね？」と言い返した。私は，クライン（Klein, 1946）が妄想-分裂と呼ぶ「目には目を」の心性に，彼がゆるぎのない確信を持って生きていることを，まさに実感した。

　彼は，弱さやできなさを認めるのをひどく嫌い，これを他の人種や女性など，どこかよそに投影することにしていた。彼は人種差別的な発言を繰り返した。また，純粋な少女を誘惑して性交に至ったと自慢した。

　数カ月後，彼はこころから好きな女の子に出会ったが，彼女に依存してしまうことへの恐れは耐えがたいものだった。恋人がパーティーに誘われたのに自分は誘われなかったとき，彼は彼女の親友をわざと誘い出した。そして，彼女が取り乱す様子を見て，「彼女はくだらない時間を過ごしたけど，俺は最高の時間を過ごしたから1対0だ」と，満足そうに言って勝ち誇った。しかし，自分の行動があまりにも露骨だったので，私を求める感情や私への嫉妬心を認めざるをえず，そのような不愉快な感情をどのようにして他者に投影するのかを理解し始めていた。

　時が経つにつれ，彼はより柔らかな感情に関心を持つようになり，恋人の家族の愛情に気がついたときには，困惑し，次のように言った。

　　「俺が理解できないのは，昨日から会っていないからって，互いにキスやハグを毎日すること。気が狂ってる。俺の父さんは，たとえ1年離れ離れになったとしても，姉や妹たちにキスなんてしないと思う」

　私は愛情の希薄な家庭で育った彼のこと思い，悲しくなった。彼はおそらく私の感情に気づいて，一瞬動揺したが，すぐにそれを脇に押しのけて，怒ったように見えた。私は，彼がどれほど良いものや希望を貶(けな)してきたのかに注目した。彼は，恋愛関係がこんなものなのなら，自分には合っていないと断言した。私は，自分の気分を良くするために人を貶さなければならないとは，なんて悲しいことなんだろうと伝えた。続けて，「ほんの少しでも恋人や僕のような他人を信用するのは，難しくて危険だ。だからそうあるべきなんだ。きみの家族では，人を信用しないことが，人生で学ぶべき正しい教訓だったんだよね」と伝えた。彼は「でも，なぜ自分を犠牲にしなきゃいけないの？　馬鹿げてるよ。俺は彼女に100％の献身を求めるか，あるいはまったく求めないかだよ」と言った。彼は，鍛え上げられた屈強な姿勢の裏に，自分の弱さを隠していた。

　私は，恋人や恋人の家族の温かさや愛情に，彼がどれほど嫉妬しているのかについて取り上げた。彼は悲しそうな表情を浮かべながら，自分の家族ではそんなことは一度もなかったと言った。恋人の家には，至るところに子どもの写真が飾ってあるが，彼の家には一つもない。私は自分の中に悲しさが沸き起こるのを感じた。そして，「きみは，誰も思いやりのあるサポートをしてくれないという世界を信じようとしているけれど，それに憧れてもいる。もしかすると，僕がきみの力になるのを望んでいるのかもしれないね」と伝えた。急に彼が幼く見えた。彼は，どこか震えていた。こころに響いたようだった。

　数カ月後，彼は怒りと攻撃性を抑えられるようになり，自分に対して批判的になっていた。「俺はただの役立たずのろくでなしだ。あらゆることに失敗してきた。就職も絶対できないと思う」と話す。強さの裏に隠された自己嫌悪を見ると，より困難な感情に対処する潜在能力を持っていることが示唆された。しかし，ここには痛みが伴う。

　私は，治療のために，険しい道のりを進まなければならなかった。私は思いやりを示して，しっかりとそこにいながらも，彼の自己（他者）嫌悪に巻き込まれないようにし，そのうえで感傷的にならないようにもしなければならなかった。自己嫌悪に至る彼の思考過程や，いかに彼が自分を貶しているのか，そしてそれを受け入れなければならないことへの恐ろしさについて指

摘をすると，彼は困惑した表情を浮かべ，批判的にならない私のことを，理
解できないと言った。

　セラピーの休暇中，彼は理由が分からないままに動揺している自分に気づ
いて，苦しんだ。自己嫌悪に陥った彼は，恋人に意地悪をした。私は，私や
恋人，やがては自分自身の手で，自分の弱さを受け入れ，そして耐えられる
と思うかどうか尋ねた。彼は悲しそうな表情を浮かべ，自分がいかに強くな
ろうと決意して人生を過ごてきたのかについて語った。私は，彼が耐えられ
る口調を探りながら，弱くて傷つきやすい面を持つこと，そして，その部分
を私や他の誰かに委ねることが，どれほど耐えがたいことなのかと伝えた。
私は一瞬かなり悲観的になったが，これはおそらく彼の絶望感のようなもの
を体験していたのであろう。私は彼に，彼が時々抱く絶望感がどれほどのも
のなのか，ただ私に知ってもらうことが本当に必要なのだろうと，感情を込
めて伝えた。彼は再びリラックスした。

　彼は，習慣的に他者に投影していた感情を徐々に取り戻していたが，これ
は苦痛を伴うものだった。人はそれ相応の理由があって投影をするのであり，
複雑な感情に耐えるのが他者であれば，それはより容易なことである。自己
嫌悪と絶望感は，徐々に自己受容的な見方に変わっていった。たとえば，「実
際，俺とAとは，とんとん拍子ですべて順調に進んでいるんだ」と言う。彼
は，恋人が抱く自分への感情を信じ始めていた。彼女に優しくしたことで，
彼女が涙を流したという状況を話した。はぐらかすような冗談を言いながら
も，実際には彼は感動していた。特に，セラピーで話している内容を打ち明
けても，彼女の愛情が薄れなかったことが彼には信じられなかった。

　セラピーが進展するにつれて，自己内省が深まり，自分自身にも他者にも
思いやりを持つようになっていった。不安や私に対する過剰な意識も薄れ
て，以前よりも信用するようになっていた。最も印象的だったのは，親切心
や優しさといった言葉でしか表現できないことを始めたことである。年少の
子どもにサッカーを教え始め，年配の隣人を車で買い物に連れて行ったりも
する。また，週末に一緒に働き，そこで苦労している若者に手を差しのべる
など，弱者の味方をするようになったのである。彼は常に，このような行為
の大切さを台無しにするような冗談を言う。たとえば，「老人が向かってき
たから，その老いぼれたマヌケを車で轢きそうになったよ」といったことだ

が，こうした発言は悪意を失い，もはやそこに説得力はなかった。彼は本当に優しくなっていったのである。

これはよくある展開である。自分に優しくなり，それまで否定したり傷つけたりしてきた自身の部分を受け入れることで，より利他的になることは少なくない。他者に対する真の優しさは，自己に向けられた優しさとともに生じる。その過程は，他者から向けられる優しさに端を発する。

人間の乳児は他者の助けになりたいと思っている

テリーの変容は，子どもの頃に得られなかった優しさや思いやり，心遣いを経験したあとに起こったのであり，これは幼い頃，生き残るために必要だった強さや皮肉さではない。

ある調査・研究（Tomasello, 2009）は，14カ月ぐらいの幼い子どもは，機会があれば，生得的に大人を助けようとするものだということを示している。実験では，大人が大切なものを落としたり，食器棚を開けるのに苦労するなどの問題を抱えているふりをすると，幼児はたいてい素早く手を貸す。大人の意図を読み取り，助けたいという強い想いを自然に示すのである。このような手助けは，本来，やりがいがあり，脳内の報酬回路を賦活しさえもする（Moll et al., 2005）。

子どもが共感的な関心によって自然に動機づけられるという考えは，子どもは本来，自己本位的であり，向社会的になるために指導する必要があるという考えとは矛盾する。ある研究で，3カ月ぐらいの幼い赤ん坊に，急な坂を登っている人を「助けたり，後ろで支えたり」する親切な人物や，「意地悪」な人物の3Dアニメを見せたところ，彼らは明らかに邪魔をする人よりも助ける人のほうを好んだ。異なる「意図」を完全に理解し（Hamlin et al., 2007），助けになる行為と助けにならない行為とを区別していたのである。同様に，別の研究でも，生後3カ月の赤ん坊は，無邪気なキャラクターが意地の悪そうなキャラクターに近づくと驚くが，「良い人」に近づくと驚かず（Kuhlmeier et al., 2003），向社会的行動と反社会的行動を明らかに区別していた。

一般に幼児は，生後21カ月までに，「助ける」人形に積極的に報酬を与え，

「悪い」人形を積極的に罰する。驚くべきことに，生後わずか数カ月の赤ん坊も，悪い人形に対して優しくする人形よりも，悪い人形を罰する人形を好む。これは単なる「優しさ」ではなく，道徳的行為を評価しているように思われる。

　このような実験から，共感と道徳観は，一般的な調律されたこころへの関心によって，自然に育まれることが示唆される。しばしば，共感性の低下を示す，慢性的な虐待やネグレクトにさらされた子どもには，何か通常とは異なることが起きるのである。1歳になると，子どもはそれまでの経験に基づいて，人との関わりにかなりの期待を抱くようになる。母親と赤ん坊が階段を登っており，その赤ん坊が母親について行けずに泣き始めるというシナリオを子どもに見せる。あるバージョンでは，母親が赤ん坊のもとに駆け寄るが，別のバージョンでは赤ん坊はとり残される。安定したアタッチメントの子どもは，赤ん坊がとり残された状況を見て明らかに驚くが，不安定なアタッチメントの子どもは，母親が赤ん坊のもとに戻ってくる状況を見て驚く (Johnson et al., 2007)。援助行動への期待は，過去の経験に基づいており，それが利他的な傾向を引き起こすのである。

　しかしながら，虐待を受け続けることで，利他的な傾向が抑制される可能性がある。メインとジョージ (Main & George, 1985) は，保育園にいるほとんどの幼児は，他の幼児が困っていると共感的に反応する一方で，虐待を受けた子どもはそのような関心を少しも示さず，むしろ攻撃的になる可能性すらあることを明らかにした。一般に，安定したアタッチメントの子どもはより共感的で (Mikulincer et al., 2005)，他の子どもとうまく遊ぶ。しかし，不安定なアタッチメントの子どもがそこに加わると，衝突が増えやすい。

　アタッチメントスタイルの違いによって，手を差し伸べる機会を前にしたときの反応は異なる。安定型アタッチメントの大人は，思いやりをもって手を差し伸べることが多く，回避型アタッチメントの大人は，向社会的傾向をあまり示さない。その一方で，不安型アタッチメントの大人は，自分のことに手一杯で，純粋な利他的動機から手を差し伸べる可能性が低い (Mikulincer et al., 2005)。アタッチメントのパターンが幼少期の環境にうまく適応したものであることを考慮すると，安定型アタッチメントに比べて，不安型アタッチメントと回避型アタッチメントには共感性と利他性が生じにくいというの

は理にかなっている。虐待が長く続く状況では，向社会的行動と共感は，単
にあまり役に立たない方略なのである。

┃思いやりの現れ：再びソフィア

　心理療法を受けることで，自分に優しく，穏やかになり，他者に興味や思
いやりをもって寛大になる。そして，より有意義な人生を送ることができる
ようになるのを，私は何度も目にしてきた。どんな治療的要因がこうした変
化を促進するのか，私には分からない。確かに，共感を示すことは重要であ
り，開放性や好奇心，そしてある程度の堅固さも大切ではある。しかしなが
ら，不可欠な要因をあえて一つ選び出すとすれば，それは決めつける態度を
とらないこと，あるいは，より重要かもしれないのは，思いやりのあるここ
ろの状態を積極的に示すことだろう。思いやりというのは，ふわふわとした
穏やかな優しさではない。それよりもむしろ，自他の弱さに目を向け続ける
勇気が必要なものである。

　前の章で，サディスティックなこころの状態について論じた際，ソフィア
の事例を紹介した。彼女は暴力的で性的攻撃性があり，自分を鼓舞するため
に，身近な人を何度も傷つけていた。家族で唯一の女の子である彼女は，情
け容赦なくからかわれ，生き残るために強くなる必要があった。当初，いか
に彼女が暴力と敵意，冷淡さにこころを奪われていたのかということ，そし
てそれがつらく傷つきやすい感情から彼女を保護していたことについて述べ
た。セラピーを受けることで，彼女は穏やかになり，愛情を享受できるよう
になった。そして，傷つけられたり，希望を断念させられたりするような，
人間関係の複雑な心理的課題を扱うことができるようになった。

　ソフィアとの旅では，私に向けられる強力な投影を扱う必要があった。彼
女は自分の耐えられない部分を私に投影することで，私のことを何度も，
「哀れ」で弱々しく，愚かな人間に仕立て上げた。私が風邪をひいたときでさ
え，弱々しいと軽蔑されたように私には感じられた。また，いつもどおりの
気遣いを見せても，ナイーブだと嘲笑された。彼女は，自分の穏やかで依存
的な部分に手を差し伸べようとする私の試みを，無愛想に拒否した。私はし
ばしば自分が愚かだと感じ，より厳格で距離をとった治療的スタンスに頼り

たくなった。

　私はこころを開いて思いやりを持ち続けようとした。容易に侮辱されたと感じたり，仕返しをしたくなったりする自分の部分に対して優しくあるために，かなりの努力をしなければならなかった。強烈な社会的情緒である恥は，誰にとっても耐えがたいことだが，私が攻撃的にならず，ほんの少しの屈辱にも耐えることができなければ，ソフィアにチャンスはなかった。

　やがて，これは実を結んだ。第10章で報告したように，ソフィアがわずかに穏やかになり始めたとき，彼女は「愛情を感じたいけれど，ろくでなしになって他の人を傷つけるのが一番いいのよ」と言った。そのうち彼女は，テリーのように，より穏やかで優しく，愛情を持つようになるリスクをも冒し始めた。これは，私が何度も見てきたように，寛容で利他的な行為そのものとして表れた。たとえば，兄の子どもの面倒を見て感じた喜びや愛情を，隠そうと必死だった。これまで軽蔑するだけだった弱々しい父親にさえ，思いやりを持つようになった。父親が体調を崩したときにそばに座って，彼が語る物語を聞き，彼のひどい幼少期について知り，こころを動かされた。

　彼女は私のことを見下さなくなるどころか，私の具合が悪そうなときには，気遣いさえした。長期にわたり，何かを欲する感情や互いを思いやる感情の兆候を拒み続けていたが，やがて，からかいや辛辣なユーモアでごまかしながらも，彼女は偽りのない優しさを認めることができた。彼女は，私たちの間に思いやりの感情や優しさ，あえて言えば愛情があること，もはや性愛化あるいは否認できない感情があること，将来のウェルビーイングの鍵となるような感情があることを分かっており，また，私がそれが分かっていることも分かっていた。

フレッド

　第9章では，継父からひどく恐ろしい虐待を受けていた，里子のフレッドについて述べた。彼は再トラウマ化とフラッシュバックをもたらすような暴力的な場面を，繰り返し再演した。私は，彼が情緒を処理するための準備を整える前に，通常より早くトラウマとなる出来事を再演させてしまうという過ちを犯した。その後，ボールを使ったゲームや工作のような，より一般的

なプレイに立ち返った。

すると彼は，ゆっくりと，以前にしていたようなトラウマティックな再演とは異なる，想像的な遊びに戻っていった。あるセッションでは，旅に出たいと言った。「どこへ行きたいの？」と尋ねると，彼は「アマゾン」と答えた。私は「分かった」と言い，私たちは旅に出る準備の真似をした。私は少し年上のメンター役を演じた。彼は自転車で行くことに決め，「それで，アマゾンまでの距離は？　6時間ぐらい？」と愛らしく尋ねた。

彼は普通の6歳児のように，興奮しながらのびのびと熱中して遊んだ。南米で私たちはたくさんのキャラクターと出会い，いろいろな冒険をした。この遊びは数セッションにわたって続いた。印象的だったのは，この物語に登場するキャラクターがとても寛容で，生き物が互いに助け合ったり，捕食動物が叱りつけられたり，悪役が優しいキャラクターに変わったりしたことである。

この遊びには，希望に満ちた特徴がいくつもあった。一般には経験しないような，不確実な危機にさらされてきた虐待のトラウマを抱える子どもは，次に何が起こるのかが分からないことや，冒険というアイデアを持つことすら珍しく，ましてそれを楽しむことなどできない。これは，人生がもたらすかもしれないものへの新たな信頼を示唆し，家庭でも目にするようになったものである。この遊びは，他者の視点に立つ能力と共感に満ちていた。これもまた，フレッドにとっては新しいことで，虐待を受けた子どもには珍しいことである。調査・研究によると，これは思いやりのある行動や利他的行動の前提条件とされることである。

こうして，より深い交流が可能になっていった。フレッドは，森の中で年上の雌カンガルーに出会う，子どもカンガルー（カンガ）の役を演じた。里子の遊びではよくあることだが，このカンガも里子だった。幼いカンガが偶然出会った年上のカンガルーは，彼の実母で，今は年老いてお腹を空かせていた。彼は，新たな家族と生活を共にすることがカンガにとっていいのかどうか，実母に尋ねるよう里親（私）に頼んだ。実母は「そうね，あなたは本当によくやってるわ」と，気持ちを込めて言った。それから，里親とカンガは話し合い，実母にしばし旅を共にしたいかどうかと尋ねることにした。これはとても感動的なことで，苦痛な現実を悲嘆できるようになるのと同時

に，本当の優しさが現れるということを実証していた。

　フレッドの遊びは，その後の数カ月でさらに深まっていった。動物のおもちゃを使った遊びでは，子どもを傷つける暴力的で思いやりのない悪い親がしばしば現れた。しかし，もはやトラウマとなる記憶を引き起こすことはなかった。どの遊びにおいても彼は，子どもを保護し，新しく安全な家庭を保障する親切な大人を登場させた。フレッドは，この世界が安全なもので，自分を保護し，育ててくれるという考えを間違いなく内在化していた。

　あるセッションで彼は，暴力的な継父にまつわる場面を久しぶりに再演した。彼はそれに対処する準備ができているのだろうか，以前のように再びトラウマを与えてしまわないだろうかと，私は不安になった。しかし，今回は違った。継父は暴力的だったが，フレッドは冷静におもちゃの電話を使って，「もしもし，警察ですか，今すぐ来てください。継父が，僕を叩いて傷つけてきます」と，（私が演じる）警察官に電話をかけてきた。私は他の警察官と一緒に向かい，継父は逮捕された。すると役割を交代して，今度は私が男の子を，彼が警察官を演じた。警察官としてフレッドは，男の子のために食事を作り，ベッドに優しく寝かしつけ，細やかに気持ちを確認すらした。フレッドの役を演じるなかで私は，警察官を演じる彼に見守られているように感じた。彼は今，優しくされることや大切にされることを，こころから理解したのだと思った。警察官はソファに寝転んで家の中を見守っており，穏やかで安全な雰囲気が漂った。

　遊びの中ではすぐに朝になり，彼は，警察官に出す紅茶を入れるふりをするよう言う。フレッドの新しい世界では，お互いの立場から寛容さと優しさが示されていた。警察官として彼は，「ありがとう。ところで，言いたいことがある。里親という言葉を聞いたことがある？　それは別の大人がきみを見守りながら育てるところ。親切にしてくれるし，そこにいると幸せな気持ちになると思うよ」と言った。私はこれを取り上げ，前のようにひどい扱いを受けるかもしれず，どうしたら見ず知らずの人を信じられるの？　と心配するふりをした。親切な警察官のフレッドは，はっきりしていた。「私たちはきみのことを見守っているし，確認もしている。それに，いつだって連絡を取ることができるよ。でも，きっとちゃんと面倒を見てもらえるよ」。彼の口調は寛大で優しく，安心感を与えるものだった。こうした性質は，今では彼

の中で深く理解されているものであり，数年前に出会ったフレッドとはまったく違っていた。

病的な思いやり？

　他者に優しくすることのなかには，あまり肯定的ではない動機に由来するものもある。第4章で紹介したグレースを覚えているだろうか。彼女のアタッチメントのスタイルは，当初はアンビヴァレント型であり，安心感を得るために周りに気を配らなければならないという，かなり複雑な生育歴があった。その代償として，彼女はしばしば過度に親切で，戸惑いや心配，不安といった通常の感情を抱く本当の自己を，周りの人が受け入れてくれるとは思えていなかった。セラピーの主な仕事は，彼女が常に周りに気を配らなくてもいいと思えるように援助することだった。グレースのような子どもは，純粋に好感が持て，人気者で，そばにいてくれて良かったと感じることが多い。彼女は，私を含めて，他者を良い気分にさせることに長けていた。

　本章で述べてきた子どもたちにとって，人の役に立とうとしたり，親切になったりすることは，回復に向かう道のりの核だが，これはグレースのような子どものケースには当てはまらない。グレースのような子どもたちにとって，他者を助けようとすることは，自身の役に立たない可能性がある。それが安全を守ることに根ざした迎合的な心地良さの再演であり，そうさせることになるためである。これは，テリーやソフィア，フレッドのケースで見てきたような，自分への，あるいは他者への思いやりから生じるこころの状態とは，かなり異なるものなのである。

おわりに

　共感と思いやり，そして利他主義は，「ほど良い」（Winnicott, 1953）早期の養育によって現れるものである。利他的傾向は早期にそのルーツを待ち，赤ん坊にさえも見られる。繊細に調律されたこころへの関心を受け取ることで，乳児は人を信頼し，他者の考えや感情に興味を示すようになる。そして，他者の意図を読み取り，協力的な集団生活に参入したくなる。このよう

な特性は，トラウマや虐待によって失われることが多い。

　他者のこころを理解する力は，生後 9 カ月頃から急速に伸びる。14 カ月までには，多くの子どもが「鏡像認知」テストに合格する。このテストでは，乳児の顔に「口紅」で印をつけ，鏡を見て口紅のついた顔が自分のものであると認識できた場合に，「合格」と見なす。興味深いことに，オランダの調査・研究では，他者の悲しみに共感する幼児は，「口紅」鏡像自己認知テストに合格した子どもだった（Bischof-Köhler, 2012）。一方，このテストに合格できない子どもは，共感性が低かったことが示された。自他のこころを理解する力や共感する力，そして他者を助けたいという強い思いは，同時に発達する傾向がある。しかし，トラウマを抱えた子どもや大人においては，これはほとんど発達しない。

　これまで見てきたように，遅延報酬能力や自己調整力は，安定型アタッチメントの子どもにより多く認められ，トラウマを抱えた子どもにはあまり見られない。実際に遅延報酬能力は，仕事を続けたり，安定した恋愛関係を持つことができたり，良い友人関係を維持したりするような，大人になってからの多くの好ましい結果を予測する（Mischel, 2014）。遅延報酬能力と利他主義は，ともに訪れ，発達していく傾向にある。

　本書で使用した社会的・情緒的発達のモデルは，トレヴァーセン（Trevarthen, 2001）が「意味形成の仲間」と呼ぶ，人間関係を築くために，人が生まれ持つ性質を前提としている。これは，ピアジェ（Piaget, 1965）の言う「自己中心的」な乳児よりもむしろ，乳児は生まれながらに「利他中心的」であるというブラーテン（Bråten, 1998）の考えに即している。これは，利己主義は利他主義ほど自然なものではなく，ストレスや脅威にさらされることで強くなることを示唆するものである。

　もちろん，すべての「一般的」な子ども，実際には私たちの誰もが，残酷に振る舞ったり，意地悪をしたりすることは可能である。にもかかわらず，人を助け，他者に興味を持ち，社会のルールに従い，道徳的な秩序の一部になりたいと思うこころは，時に私たちが考えるよりも，より「自然に」発達する。

　しかしながら，虐待や不安，ストレス，さらにはストレスフルで競争的，個人主義的な文化によって，これは蝕まれる。治療的作業は，このような経

験に抗い，思いやりのあるこころの状態や行動，さらには思いやりのある文
化を促すことができるのだと，ここで説明できていることを望む。

　ゴードン（Gordon, 1999）が強調したように，心理療法は「倫理的」な営み
であり，私たちが人間関係のなかで望むことと必然的に結びついている。う
まくいくと，治療的作業により，自己調整力の高まりとともに，より共感的
で思慮深く，内省的で，プレイフルに，そして思いやりと人間味をもって他
者と関わることができるようになっていく。これは，テリーやソフィア，フ
レッドのケースで見てきたことである。彼らは三人とも穏やかになり，自分
を責めなくなり，そして自他の弱さを受け入れるようになった。その結果，
他者に寛容で優しくなり，利他的行動が生じた。安楽で幸福な，豊かで充実
した人生を送ることができるようになったことで，対人関係における喜びを
享受できるようになった。このことは，より良い世界への希望を与えてくれ
るに違いない。

依存，テクノロジー，そしてウェブ
：古いシステムを乗っ取る新たな危険

Addiction, tech and the web
: New dangers hijacking old systems

デジタル世界と新たな課題

　近年，私たちはインターネットとデジタルテクノロジーによって，これまでの世代の専門家や親にはなじみのない難問に直面している。たとえ，この影響についていまだに検証がなされてはいないとしても，さまざまなテクノロジーが生活を変えつつあるのを疑う者はほとんどいない。インターネットの利用に関する問題は急速に増加し，ほぼすべての，とりわけ最も脆弱な子どもと若者が新たな危険に直面し，影響を受けている。

　14歳のミッチェルはその典型である。彼は父親と暮らしているが，母親は長期の療養のあと，3年前に癌で悲劇的な死を遂げていた。父親は妻の死に向き合えず，何時間も働くことで現実から退避していた。ミッチェルの学力は低下し，次第に引きこもっていった。そして，父方祖母のもとに引っ越したが，父親は定期的に様子を見に行っていた。ミッチェルは自分の部屋に引きこもってコンピューターゲームに没頭し，彼をそこからひっぱり出すのはほとんど不可能だった。彼はますます自分に自信が持てなくなり，社会的な生活を続けることにも魅力を感じなくなっていた。セカンダリースクール†訳注1に進学したときには，大規模校の喧騒や，大人のこころの中に抱えられているとほとんど感じられないことに対処するのに苦闘していた。

　ミッチェルのこの状態は，ゲーム依存であると考えられる。このようなゲームには多種多様な報酬が用意されており，レベルが上がり，スコアが上がっていくという終わりのない行く末に，プレイヤーは病みつきになる。こ

---

†1　5〜11歳が通う初等教育機関の次に，11〜18歳が通う中等教育機関。ここまでが義務教育である。

うした脳の状態は，60年以上も前から知られていたことである。ラットは，あるレバーを引くことで，ドーパミン分泌の要である脳領域の側坐核が刺激されることが分かると，こうした快感を求める行動を，性行動や食事など，他のどんなことよりも優先するようになる（Olds & Milner, 1954）。同様のことが，ゲームに没頭したり，他のテクノロジーを過剰に利用したりすることでも起こりうる。

　私が若かった頃は，退屈した子どもは，一人用のゲームを繰り返し何時間もして過ごしたものである。たとえば私は，サイコロを使って架空のサッカートーナメントをして何時間も遊んだ。友達がやってきても自分がしているゲームから離れられずに，しばらく葛藤したこともあった。離れてしまえば，なんの後悔もないのだが。

　こうしたゲームは，孤独や不安，自信のなさ，あるいは他のつらい情緒といった厄介な感情を寄せつけないために利用されることもある。昔ながらのより無邪気なゲームに比べると，今のゲーム環境には驚くほど精巧なやり口で，ユーザーを夢中にさせる仕掛けが組み込まれている。

　テレビゲームは，私たちをオンライン上につなぎ止めるために，ほぼ永遠にたどり着けない誘惑をちらつかせながら，報酬を絶え間なく提供してくる。変化に富んだ報酬が強力な原理として作用するが，これは，ソーシャルメディアに人々がはまり続けるのとほぼ同じ原理である。たとえば，スロットマシンにXを投入すると，必ずYを受け取れることが分かれば，常にではないにせよ，Yを求めるときにはXを入れるだろう。同じ金額を投入しても，得られる潜在的な報酬には大きな幅がある。それが何なのかがまったく分からない場合，私たちは何度も確認し続ける。これは，Instagram やTwitter，Facebook やその他のメディアでも起こりうることである。ミッチェルがそうであったように，人生につまずいているとき，現実の人間関係や社会的なつながりといった，理想的には人生の中核的な報酬は，先に述べた潜在的な報酬に負かされてしまうことがある。

　ミッチェルの事例に影響を与えたのは，ゲーム依存に焦点を当てるのではなく，むしろ生活上の情緒的なへだたりを丁寧に取り上げることだった。家族とのセッションでは，父親は祖母と共に，ミッチェルの感情を受け止めるスペースを作った。初期の試験的なセッションでは，母親の病と死，そして

家族が必死に向き合ってきた感情について探っていった。父親が，自身の抱える喪失感に耐えられるように援助することが必要だった。初期のセッションでは，父親は緊張しながらドアの近くに座り，携帯電話を握りしめ，今にも退避しそうな様子で，圧倒されるほどの喪失感と悲嘆を避けていた。あるセッションで父親は，ミッチェルを見て妻のことを思い出し，「まるで，ミッチェルを見ていると，会いたい，会いたい……（涙ぐみ，声が詰まる），ああ，ジャン（妻の名前）に会いたい」と言った。私を含め，部屋全体が涙に包まれた。そして，悲しみが和らいだことがはっきりと感じられたあと，そこには新たな静寂と親密な感覚があった。

　父親はミッチェルと過ごす時間を持ち始め，ミッチェルも幸せそうになった。以前のミッチェルは父親に拒絶されているように感じていたが，今では父親が自分のことを考え，自分のことを好きで，確かに愛してくれていると感じていた。コンピューターに触れる時間も短くなっていった。父親は転居の計画を立て，ミッチェルと一緒に暮らすことにした。また，ミッチェルが共にやっていけそうな新たなパートナーにも出会った。この事例では，良い変化が非常に早く起こった。ミッチェルは以前よりも自信を持てるようになり，社会的な生活にも適応し始めた。よくあることだが，学力も向上した。

　ミッチェルの場合は，大好きな母親が亡くなるまでの数年間に，母親と楽しい時を過ごせていたこともあって，自分は愛されており，人生は大丈夫だという深い感覚を保持していた。それなりに良い人生のスタートを切っていたのである。デジタルテクノロジーの誘惑に溺れて屈してしまうような，より脆弱な子どもは，こうはいかないことも多い。ゲームで遊ぶことで，ミッチェルは扱いがたい感情を避けていたが，彼にデジタルテクノロジーの爪が完全に食い込んでしまう前に，私たちは間一髪，ミッチェルの状況をとらえることができたのである。

セクスティング

　13歳のケイティーは，人生で初めてつき合った彼氏のドムと，最近になって別れた。二人はクラスメイトで，それまでケイティーはドムのことを友達として見ていた。ケイティーの両親は，彼女に彼氏がいることを認めていな

かった。とりわけ，「がらの悪い」地区の出身の彼氏であれば，なおさらだった。もっともケイティーは，押しつけられるように感じてしまう性的関係に，まだこころの準備ができていなかった。ドムは，この年齢の多くがそうであるように，ポルノグラフィーから集めた男らしさを身にまとうことで，自信のなさを押し殺しているようだった。ドムの男らしさは，弱さから自分を守ろうとするものだったが，そのことがケイティーを窮地に追い込んでいった。彼女はドムの虜になって「彼に夢中」とは言うものの，自身の安心できる場所からは逸脱してしまったように感じ，ドムとの関係に終止符を打った。

　ドムは気分を害し，ケイティーの暴露写真をばらまいて報復してきた。写真は瞬く間に拡散された。その状況に気づいたとき，ケイティーは息もできないほどに取り乱し，ひどく恥じ入り，家から出たくなくなった。

　一般にこのようなサイバートラウマ（Knibbs, 2016），またはネットいじめ（Zych et al., 2017）は増えており，憂慮すべき結果になることも少なくない。深刻な事例では，自死行為につながることもある（Kowalski et al., 2014）。

　幸いなことに，ケイティーも愛情に満ちた支持的な家庭で育っていたので，自分自身はもとより，家族や友人から適切な援助を引き出すことができた。実際のところ，罰を受けたのはドムのほうだった。厳格なガイドラインが整っていたその学校では，この事件は深刻に受け止められ，彼は退学になった。そして，セクスティングやポルノグラフィー，デジタルテクノロジーに関する問題を周知する，新たな授業が用意された。

　ケイティーの事例は，とりわけ学校側が賢明な対応をとったという点からして，例外的である。多くの場合，最も苦しむことになるのは，より脆弱な子どもである。マジッドは，深刻なネグレクトにさらされてきた，脆弱な若い男性だった。学校では，何度も，サディスティックで性的ないじめを受けた過去があった。たとえば，動物との性的接触を強いられ，その写真を撮られてネットで拡散された。また，彼を麻薬の運び屋として利用するギャングとの関わりを持つようにもなった。マジッドは足を洗おうとしたが，ギャングは暴力で彼を脅した。かなり危険な状況だったため，警察はマジッドに，転校ではなく町から出て行くことを提案した。昨今，画像や評判は地球上のどこにいても永久についてまわる。

　ケイティーやマジッドのような写真を所持することは，事実上，児童ポルノを持ち歩いていることになり，法的制裁を受ける。おそらくより重要なことは，このような行為によって人生が台無しになる可能性であり，マジッドのように，社会的サポートや家庭でのケアもほとんど受けられないような子どもが，最も苦しむことになる。

マーシャとソーシャルメディア

　すぐに利用できるソーシャルネットワーキングや，ソーシャルサポートをはじめとする新たなメディアは，刺激的なものをたくさん提供してくれる。しかし，そこには欠点もある。繰り返すが，最も危険にさらされるのは，すでに弱い立場にいる者である。

　その典型例が13歳のマーシャである。彼女はうかつにも，自分の評判を脅かすようなセクスティングのシナリオに巻き込まれてしまった。マーシャは一人っ子で，7歳のときにロシアからやって来て，あるシングルマザーの養子になっていた。幼い頃，彼女はひどいネグレクトを受け，性的な行動にさらされていた。彼女は友人との関係に苦慮し，孤独を感じ，情緒的に平板化し，人生に行き詰まっていた。恐ろしいとも感じていた親密な関係に対する欲求を，男性との不適切なオンライン上での出会いで満たし，そこに刺激を感じていた。

　マーシャには，ポルノグラフィーに依存する男性にしばしば見られる特徴と同じものが認められた。情緒的に引きこもっており，活気がなかった。フロイトが「リビドー」と呼んだ彼女の潜在的な生命力は，それが性的なものにせよ，そうでないものにせよ，オンライン上での出会いに興奮することによってのみ，生き生きとしてくるように思われた。そうしなければ，彼女は自分の欲求を表現できず，欲求があることすら分からなかった。

　マーシャは，気がかりなインターネット上の活動にすっかりはまっていた。ただし，必ず見つかってしまうような使い方で，彼女に失望して腹を立てる母親を挑発していた。このパターンは，それ自体がサド・マゾ的な関係性を再演する一つの形であった。母親との親密な関係を現実的に避ける一方で，近くで「ガミガミ言い」続けさせるという，典型的なコア・コンプレッ

クスのスタイルである（Glasser, 1992）。

　マーシャは自分の裸の写真をオンライン上に投稿したことがばれて，その媒体を取り上げられた。彼女は表向きにも意識的にもそれを望んでおり，自分が守られていることが嬉しかった。しかし，テスト期間や友人との関係がうまくいかないなど，ストレスの多い時には，意識的な意思よりも大きな力が働いた。そして，媒体を手に入れるためにあらゆる手を尽くし，依存と思われるような状態に陥ってしまう。夜中に幽霊のように家中を捜しまわって，古いノートパソコンやスマートフォンを見つけ出し，見ず知らずの人とネット上でやり取りをする。そのために，友人の携帯電話を盗むことすらあった。

　マーシャのような少女と連絡を取り合う男性の多くは，偽名を使って同時に複数人の子どもに取り入ろうとする一方で，その子どもたちを特別で唯一の存在であるという気にさせる。根底にある問題は特段目新しいものではなく，マーシャの事例のように，幼い頃の愛情や関心，思いやりの欠如，さらには性的興奮への暴露によって，搾取にうってつけのパーソナリティが形成されるのである。マーシャの場合も，多くのテクノロジー依存者と同様に，テクノロジーによって，過去には不可能であったほど容易に搾取されるようになったのである。

　マーシャは，セラピーを含め，親密な人との出会いの場で沸き起こる感情に，少しずつ耐えられるようにならなければならなかった。より誠実で情緒的な関係を築くことができるようになるにつれて，彼女はコア・コンプレックス不安を徐々に手放すことができるようになった。マーシャは，とりわけ母親とセラピストに対して，より脆弱になる可能性があった。彼女は関心を求め始め，それが得られると思い始めたが，そこにはかなりの危険がはらんでいるようにも感じられた。はねつけられたと感じるとただちにひきこもる。あるいは，彼女が望む関心を得るために，巧みにごまかしたり操ったりもする。セラピーは，人生のためのある種の練習であり，情緒や自分の内的生活について学ぶ場である。そこでは，真に近しい関係において，試行錯誤しながら親密さや信頼を発展させていくことができる。

　マーシャのような若者の情緒が健康になっていくプロセスは緩やかであり，前向きな変化が偽りであることも少なくない。セッションとセッション

の合間などには，強烈な喪失感と欲求がかき立てられる可能性もある。この
ような感情に耐えることができるようになるにつれて，また，パーソナリ
ティの中にある希望に満ちた側面が発達していくにつれて，症状は改善し始
めた。マーシャは，自分の中にある好ましい部分や情緒が認識される力を信
頼し始めた。すると，これまでのパターンに頼ることも少なくなり，もはや
あのような厄介な方法で自分の欲求を満たそうとすることもなくなった。

　多くのポルノ利用者にも同様のことが認められる。脆弱性が高いほど依存
症状は悪化し，危機に陥る。マーシャがそうであったように，ポルノ利用者
に欠けているのは，信頼できる内的対象である。それは，彼らが困難に耐え
て生き抜くのを支え，ものごとが最終的にはうまくいくと信じさせてくれる
ものである。もちろん，テクノロジーから離れることも必要である。コカイ
ンなどの薬物を断とうとする者は，自宅に大量の白い粉を置いておかないも
のである。同じことがテクノロジーの誘惑にも当てはまる。しかし，これだ
けでは不十分である。テクノロジーの利用で最も憂慮すべきことは，困難な
感情状態に，そして，人間関係や親密性に背を向けてしまうことである。親
密な関係にまつわる強烈な情緒に耐えられるようになると，依存傾向は減じ
ていく。

ポルノグラフィー：別の類の物語

　以前からよく知られているポルノ依存の事例については，のちほど検討す
ることとして，ここではポルノグラフィーとの異常なつながりを持っていた
ディロンの事例を紹介する。彼は16歳までに，児童ポルノに関する有罪判決
を受けていた。このことは，一見すると彼の過去からは想像できないこと
だった。彼には明らかな虐待やトラウマはなかった。異母兄による軽度のい
じめや，9歳のときに両親の離婚によって経験した多少の緊迫感を除けば，
相対的に複雑なことは認められなかった。

　ディロンが他の事例と異なっていたのは，性的欲求の性質だった。彼は同
年代の少女や少年にはまったく魅力を感じず，同年代との性的経験を想像し
ても興奮しなかった。ディロンは屋内プール，あるいはバスや電車の車内と
いった公共の場で，よく性的興奮を感じた。容姿端麗な彼は，同い年の女の

子に言い寄られることも多かった。「普通」であろうと必死に振る舞い，言い寄ってくる女の子らとの関係を持とうとしたが，うまくいかなかった。彼は思春期以前の幼い女の子にしか性的興奮を感じなかったのだが，自分はそのような類の人間ではないことを切に願っていた。

　ディロンはこのような感情を何とかするために，服のカタログのような，比較的当たり障りのない画像をネット上で閲覧していた。やがて彼は，危険な違法サイトにアクセスできるダークウェブを見つけた。これらのサイトで彼は，自身が興奮する年代の少女との性的な出会いが描写されたポルノグラフィーを見つけた。ときには成人男性とのあからさまな性行為も含まれていた。この発見は，ディロンに安心と喜びを与えた。ショッキングなことのように聞こえるかもしれないが，これらの画像は彼の欲望を表現しており，彼の孤独感を和らげた。ポルノグラフィーをこのように使うことで，まだ思春期に入っていない現実の幼い女の子に対する空想を抑えていたのである。

　ヘテロセクシュアルやゲイ，レズビアンが一次的な性的指向とされるように，ディロンの小児性愛も一次的な性的指向の一つのように思われた。稀ではあるが，治療的文献（Wood, 2013）にはしっかりと記述されている。小児性愛を抱く男性の多くは，異なる年代，または別のジェンダーにも興味を示すが，ディロンは違った。ディロンは性的に活発ではなく，自分が性的興奮を感じる子どもとの接触を全力で避けていた。彼は自分の欲求をなんとかするために，児童ポルノを利用していた。画像の共有に魅了され，不法な画像の所持，および拡散の罪で起訴された。

　小児性愛的な行動を取ったり，子どもへの性的な空想を抱いたりする男性の多くは，子どもの頃に虐待を受けたか，あるいは不適切でかなり強い性的刺激にさらされているものである。彼らの小児性愛は，ディロンとは異なり「二次的」なものであって，一次的な性的指向ではない。虐待を受けた男性による子どもへの性的再演は，自身の虐待経験の一端を他者に味わわせるための方法となりうる。しばしば，こうした初期のトラウマがセラピーの中でワークスルーされ，このような感情や衝動が，いつ，なぜ，引き起こされたのかについて理解できると，再-再演は減じていく。実際，子どもの頃に虐待を受けた大人の多くは，同年代との性的関係をも持つ。これは，ディロンにはまったく認められなかったことである。

ディロンの事例は大変痛ましい。彼はなぜ，どのようにして，そうなったのか。生物学的遺伝なのか，脳の神経回路の問題なのか，あるいはこれから発見される何かなのか，私たちには分からない。児童ポルノには，人を餌食にするような，芳しくない性質があることを彼は理解していたが，彼にとってそれは，実生活では決してできない方法で，自分の思う偽りのない性を体験する機会を与えてくれるものであった。

ディロンは懸命にセラピーに取り組んだ。自信をなくして，恥ずかしい気持ちでいっぱいになり，自分の部屋で何時間も孤独に過ごすことで，路上にいる女の子への欲求に悩まされないようにしていた。人目にさらされる家族との休日は，彼にとって最も恐ろしい悪夢だった。セラピーでは，自己への思いやりを高めることや，自分自身を受け入れられるようになることに，多くの力が注がれた。彼は膨大なエネルギーを注入して，自分の欲求をなんとか遠ざけようとし，そのような欲求を持つ自分自身を激しく嫌悪した。失敗する運命にあることを指す「シロクマのことを考えるな」という古典的なアドバイスのように，否定し，否認したものは，必ず頭の中に浮かび上がってくるのである。

私はディロンと共に彼の感情と空想にとどまり，そのすべての詳細をこころから理解しようとした。力動的な作業とマインドフルネスを織り交ぜながら，彼は自身の感情と空想を段階的に探究する方法を習得し，性的思考の探求とそのときに感じる身体感覚や呼吸への意識とを行き来できるようになった。私たちは何度も，彼が不安を感じたときや性的に興奮したときに経験する身体感覚にとどまった。これが時間とともに驚くべき結果をもたらした。彼は，公共の場で感じていた女の子への性的欲求を含め，自分の思考と感情に耐えてとどまることができるようになり，それらに支配されることも，それらに衝き動かされて行動する危機感も抱かなくなった。自身の身体状態に目を向けることによって，自分自身を能動的に安定させられることが分かったため，彼は解放されて変容していったのである。

彼が自分を鼓舞し，マインドフルネスを定期的に実践したことに，私は驚いた。彼には妄想的な傾向がわずかにあった。たとえば，今にも警察が戻ってきて逮捕されると確信していた。また，試験に落ちたと信じて疑わなかった。こうした考えを止めるのは至難の業だった。しかし，そのうち彼は，古

典的なマインドフルネスが示唆するように，思考と感情との往来を観察できるようになり，そのような思考と感情に衝き動かされることもなくなった。これまで圧倒されていた思考や性的空想とは別の居場所を見つけることができたのである。パニック状態や恐ろしい空想が引き起こされると，それとは距離を置き，その思考が消えたり現れたりするのを見守った。そうすることで，それに呼応した心拍の速さや呼吸の浅さといった身体感覚を意識でき，落ち着いた呼吸を取り戻す方法を見つけることができた。これは，自身の感情から逃れようとするのではなく，むしろ受け入れて抱えることであり，マインドフルネスと精神分析とが共有するものである。ディロンは，もはや自己嫌悪や羞恥心に悩まされなくなり，外の世界でやっていく自信を持ち，ついには大学に通うためにセラピーを卒業していった。

科学と調査・研究

　ここまで，幼い頃の不幸な経験が，いかに情緒調整や対人関係にまつわる課題をもたらすのかについて見てきた。テクノロジーの過度な利用は，このような症状を悪化させ，集中力の低下や，誘惑に抗う力の低下，また，より強い衝動性をもたらす。これらはすべて，人間関係の乏しさにもつながる。これらは，即時的な満足感やファストフードの利用，ワンクリックでできる買い物，その場でできるダウンロード，瞬時にできるコミュニケーションといった，外的現実によって深刻化する。

　熱心な調査・研究は続いている。たとえば，テレビゲームやソーシャルメディアの過度な利用，さらには長時間のテレビの視聴によって，注意の持続時間が短くなったり，興奮水準が低くなったりすることを示唆するエビデンスもある。ニワトリが先か，卵が先かといった問題を解き明かすのは難しいが，自己調整と情緒面の安らぎは，良好な人間関係や，子どもの波長に合わせた養育によってもたらされる（Fumero et al., 2018）。スクリーンの前に取り残された子どもは，おそらくあまり適切な養育を受けていない。ここには，アタッチメントスタイルが媒介すると思われ，より安定したアタッチメントの子どもであるほど危険に直面しにくい（Roberts & David, 2016）。驚くまでもなく，より不安の高い人ほど，あるいは自身の人生を統制する感覚が弱い

人ほど，テクノロジーへと向かう傾向がある（Lee et al., 2018）。

　タークル（Turkle, 2012）やカー（Carr, 2011）などが見出したように，デジタルテクノロジーを使いすぎることで，集中力は低下し，注意は散漫になる。いわゆるマルチタスクは，パフォーマンスやワーキングメモリーを低下させる。もちろん，マルチタスクは神話である。私たちは，タスクからタスクへの切り替えを素早く行っているかもしれないが，一つ一つのタスクをそれほどうまくこなせてはいない。私たちの脳は，いくつかのことを同時に処理することはできないのである。

　あらゆるツールの利用と同様に，私たちの脳はインターネットの利用によっても変化する。その一方で，このような脳の可塑性によって，習慣化した行動パターンの変更が難しくなるというパラドックスもある。カー（Carr, 2011）は，迅速で表面的なこころのあり方が，社会的相互作用のなかに取り込まれ，人間関係における共感性を蝕んでいると主張する。

　さらに大きな議論となっているのが，増え続けるテレビゲームの使用である。この種のゲームが衝動性を増し，集中力を低下させると主張する研究もあれば（Gentile et al., 2012），あまり影響しないと示唆するものもある（Pan et al., 2018）。繰り返すが，これが因果関係なのか，あるいは単なる相関関係なのかははっきりしていない。すなわち，衝動的な子どもは何時間もテレビゲームで遊び，テレビゲームでよく遊ぶ子どもほど，衝動的になるというわけである。

　おそらく，最も重要な点は，ある人は他の人に比べて，これらすべてのテクノロジーによってより大きな危険にさらされるということであろう。情緒的な不安定さや内向性，そして衝動性は，テクノロジーに依存する危険性を高める（Roberts et al., 2015）。本書を通して見てきたように，適切な人間関係や安定したアタッチメント，自己への思いやりはすべて，より良好な人間関係から生じ，「もの」よりも人を大切にしたり，外的な報酬よりも本質的な報酬を重んじたりすることの源泉となる（Kasser, 2003）。

　新たなものに対しては，ラッダイト恐怖[†訳注2]を抱く可能性がある。多くのゲームは，集中力（Oei & Patterson, 2013）や論理的思考力（Graf et al., 2009）

---

† 2　ラッダイト運動とは，1810年前後の第1次産業革命期，イギリス中部・北部の織物工業地帯に起こった，労働者による機械破壊運動のこと。

といった，重要なスキルを高めるように作られている。真剣に取り組む神経
科学者らは，マインドフルネスを高める技術（Sliwinski et al., 2017）や，情緒
調整のようなポジティブな特性を高める技術（Griffiths et al., 2017）を考案し
てきた。

　イーグルマン（Eagleman, 2011）は，前頭葉前部ワークアウトと呼ぶトレー
ニングによって，調整と内省を司る脳領域の「筋力」を鍛えることができる
と提唱している。アバターの使用（Leff et al., 2014）をはじめ，ニューロ
フィードバックのさまざまな形態やコンピューターを利用した心理療法は，
希望に満ちた結果を示している。EEG スキャナーや心拍計などの技術を利
用することで，利用者は「リアルタイム」でフィードバックを受けることが
でき，脳や自律神経系のパターンを変えることができる。

　このようなテクノロジーは，情緒的なウェルビーイングを向上させる可能
性がある一方で，テクノロジーを活用した自己表現が増えることで，希薄な
人間関係しか持てなくさせる。不安定なアタッチメントをもつ脆弱な子ども
や若者は，インターネットポルノグラフィーのようなテクノロジーがもたら
す悪影響に最も屈しやすい。

ポルノグラフィー乱用の事例：マノ

　青年期後期のマノは，難民だった両親と共に，８歳のときにイギリスに移
住してきた。学校で苦労していた彼は，自室にひとりでこもって何時間もポ
ルノグラフィーを見て過ごし，１日に最大で18回もマスターベーションを
行っていた。彼が見ていたポルノグラフィーは合法的なものではあったが，
次第に過激なものになっていった。

　マノの生い立ちは複雑だった。両親は二人とも福音派の教会に通う熱心な
信者であった。母親は厳しい家庭の出身で，幼少期には言葉による虐待をか
なり受けていた。父親は家にほとんどいなかったが，幼いマノに行きすぎた
体罰をしていた。両親は共に移民で，これまで何世代にもわたって民族差別
を受けてきていた。子どもの頃のマノは ADHD 様の症状を呈しており，落
ち着きがなく，神経過敏で，集中ができなかった。椅子にじっと座らせるた
めに，教師に片足を椅子に縛り付けられたエピソードを彼は話した。

　彼は絶えず警戒している若者だった。面接室の外から何か音が聞こえると，彼のこころはセラピーから離れ，これから起こるかもしれない危険に注意を払う。誰かが面接室に侵入してくる空想をよく抱いた。あるときには，ガタガタと音を立てる窓を見上げ，「もしも誰かが乗り込んできたら，することは決まってる。どうやって自分を守るのか，ずっと考えてきたから」と言い，実行しようとしている武術の技について解説したこともあった。

　マノの両親は母国をあわただしく去らなければならなかったが，彼自身は暴力をそれほど目の当たりにしてはいなかった。彼の妄想的な考えは，両親のこころの状態を介して生じたものであり，おそらく二次的トラウマによるものだった。彼の父親は暴力にさらされ，民族的な迫害を受けていた。加えて，イギリスに到着したマノは，すぐに学校でいじめられた。

　彼は，面接室のほんの些細な変化，たとえば本が動かされていたり，私の机の上に何か新しいものがあったりするようなことに敏感だった。くつろぐことはほぼ不可能で，絶えず動いていなければならず，逆説的にはなるが，その代償として何もうまくできなかった。そのため，利口だったが，学校での成績は良くなかった。

　このような強迫的なポルノグラフィーの閲覧とマスターベーションは，若い男性にますます増えてきているが，マノのようにより依存的傾向が強くなる人もいる。彼はしばしば，不健康な食べ物をたらふく食べ，ゲームにのめり込み，時にその場の衝動的な出来心から，盗みをはたらくこともあった。

　マノは学校ではかなりの人気者だったが，両親が選んだその宗教系の学校は自宅から遠く，スクリーン上の誘惑に抵抗できるような，ごく当たり前の社会的交流が制限されていたため，いくぶん孤立していた。

　マノの抱える課題はさまざまな角度から理解できるものの，おそらく最も顕著だったのは，彼が長い間，情緒と身体の調整に苦労していたことであろう。彼は感じのいい青年だったが，一緒にいて安らぐことはなかった。話すたびに脚が揺れ，注意はあちらこちらに飛んでいき，こころはまるでその脚のように落ち着きがなかった。男性セラピストにはなかなかできないことではあるが，私は彼の膝の上に手を置いて落ち着かせてやりたいと，何度も思った。ときには，一緒に深呼吸をしようと提案することもあった。必要としているが，彼に欠けていたのは，気にかけて落ち着かせてくれる両親の存

在であると，私は感じていた。

　マノの母親は，彼の妊娠中，さらには彼が誕生してからの数カ月間，強烈な不安を抱えていたと報告している。母親のストレスが胎児の発達に与える影響（Music, 2016）を踏まえると，マノはストレスを感じやすい素因を持って生まれてきたのであろう。母親は産後うつに苦しみ，彼をなだめるのは大変だったと語った。彼女は，とりわけ心理的配慮をせずに彼に関わった。なだめたり落ち着かせたりしながら，マノが自分の経験の意味を理解できるように助けてもらえなかったのは，ほぼ間違いない。

　このような環境に置かれた乳児は，生理的苦痛のサインは感じるものの，身体的なシグナルからこの苦痛を切り離すことで，圧倒されてしまわないようにする。同様の状態を示す子どもや大人の多くは，性的行動化や暴力など，身体を使ったさまざまな行動をとるが，逆説的に，自分の身体の状態には極めて疎くもある。マノも内受容感覚が乏しく，情緒や身体の状態をうまく認識できなかった。

　私は通常よりも多く，心理教育的アプローチを取り入れた。マノの場合は，自分の行動と衝動，さらにはその引き金との基本的なつながりを結びつけることが有効であろうと考えた。セラピーを始めた頃，彼の情緒に関する語彙は最小限のものであり，感情状態の範囲は極めて狭かった。自分自身のことを表現する際には，ポジティブな感情状態としては，主に「いけてる」や「良い」を用い，ネガティブな情緒の範囲は主に「うざい」や，くそったれで構成されていた。そこには，これから積み上げていくための土台になるような微妙な差異はほとんどなかった。

　数カ月前のあるセッションで，私は「何かあった？」とマノに尋ねた。彼はどこかぎこちない様子を見せたあと，ニヤニヤと作り笑いのような表情を浮かべて，昨日の午後はほとんど「オナニーしてた」と言う。「ひどかった」とは言うものの，彼は満足そうに勝ち誇って「どうにでもなれボタン」の勝者になっているように感じられた（Nathanson, 2016）。私が気持ちについて尋ねると，たいてい彼は，感情を説明するよりもむしろ，自分がしていたことを語る。何が彼をマスターベーションという行動化に情緒的に駆り立てているのか，理解しようとするのは困難だった。

　あるセッションで，面接室のすぐ近くにある階段から誰かが降りてくる物

音がしたとき，彼は落ち着きをなくして，まるで危険に備えるかのようにあたりを見回した。その瞬間，私はマノに，身体に何が起こっていたのか，鼓動は感じられたのか，いつもとは違っていたのかと尋ねた。いつものように彼は「分からない」と言った。私は胸に手を当てて鼓動を感じるよう伝えた。彼は私をなだめるためにそうしたが，多少は興味を持っていた。もちろん，心拍はかなり速くなっていた。私は彼に，そのまま胸に手を当てて，これから数分で起きることを感じられるかどうか，確かめるよう伝えた。彼はそのとおりにして，呼吸とともに下がった自分の心拍数に気づいて驚いた。

　ダマシオ（Damasio, 2012）が理解を助けてくれているように，情緒とは，それを読み取るための精神的装置があれば，「読む」ことができる身体状態である。マノとは，いつもの力動的なスタンスから離れて，マインドフルネスに基づいた，身体を意識するようなエクササイズの指導に時間をかけた。クリニックのどこかで物音がしたときに，身体が緊張したり脈が早くなったりすることについて，彼が気づいていった過程は大変興味深かった。これは，ドアが大きな音をたてて閉まるといった外界のきっかけと，不安などの感情状態とも言える身体の状態とのつながりを見出す，最初の一歩だった。私はマノに「馬鹿げているように聞こえるかもしれないけれど，そのときのきみの反応は，不安な気持ちの表れだった。少なくとも動揺していたと言えるのでは？」と尋ねた。マノは，自分の情緒にラベルを貼ることを厭（いと）ってはいたが，おおむね関心を持ってはいるようだった。

　指導的な技法を取り入れたこの冒険に，私はさらに勇気を得た。マスターベーションを繰り返してしまう理由がまったく分からないと断言し，ただ「好きだから」と言い続けるマノに，私は途方に暮れた。彼は，射精したときの一瞬の快感が，人生の価値を高めるのだと主張する。薬物依存者が次の注射を強く望むように，彼はその一瞬の快感を渇望していた。

　これは，依存的になる過程に関するこれまでの知見からすると，当然のことである。薬物やギャンブル，買い物，アルコール，ポルノグラフィーなど，すべての依存において，ドーパミンシステムが作動する。腹側線条体などの脳内回路の主要な領域は，依存のきっかけになるものを見ただけで活性化する。たとえば，ポルノ依存者はノートパソコンを見ただけで（Brand et al., 2016），アルコール依存者は酒瓶を見ただけで（Kraus et al., 2016），これらの

領域が活性化するのである。

　厄介なことに，ポルノグラフィーには馴化が認められている。画像に慣れることで刺激が弱くなっていき，暴力ものや違法もののような，より興奮する内容を見るようにと駆り立てられる。若い男性がポルノグラフィーを閲覧しすぎると，勃起不全などの性機能障害を患うこともある（Park et al., 2016）。さらに，ポルノグラフィーの閲覧は，欲求充足を先延ばしにする力の低下（Negash et al., 2016）や，共感や実行機能に関する脳内回路の不活性化にも関連すると考えられている。

　人間のドーパミンシステムは，それ相応の理由があって進化してきた。このシステムは，性欲や食欲のように，私たちが生き残り，子孫を残すために必要なことへと駆り立てるものである。しかし，現代のテクノロジーは，人間の進化の過程では備えられていない手口を使って，ドーパミンシステムを乗っ取るかもしれない。悲哀や不安，悲嘆などのネガティブな情緒を含め，現代人が感じることの多くは，私たちの種と同じくらい非常に古くから存在する。魅力的なことに，テクノロジーは新たな刺激的な誘惑をちらつかせて，このようなネガティブな感情を取り除き，苦痛や困難からの一時的な解放を約束するかのような，偽りの希望をもたらす。

　マノは見事なまでに，何が自分の依存のきっかけになるのか自覚していなかった。落ち着きを取り戻す前に，自分の呼吸と身体感覚を意識できるようになるといった指導的な実践には，長い時間を要した。この実践によって，彼は自分の身体の状態と情緒との関連を理解し，そのような情緒と，ポルノグラフィーや過食に向かう動因とを，結びつけることができるようになっていった。幸いなことに，マノは自分自身を知ることに熱心で，不健康だと分かった習慣は制限した。

　臨床的にも，調査・研究の知見（Grubbs et al., 2015）からも，人は苦痛を感じるときに，しばしばポルノグラフィーに向かってしまうことが分かっている。マノのような人の場合，苦悩は，意識的な経験するこころをバイパスし，その引き金となる感情に耐えたり対処したりする可能性を回避する。その代わりに，一瞬にして，依存的習慣へ向かうような再演が見られる。マノにとって変化とは，目を背けてきた依存の発端となる経験に目を向けてそこにとどまるために，反応速度を落とすことを意味していた。たとえば，ポル

ノグラフィーを見る直前に何があったのか，私はマノに尋ねた。彼はやがて，テレビゲームで負けるというような単純な出来事がよくきっかけになっていることに気づき始めた。その後，彼は，このようなきっかけによってかき乱された感情にとどまることができるようになり始めた。

　幸いなことに，マノは8週間のマインドフルネスのトレーニングコースに登録した。彼はますます自分の身体の状態に興味を持つようになり，ヨガや身体を用いた他の実践を始めるまでになった。とはいえ，彼の経験を共にし，彼のこころの状態や情緒に共感しながらも，彼のこころがいかにして彼自身を欺くのかといったことから目をそらさないでいる他者（すなわち私）との経験がなければ，これは十分にうまくはいかなかっただろう。やがてマノは，異性との親密で充実した関係を築き，ポルノグラフィーを手放すようになった。この期間にマノは，他の能力も伸ばした。たとえば，小説をむさぼるように読み始め，それ自体が集中力や共感力，自己調整力を高めていくのに役に立った（Kidd et al., 2016）。また，自然に，情緒豊かな若者に惹きつけられ，真の友情を育んでいった。実際のところ彼は，安定型アタッチメントの関係性において認められるような種々の能力を発達させていった。セラピーを終えるときには，彼は安定した人間関係の中で過ごし，少なくとも約13kgほど体重を落としていた。そして，数カ月の間，マスターベーションをしていなかった。

情緒調整と衝動性

　これらの臨床像に共通する特徴の多くは，情緒調整の困難さである。マノはその典型例で，彼は自分の情緒をほとんど自覚していなかった。当然のことながら，自分が抱く情緒に気づかなければ，誰しもそれを調整することはできない。これは，トラウマを抱えた，非常に警戒心の強い子どもによく見られることである。このような子どもは，共感や感情制御，内省をつかさどる脳の前頭前野の領域との接触が少ない。伝統的なフロイト派の用語で表現するならば，このような患者はイドの衝動に支配されているが，自我はほとんど機能していないと言えるかもしれない（Solms & Panksepp, 2012）。

　欲求充足を先延ばしにできることと，その後の人生でのより良い成果との

関連性は，多くの調査・研究が示している。有名なマシュマロ実験を考案したウォルター・ミシェル（Mischels, 2014）[訳注3] は，実験から約40年後の追跡調査で，目先の満足に飛びつかずに我慢できた幼児ほど，大人になってから良好な恋愛関係に恵まれ，仕事を続け，良い友人関係を持つという傾向を明らかにしている。同様に，1,000人以上の3歳児を対象とした研究（Slutske et al., 2012）では，最も落ち着きがなく，不注意で，反抗的，そして不機嫌な子どもは，成人後，2倍以上の確率でギャンブルに依存する可能性があることを明らかにしている。興味深いことに，IQも社会経済的地位も，これらのことを予測しなかった。

　子どものセルフコントロールは，計算力，読解力，語彙力，そしてSATSテスト[訳注4] の成績を予測する（Sektnan et al., 2010）。さらに，IQよりもはるかに試験の結果を予測する（Duckworth et al., 2011）。1,000人以上の子どもを対象に，32歳まで追跡した別の研究（Moffitt et al., 2011）では，幼い頃のセルフコントロールが，身体的健康や物質依存，経済的成功や犯罪行為を予測することを明らかにしている。繰り返しになるが，IQや社会階級との関連は認められなかった。これらは説得力のある結果である。

　デジタルテクノロジーがもたらす危険性は，脆弱な子どもほどはるかに高くなる。幸運な子どもには，共感してくれる，情緒的に敏感なアタッチメント対象がおり，それが欲求不満や不安などの困難な経験に対処するのを助けてくれ，自己調整や共感，情緒調整が促進される（Kochanska & Kim, 2012）。気質が一定の役割を果たすとしても，安定型アタッチメントはエフォートフル・コントロールを予測する（Meins & Russell, 2011）。ほとんど共感されなかった人は，自身の情緒を調整するのに苦労しやすく，テクノロジーの誘惑にもより脆くなる。

　衝動的な行動の多くは，ストレスやトラウマ，あるいは不確実性をどうにかしようとする防衛的理由から始まることが多い。しかし，衝動的な行動は

---

†3　原文では「Robert Mischels」と書かれているが，マシュマロ実験を考案したのは「ウォルター・ミシェル」であり，引用文献もMischels, W.（2014）となっているため，「Robert Mischels」は誤植であると考え，「ウォルター・ミシェル」と表記した。
†4　Standard Assessment Tests。ナショナルカリキュラムの達成度を測るために，全国一斉に行われるテストのこと。

依存的になる可能性があり，今日ではさまざまな形の依存が存在する。マノやミッチェル，マーシャのような脆弱な人にとって，テクノロジーは深刻な問題を引き起こしうる。これらの問題は，彼らの生育歴や情緒的生活，アタッチメント関係，そしてウェルビーイングの感覚の乏しさに根ざすものである。私はこれらの臨床記述を通して，このことを伝えたかった。ときに私たちは，依存の問題に真っ向から取り組まなければならないが，多くの場合，幸福感が高まり，不安が低減し，自信が向上し，他者への気遣いができるようになり，そして実際にそれを行うことで，依存の影響力は失われていくのである。

非難せずコンテインすることで，スケープゴートを解放する
：学校での治療的仕事に関する考察

Freeing the scapegoat by containing not blaming:
Thoughts on schools-based therapeutic work
(with Becky Hall)

はじめに：誰がクライエントなのだろう

　本章では，専門的なシステムにおいて，最も効果的なレベルで，いかに機能するのかを探求する。これは，30以上の学校で治療的サービスを立ち上げたときに，深く考えなければならないことであった。ある子どもが問題を抱えているという考えと，その子どもに焦点を当てた解決方法の探求との相性が，悪い場合がある。多くの治療的トレーニングは，個人に焦点を当てた仕事に焦点づけられているため，この危険性は増す。また，学校は，子どもの問題は家族のネットワークや学校システムなど，どこか別のところから生じているかもしれないということを，覚えておくのが難しいことも少なくない。

　ある子どもが不適切な振る舞いをしたり，元気がなかったり，あるいは攻撃的であったりした場合，問題は「子どもの中に」あると考え，私たちの仕事は「それらを治すこと」だと想定されることが多い。しかしながら，複雑なケースでは，たとえば，親，教師，専門家間の連携など，そのシステムのいくつかのレベルで機能することが必要になる。教職員が大きなプレッシャーのもとに置かれており，問題の子どもを「連れて行って，解決してくれる」ことをセラピストに期待しているとき，このことは非常に困難になる。

　扱いの難しい子どもがいるのは，教師にとっては骨の折れることである。その子どもの生育歴や生活環境といった厳しい現実について考えるよりは，その子どもが粗暴で混乱しており，投薬が必要かもしれないと見なすほうが楽である。しかしながら，最も手を焼かされる子どもに対してでさえも，子どもの生活状況を理解することで，教師側の見方が和らぐことも多い。

いくつかの例

　マーシャルは，授業を妨害し，ほかの子どもを挑発したり，担任に唾を吐きかけたりする。心理療法士のところに紹介されてきたが，家族と会うことで，重篤な病気を抱える母親と，頼りにならない父親といった，不安定な家庭状況があることが分かった。私たちはその家族と関わり，さまざまなソーシャルサービスに関与してもらった。しかしながら，精神的に打ちひしがれていた担任に，マーシャルの苦境についての理解を伝えたことがおそらく最も役に立った。女性の担任は，マーシャルの攻撃的な防衛の下にある傷つきやすさをはじめて理解し，彼の窮状にこころを動かされるようになった。担任が思いやりを示し，柔和な態度をとるようになったことで，マーシャルの行動と学習に改善が見られた。

　思春期の子どもであっても，拙速に個人セラピーを提供するよりも，その親に会うことが役に立つ場合が多い。以前は優等生だった13歳のシャーリーは，最近になって宿題をしなくなった。心配した学年主任がどうしたのかと尋ねても，初めのうちは取り合わず，そのうち横柄になっていった。シャーリーはセラピストに紹介されてきたが，教師に対するように，セラピストに対しても見くびった態度を見せた。そこで親と連絡を取り，話し合いを持つことになった。母親は泣きながら，シャーリーが親しくしていた彼女の母親（シャーリーの祖母）が心臓発作を起こし，突然に介護が必要になったのだと話した。シャーリーの母親は家を留守にすることが増え，シャーリーや彼女の弟に対して気持ちが向かず，ほとんど何も提供することができなくなっていた。

　父親のほうも，妻の不在の影響を受け，妻に見捨てられたように感じていることを正直に認めた。また，思春期に差しかかった娘の主要な養育者になることに，心許なさを感じていた。さらに，両親とも，シャーリーが自立へと向かっていることについて誤解をしていた。シャーリーは友人と会うことが増え，優しい感じが薄れていた。また，親を必要としていないようにも感じさせていた。そこで，夫婦のためのセッションを提供した。私たちは思春期の子どもの子育ての困難さについて，つまり，自立を認めつつも，彼ら自

身が認める以上にまだ親の関心を必要とする10代の子どもが，「離れていっ
ても親はそこにいる」ということをどう維持するのかについて話し合った。

　母親がもう少し家にいることができるように，調整が行われた。両親は再
び親密さを取り戻し，定期的な家族の時間を優先するようになった。シャー
リーは，当初はそれを嫌がったが，実際には安堵していた。彼女はのちに話
し合いに加わるようになったのだが，その頃には落ち着いており，学年主任
はもう心配していなかった。興味深いことに，彼女の弟も，小学校でトラブ
ルを起こし始め，地域の子ども・思春期精神保健サービス（CAMHS）に紹
介されていたのだが，クリニックが家族に連絡を取る頃までには，状況は落
ち着いていた。学校での親との取り組みは，弟の行動にも「波及効果」をも
たらしたようだった。

　シャーリーの事例に見られるように，セラピストの役割は時に不安をコン
テインすることだが，特にリスクを抱えるケースでは，システムの中の不安
を増大させることもある。ある補助教員は，生徒が描いた暗い調子の絵に不
安を感じた。そこには死と容赦のない破壊，そして暗いイメージが描かれて
いた。描画技術により関心があった美術教師は，このことを見過ごしてい
た。子どもの心理療法士に相談したあと，さらに調べていくと，その生徒が
重い抑うつ状態にあり，自傷もしており，精神科医療への紹介が必要である
ことが分かった。このような介入は，生徒を助けるだけではなく，ほかの子
どもにも当てはまる精神保健上の問題についての理解をももたらす。

　学校における治療的取り組みはしばしば，「問題」を構成する事態を脱構築
することを含む。子どもは，「悪い」「手に負えない」「落ち着きがない」「危
険」などとレッテルを貼られていることがある。しかしながら，私たちが児
童生徒と教職員の恐怖や怒り，傷つきといった複雑な感情に耐え，コンテイ
ンし，意味を見出すことができると，子どものことを，悪いというよりも悲
しんでいる，怒っているのと同じくらいに傷ついている，悪意があるという
よりも苦悩している，そして排除ではなくサポートを必要としていると見る
ことができるようになる。私たちが目指すのは，子どもが純粋にこころに抱
えられていると感じ，自分自身についても，その機関においても，「くつろ
ぐ」ことができると感じられるような環境を醸成していくことなのである。

　経験の浅いセラピストを学校に配属するのは，間違いだと思う。学校での

心理的援助は，経験と専門家としての権威が必要とされる複雑な仕事である。さまざまな機関を横断して連携を取らなければならず，教師や他のあらゆる専門職と情報を共有しなければならない。

　治療職として役に立つには，教職員が子どもを理解するのを助けるという，際立ったコミュニケーションスキルを必要とする。子どもの発達，神経科学，アタッチメントについての理解も役に立つ。精神科的リスクや，子どもの保護が必要なリスクを見定める必要があり，ADHD，自閉症，抑うつ，PTSD，恐怖症に見られる，典型的な特徴を認識する必要もある。そして，そういった事柄に対する最適な対処について知っている必要がある。この仕事は，熟練が必要な仕事なのだ。

　とりわけ重要なのは，教職員の内側に渦巻く強力な情緒を，教職員自身が理解し，持ちこたえるのを助けることである。心理療法士が意味のあることとして受け入れることができる感情には，依存，ライバル心，羨望，怒りや絶望など，さまざまなものがある。一方，教師にとっては，児童生徒や自分自身の中にそういったものを感じるのは困難なことである。しかしながら，学校教職員がこのような原初的な情緒状態に意味を見出し，耐えることができると，驚くような変容が起こる。

　お気に入りの児童が黙り込んで引きこもったことに，意気消沈して腹を立てていたある教師の例を見てみよう。この素晴らしい教師は，傷つき，引きこもってしまい，自分の関心が新しく来た児童に向いたことで，このお気に入りの児童が困惑していることに気がつかないでいたのである。その教師と児童との間の雰囲気が良くなるには，教師がこのことに気がつくだけで十分だった。

　特にうまくいっているモデルとして，ジャクソン（Jackson, 2008）が行っている，管理職や教頭，そして支援職員のための，ワーク・ディスカッション・グループの適用が挙げられる。このグループを活用することで，教職員は子どものことをさまざまに理解し，ともすれば行動化してしまうような感情を処理することができる。また，それによって機関内の力動が変化し，教職員の病欠や離職が減ることさえある。

　要求や目標が増加し続ける状況のなかにいると，じっくりと考えるゆとりは減り，すぐに行動したいという気持ちに駆られる。それゆえ，教職員が児

童生徒に対する強力な反応を処理するのを助け，怒りや不愉快さを引き起こす「不適切な態度」と思われていたことを，子どもの生育歴や現在の生活状況という視点から，より共感的に理解できるようにすることが重要である。このような仕事は，グループといった公式の場のみならず，給湯室や廊下といった非公式の場でも生じるものである。

コートニー：スケープゴートからの脱却

　ある学校で新たなサービスを提供したところ，挑発的な行動をとる子どもが何人か紹介されてきた。最初に紹介されてきた少年には治療を提供したが，親に連絡を取る前に退学になってしまった。順番待ちの次の子どもも，すぐに退学になった。私たちは，子どもが学校で「破壊的」で「問題児」だと見なされるだけではなく，まさにその子どもがいることが学校の「問題」であると見なされるというパターンを見出した。毒物（悪い子ども）があると，ほかの健康なシステムまで汚染されるという考えが生じていたのである。このような投影はしばしば，複雑な背景を持ち，深刻な情緒的問題を抱えながらもスケープゴートにされてきた児童にとっては，ぴったりとはまるフックに吊るされるようなものである。

　次に来た手に負えない子どもは，7歳のコートニーだった。彼女は癇癪持ちで，しばしば母親を求めて泣き，気分屋で，ほかの子どもに食ってかかる。変化に対応するのが苦手で，学業成績は悪かった。彼女は，ぴったりしたジーンズや丈の短いシャツなど，セクシーな服を着ることも多かった。さまざまなソーシャルサービスも関わっており，父親は服役していたことがあった。

　コートニーの両親は，30歳代半ばの労働者階級の白人夫婦であり，さびれた団地に住んでいた。この家庭は，何度も悲劇的な死別を経験するなど，多くの危機を経験していた。事前の話し合いでは，母親は休むことなく話し続け，その間，父親は部屋の中を不安げにうろうろとしていた。時間どおりに話し合いを終えるのが難しかった。ここから，境界の曖昧な，極めて混沌とした家庭状況が分かった。コートニーは放課後のクラブに毎日通い，そのあとは誰の目も届かない屋外で遊んでいた。性的にませた前思春期の子どもと

いう学校での印象とは対照的に，私たちには彼女が愛情を必要とする，よちよち歩きの子どものように見えた。彼女は夜，寝るのを拒み，夜中に風呂に入りたいと言い，四六時中何か食べていた。そして，哺乳瓶を持って両親のベッドで寝ていた。父親は「この子のせいで酒に溺れてしまうんだ」とジョークを言い，母親は「時々，あれ（it）を殺したくなるのよ」と言う。

　コートニーの両親自身も，愛情を必要とする子どものように見えた。彼らに定期的なサポートを提供し，家族と学校との間で，お互いを責め合うのを改善する必要があるように感じられた。

　数週間後に同僚のベッキー[訳注1]との個人面接が始まったときには，コートニーの態度はますます暴力的になり，教職員を「攻撃」し，部屋を「荒らす」ようになっていた。頻繁に停学処分を受け，職員室では彼女の名前が不満と共に語られるようになっていた。たびたび母親を求めて泣いていた小さな女の子は，教職員のこころの中では，脅威を与える危険な存在となっていた。ベッキーはコートニーと会って驚いた。年齢のわりに背が高く，身体も大きいのに，まだ7歳であることに驚いたのだ。彼女は次のように記している。

　　「初期のセッションでは，混沌とした，剥奪された世界に飛び込んだ気がした。コートニーは歯で人形の服を脱がし，家具の上に登り，床に水を撒き，新しいおもちゃを欲しがった。私は，自分が残酷に出し惜しみをしているように感じた。彼女が『こんにちは』や『さようなら』を言えないのは，分離や再会によって引き起こされる感情が強烈であることを示唆していた。コートニーは自身が傷つきやすいと感じることに耐えられず，黙れと叫び，椅子で私を脅して，トイレに駆け込む。私はすぐに『あなたは○○と感じているのかなって，私は思うんだけど』などと，一人称で話しかけることを考え直し，「ベッキーとコートニー」というように，三人称で話しかけ始めた。それによって，彼女の傷つきやすく万能感を含んだ感情に触れていくための別のルートを見つけようとしたのである。『大きなコートニーは，すべて自分ひとりで面倒を見たい

† 1　本章の共著者であるベッキー・ホール（Becky Hall）のこと。

ようね。そして，小さなコートニーは，自分がどのくらいそれができるのか心配しているようね』といったように。このような慎重な言葉選びをすると，彼女はいくらか落ち着きを取り戻した」

　コートニーがクリスマス休暇後に戻ってきたときは，大変だった。家族には新たな死別があり，そのことで苦しんでいた。両親からとても信頼されていた教師は，病休を延長していた。コートニーは定期的に学校の敷地から逃げ出し，特にすることが決まっていない時間を持て余していた。家に帰りたがり，同級生を叩いたり，それをやめさせようとする教職員を攻撃したりした。両親は週に一度の面接を受け，定期的に行われることになったさまざまな機関の専門家との話し合いにも参加した。私たちは，週に一度は，担任と支援職員と連絡を取り合った。その際，私たちは，彼女が懲罰的なシステムのなかで生きていることへの共感を維持しようと努め，彼女のトラウマティックな過去と，混沌とした家族がもたらす衝撃を，教職員らが理解するために協働した。以下は，ある休みのあとのセッションについての，ベッキーの報告である。

　　「教室までコートニーを迎えに行った。彼女はチラッとこちらを見て，一瞬不安げな表情を見せた。私は彼女に微笑みかけ，待った。教室に入ると彼女を刺激してしまうことがたびたびあったので，不安を自覚しながら，ドアのところで待つことにした。すぐにコートニーは大袈裟に腕を組んで，こちらを睨みつけた。教室中がシーンとしたように感じられた。何が起こるのか固唾を飲んで，子どもたちはこちらの様子をじっと見つめていた。私は再びコートニーに微笑みかけ，『こんにちは』と言った。彼女は視線を落とし，私の近くをうろうろしてから教室を飛び出し，ドアをバタンと閉めた。彼女について行きながら，いかに休みが拒絶されているという感情を増幅させたのか，いかにその拒絶を私の中に投影せざるを得ないのかを，私は懸命に想像しようとした。私は目を丸くしてこちらを見ている支援教師の横を通り過ぎた。私の自信は失われつつあった。私は落胆しつつ，セラピールームのドアを開けた。コートニーは，友達と一緒にいたかったと怒った様子でぶつぶつ言いながら，

私に背を向けて立っていた。私はコートニーが感じていると思われることを必死に内省しようとし、また、彼女が自分の感情を理解されていると感じれば、これ以上の大きな再演を食い止めることができるのではないかと望みながら、不機嫌を装って『不公平だよね』とつぶやいた。彼女は振り返り『ほっといてよ』と叫んだ。私は『すごく怒っているね』と、彼女の感情を理解していることを示そうと、彼女の声のトーンを真似て応じた。すると、睨みつけるような表情が薄らぎ、私のことを興味深げに見つめ、それからピアノのところへ行った。彼女は靴を脱ぎ捨て、『赤ちゃんを面倒見ているお母さんの役をして。私は宿題をする大きなお姉ちゃんをやるから』と、明るく言った」

　ベッキーは、報復したり、懲罰的に振る舞ったりすることなく、コートニーの猛攻に耐えた。コートニーは、彼女を理解しようとする試みに興味をひかれ、彼女の「赤ちゃんの」感情が世話をしてもらえていることに対して、肯定的に応答した。しかしながら、教師たちはコートニーの態度を無礼なものと経験しており、「もっと躾ける必要がある」と主張していた。そこには、繊細で傷つきやすいコートニーという視点はなかった。私たちが会っていたその小さな女の子と、教職員集団のこころの中で猛威を振るう恐るべき存在とは、まったく異なっていた。退学にすべきだという声が再び挙がった。コートニーがいなくなれば学校はうまく回っていくはずだという空想がそこにはあった。

　退学の脅威があることで、学校と家族との関係には、徐々に緊張が増していった。両親は再び学校に見捨てられたと感じていた。私たちはミーティングを開き、そこに両親やソーシャルワーカー、校長、学校図書の専門家、そして地域包括サービスの職員が参加した。このミーティングを開いたことで、この事例の情緒的な複雑さについて考えるための包容的なスペースがもたらされた。その効果はすぐに出た。コートニーは毎日学校に通うことができるようになり、両親は面接を再開した。また、学校からは、コートニーの家族がより支援を受けられるようにしてほしいと要請された。私たちが共に取り組んだことで、スプリッティングと投影の力が弱まり、状況は落ち着いた。よくあることだが、大人がコンテインされていると感じると、子どもは

リラックスし，行動は改善する。

　コートニーは，セラピーの時間いっぱい，部屋に居続けられることが増えた。彼女は，セラピストや，学校での自分の居場所に，信頼と自信とを築きつつあった。また，分離やいくらかの苦痛を伴う感情に，より対処することができるようになっていた。

　「これは私の赤ちゃんってことね」と，コートニーは人形を持ち上げて言った。「それと，この子は3週間入院しなければいけないの」。

　「大変。3週間も。とっても長く思えるわ」とベッキーは答えた。コートニーは真剣にうなずいた。「私たちもイースター休暇で，3週間会えないわね。どんな気持ちになる？」とベッキー。

　「実際，私，コンピューターで調べたのよ。そしたら16週もあったの！」とコートニーは答えた。

　ベッキーが「すごく長いこと，置いていかれると感じているようね」と言うと，コートニーはその人形を部屋の向こうに投げつけて，「あなたは私の召使いでしょ。早くこのごちゃごちゃしたのを片づけなさい！」と大声で叫んだ。

　コートニーは，自分の愛情を求める気持ちにも少しずつ耐えられるようになっていた。そのことで，学校生活の別の側面への対処もしやすくなっていた。夏休みのあとも，セラピーについての希望に満ちた感情を維持することができていたようだった。両親との面接も再開し，同時に，私たちは新しい担任とサポート職員とのつながりも定着させていった。以下の記録の抜粋は，ハーフターム休暇[訳注2]直前のものである。彼女は「大金持ちの女性」になって遊んでいた。

　「休みよ。そう，休みに入るの。誰とも一緒には過ごさないけど，欲しいものを何でも買うの」と，コートニーは怒ったように言った。彼女は気取った様子で部屋を歩き回り，サングラスやシルクのスカーフなど，さまざまな「高価な」物を手に取っては放り投げた。休暇を好き勝手に過ごす人物になることで，ベッキーが（ハーフターム休暇で）いなくなってしまうことへのつらい感情に対処しようとしていた。

---

†2　1年は3学期制で，各学期の半ばの1週間は，学校が休みになる。

　「コートニーは，休暇のあともベッキーが戻ってきて，コートニーのこと
を考え続けていったことを，本当に知りたいんだと思う」とベッキーは言っ
た。
　「うるさい」と，コートニーはベッキーのほうを見ずに怒鳴った。
　「おやおや，またベッキーが話しているね」とベッキーは答えた。
　「そして，誰も聞いていないわ」と，人形のゆりかごに覆いをかけながら，
コートニーは腹立たしげに言った。数カ月前なら，彼女はこうしたやり取り
に耐えることができず，部屋を飛び出していたことだろう。休みの間の締め
出される気持ちについて，ベッキーは声に出して言った。「コートニーは，締
め出されるのがどんな気持ちなのか，私に知ってほしいのかもしれないわ
ね」と。コートニーは立ち上がり，ベッキーに向かって来て，ドアを開ける
ふりをした。そして，ベッキーの顔を激しく引っ叩くふりをした。「コート
ニーは，すごく怒っているし，傷ついた気持ちを私に見せてくれているの
ね。そして，その気持ちの面倒が見られるくらい，ベッキーが強いのかどう
か，知りたいと思っているのね」と，ベッキーは言った。
　コートニーは電話を使うふりをして言った。「こっちに来て赤ちゃんの面
倒を見てくれない？　私は出かけるから」。彼女は今では，以前より自分自身
の赤ん坊の部分を受け入れることができるようになっていた。ベッキーが小
さなコートニーの面倒を見ることができるということを，コートニーがどれ
ほど信じることができているのかを，ベッキーは口に出して伝えた。コート
ニーはベッドによじ登り，自分で毛布をかけた。壊れやすい感情と触れ合い
続けている様子が印象的だった。
　「ベッキーがいなくなると，悲しい気持ちになる子がいるのよ」と，ベッ
キーはおそるおそる言った。コートニーは興味深げに顔を上げた。「休みの
あとにベッキーが戻ってくるのか，信じられないのね」と，ベッキーは続け
た。コートニーは毛布から出て，側転とでんぐり返しを始めた。「コートニー
は，急にすごく力がみなぎって元気になった」と，ベッキーは言った。「こ
れ，見て」とコートニーは言い，少なくとも少しの間は，明らかに自信と信
頼と希望とにあふれていた。

　その次の時期になると，彼女が，分離によってかき乱される苦しい感情

に，より耐えることができるようになっている様子が見られた。かつては飛び出したり，「うるさい」と言ったりしていた状況でも，今は「ふう，ハーフターム休暇ってことは分かっているわ」と言うようになっていた。「こんにちは」と言うこともできるようになり，時々ではあるが「さようなら」とさえ言えるようになっていた。教師らは，彼女の感情のこもった言葉に言及するようになり，両親も，コートニーが家で自分たちの「カウンセリングをして」くれていると，冗談を言った。彼女は，自分がセラピストや教職員らのこころの中に存在しているのだという期待を醸成していた。外の世界の混沌が，彼女のこころやセラピーに侵入してくることは劇的に減った。困窮した孤児や，戦時の疎開者になる遊びが演じられた。この遊びは，激しい剥奪感を処理していく舞台となった。

　改まった形ではないが，教職員との連携に多くのエネルギーが費やされた。学習メンターとの非公式の話し合いや，担任との振り返りの時間を持つなど，教職員にコートニーの傷つきやすさについてこころにとどめておいてもらうには，このサービスが目に見え，手に届くところにあることが，極めて重要だった。これにより，彼女に関して教職員が感じるさまざまな不安が軽減された。コートニーとのセッションについては，守秘を守りつつも，教職員と話し合うことで，彼女の気持ちや動機についての理解をいくらか伝えることができた。コートニーの両親は，私たちの存在を評価してくれ，学校とのつなぎ手として役立てた。緊張が高まると，彼らは校長室の外や学校の入り口など，非公式な立ち話の機会を利用した。このような対応が感情的な興奮を冷ますことはままある。

　残念なことに，ベッキーはこのサービスから間もなく去らなければならなくなった。以下の最後のセッションでは，コートニーの成長が明らかに見てとれる。コートニーは，終結によって喚起される感情を果敢（かかん）に処理しようとしていた。

　　「コートニーはプラスティック粘土をトレーから取り出して，それを口の中に放り込み，嚙み始めた。それは荒涼とした光景だった。彼女はためらいもなく，顔をしかめることもなく，嚙んでいた。ベッキーは，セラピーが終わってしまったあとに，コートニーは何を食べたらいいの

か分からないのかもしれないと思った。コートニーは粘土を吐き出して，箱から紙を取り出し，殴り書きをするふりをしながら，『親愛なるベッキーへ。6組は本当にあなたに戻って来てほしいの。あなたは素晴らしい支援者だし，私たちはあなたがいなくなると寂しい。愛を込めて。6組より』と言った。コートニーが，ベッキーがいなくなるのをどれほど寂しく感じているのか，分かってほしいと思っていることを告白したことに，ベッキーは深くこころを打たれた。コートニーは素早く『私じゃないのよ。6組が，よ』と言った。『分かっているわ』とベッキーは答えた。『6組よね』。コートニーはベッキーに紙を渡して，「これに今すぐ返事を書かなきゃ。さあ，どうぞ」と言った。ベッキーは戸惑い，なんと書いてよいか分からなかったが，書き始めた。『お手紙ありがとう。私はずっとここにいることができないの。だけど，あなたたちが私の援助に感謝したいと思っていることは分かりました。それから，私がいなくなるのを寂しいと思っていることも。私はあなたたちのことを，これからもたくさん考えるでしょう。そして，すべてうまくいくように願っています』。当初，コートニーは嬉しそうに聴いていたが，それから『あなたは，戻るわって言うことになってるのよ……』と，途方に暮れた表情で言い，歯を食いしばって，その手紙を半分破いた」

　この終わりは，消化するのには少しつらすぎた。しかしながら，学校でも学校外でも，良い効果は続いた。両親との面接は長い期間続いた。浮き沈みはあったものの，コートニーは普通のセカンダリースクールに進むまで，この学校の中で抱えられたことを，私たちは4年後に知った。幸いなことに，彼女が通うことになった学校にも，私が取り仕切っていた子ども・思春期精神保健サービス（CAMHS）による支援があり，彼女には治療的な取り組みが続けて提供された。傷つきやすい子どもと家族には，特定の時期，特に大きな転機において，特別な支援が必要になることが多々ある。

　コートニーはセラピーで大切なものを得たが，この一対一の作業は，両親や教師，その他の専門家を巻き込まなければ，効果を発揮しなかっただろう。個人セラピーだけでは，コートニーは学校から退学させられる新たなスケープゴートになっていたことだろう。そのかわりに，彼女は理解されたと

感じ，ただ悪いと見なされるのではなく，置かれた状況に反応して傷つき，
混乱しているのだと見てもらえる経験をした。このような子どもがかき立て
る感情に教職員が耐えるのを援助するには，骨の折れる努力が必要である。
奏功すれば，学校全体の文化に変化をもたらすことができる。紹介されてく
る子どもも他の子どもたちも，反応しすぎず，より共感を持って，これまで
とは異なる考え方をしてもらうことができるようになる。個々の子どもだけ
ではなく，システムに注目することで，思慮深く，より決めつけの少ないス
ペースが生み出される。それによって，スプリッティングや投影は最小限に
抑えられ，子どもにとっても当該の機関にとっても，より壊れにくいこころ
の構造が生まれることになる。

おわりに

　アントン・オブホルツァー（Obholzer et.al., 2003）は，教育機関には，子ど
もが未来の社会で生きていくために必要なものを備えてほしいという希望が
込められていると示唆する。学校教職員はここに深く関わるが，厄介な行動
に直面すると，自分たちの営みに唾を吐きかけられるように感じることがあ
る。そして，落胆が生まれ，そこには報復したいという怒りさえ生じる。
　学校での取り組みは，微妙で難しいものであり，だからこそ，このような
仕事には経験豊富なセラピストを雇用するのに十分な理由がある。特別に複
雑なケースや，クリニックには決してたどり着かないケースも多々ある。一
般的な治療の枠組みによって確保される安全感がないなかで，また，学校現
場という安定しない設定において，主に面接室で磨かれた臨床スキルを応用
するのは骨の折れることである。学校をベースとする治療的サービスでは，
個人面接や子どもの詳細な観察，家族・親・教職員・組織との協働，心理学
的発達についてのトレーニング，治療的グループなど，経験，熟練，そして
権限を求められる数々の介入を提供する必要がある。
　こういった課題は，治療的コミュニティで働くのといくらか似ている。セ
ラピーは，セッションで始まりセッションで終わるわけではなく，いつ治療
的取り組みを行っているのか，勤務中なのか勤務外なのか，決して分からな
い。多職種の会合では，そこに飛び交うさまざまな不安を観察する必要があ

り，「孤立しすぎて」いないか，治療者然としすぎていないか，入り込みすぎ
ていないか，あるいは具体的すぎないかなど，私たち自身がどのように振る
舞っているのかについて，注意深く考える必要がある。私たちは，完全に学
校システムの一部となるわけではないが，そこからまったく外れた外部にい
るわけにもいかない。

　子どもは，しばしば周りの大人に，無価値感や憤り，恐怖，傷つきといっ
た強烈な情緒をかき立てる。それが非難とスプリッティングの文化へとつな
がっていくこともある。私たちの仕事の一部は，子どもの行動の意味を理解
し，引き起こされる複雑な感情をコンテインするのを援助することで，この
非難のサイクルを断ち切り，その次に安堵をもたらし，行動化のサイクルを
減少させることである。ともすれば歓迎されない存在だと見なされるかもし
れない子どもが，その機関の中に，そして彼らをケアする大人のこころの中
に居場所を見出すこと，そして，望ましくは自分自身の中に，自分自身の皮
膚の内側に，よりくつろぎを感じられること，また，それによって社会の中
に自分の居場所を作ることができることを願う。このような仕事，そして一
般的なセラピーにおいて，私たちは，「帰属意識から切り離された」(Cooper
& Lousada, 2005) 感覚と抗うために，クライエントや同僚，それに私たち自身
にとっての安全な「住まい」を，こころの内側にも外側にも創造することを
目指すのである。

むすびとして

Concluding thoughts

　本章では，本書の中心的なテーマに関する私の最終的な見解をまとめる。子どもと若者に関わるこれまでの経験について述べ，私が情緒的変化と成長を導くと信じるものの主要な機能を抽出したい。単純化しすぎているかもしれないが，変化の根源は，他者との，そして自分自身との，思いやりのある思慮深い関係にあると私は信じている。胸を揺さぶられるような人生の旅の一部，特に，新しいあり方，思考と感情，新たに具現化された態度，そして新たな関係性の可能性に向かうなど，深遠な変化に伴走するというのは，光栄なことだと感じる。

　情緒的健康に向かうこうした変化は，一般にゆっくりとしたものであり，常に行きつ戻りつするものだが，期待できる発達が伴わないことはない。時には，最も重要な変化は，苦境から逃れるための奮闘ではなく，それを受け入れるのを学ぶことにある。もちろんこれは，自分は何を変えることができるのかを知り，何を変えることができないのかを受け入れるという「ラディカル・アクセプタンス」であり，「識別する知恵」と呼ばれることである。

　面接を通して出会う人たちに対して，個人的な思いを持つのは当然のことである。表に出す顔の下では，私たちは情緒的で情熱的なひとりの人間である。私自身も含めて，私たちの多くは，特有の欠点や何らかの神経症，そして計り知れない矛盾に満ちている。自身の中のこうした側面を受け入れることで，他者の中の同様の傾向に対しても，よりオープンで思いやりを持つことができるようになる。それはつまり，自分自身も，そして面接で出会う人たちも，人生をより十分に体験できるようになること，また，人生で出会うどのようなことに対しても情緒的に開かれているということである。

　これまで面接で出会ってきた人々，つまり深い関係性を築いてきた人々と会えなくなることに，耐えがたい痛みを感じるのは私だけではないことは分

かっている。彼らは私のこころの中で生き続ける。多くは，今後も生きていくうえで何か大切なものを内在化してくれたと分かってはいるが，その後の彼らの人生がどのようなものであるのかを知ることができないのを，悲しいと感じるほどには，私も人間である。

　感傷的にはなりたくない。すべての終結には喪失が伴うが，こうした出会いが引き起こす，強力で情緒的な挑戦が終わるという安堵も含め，得るものもある。このことは，ウィニコットが *Hate in the Countertransference*（「逆転移のなかの憎しみ」）（Winnicott, 1953）で見事に記述しているとおりである。にもかかわらず，最も成功しなかった事例においてさえ，しばしば苦痛を伴いながらも，私は常に何がしかを学び，何がしかを得てきた。

　本書を閉じるにあたって，私は再び，本書に登場してもらった人々の成長・発達のプロセスを抑制していたもの，あるいは促進していたものについて，思いをめぐらせている。たとえば，ネグレクトを受けた子どもがより生命力を持って生きられるようになるためには，そして調整不全の子どもが落ち着きと安寧を感じられるようになるためには，援助が必要であるということについて詳述した。ミスマッチに何とか対応し，そこから立ち直ることの重要性についても述べた。私たちは，攻撃され誹謗されることにも，また愛されることにも耐えねばならない。トラウマに苦しむ人は，実際のトラウマに取り組むことができるようになる前に，普通の希望に満ちた感覚を構築する必要があること，また，暴力的で虐待的な人々の中の加害者と被害者の両方の側面に触れ，その間を綱渡りするように歩まねばならないことについても示した。

　こうした技法の詳細について説明ができていることを望む。また，より個人的な側面について考えられることもある。これは，情緒的成長が生じるようにと，他者に手を差し伸べていこうとするならば，踏み込んでいかねばならない問題である。

　本書の核は，違いを生むのは関係性の質であり，深い出会いの質だという確信である。多くの治療的調査・研究が示してきたように（Wampold & Wampold, 2015），治療同盟は，何にもましてセラピーが成功するかどうかの予測因子である。このような同盟が時々刻々の間主観的な出会いにおいてどのように現れるのか，その主要な側面を明らかにしようとした。その中核

は，これまでの章で学んだとおり，片足を突っ込みながらも，もう片方の足はそこから出ている必要があるということである。出会う人々の苦悩を真に共にしながらも，そこで一緒に迷子になってしまってはいけないのである。

　情緒的に共鳴しすぎることなく，かつ距離がありすぎないことが大切である。共感（compassion）は，過度に共鳴した感情移入（empathy）（Singer & Klimecki, 2014）とは非常に異なるものである。後者は，臨床家の燃え尽きや共感による苦悩（empathic distress）をもたらし，受け手にとって役に立つものではない。しかし，結果に期待しすぎることなく，その人にとっての最善をこころから望むことは役に立つ。これは，その人が感じていることを深く理解し（片足を突っ込み），「共に」感じるために情緒的に十分に共鳴しつつも，同時にもう片方の足をその外側にしっかりと根づかせておくことを意味する。そこで，その体験を省み，代謝し，処理することができるのである。純粋なケアという立場から他者に手を差し伸べはするが，堅固な土台にしっかりと足をつけ，離れすぎたり近づきすぎたりしないでいることが，最善の態度なのである。

　多くの場合，他者との真のつながりを阻害するのは，強力な投影か，私たちの個人的な問題や障害である。私にとってそれは，自分自身や他者の好きになれない性格特性に共感するのに苦労することを意味する。

　最初の二つの章に登場したモリーを見てみよう。いくぶん自閉的で抑うつ的なこの少女も，ついには生き生きとしてきた。彼女の恐怖心と自信の欠如に感情移入するのは容易だった。私は，自分自身の早期の不安定な子ども時代から，こうした自尊心の低さや他者に対する恐れといった感情の傾向についてよく分かっており，また，長年のセラピーのおかげで，こうした自分に対してより共感的になることを学んでいた。おそらく，個人セラピーを受ける前の20歳の頃なら，私は彼女のこうした側面に，当時自分自身に対して感じていたように，不満や苛立ちを感じていたかもしれない。

　彼女の抑うつは大きな困難だった。平常心が揺らぎがちな彼女のあり方は，ほとんど何も彼女を救うことができないかのような，炙られるような絶望に道を明け渡していた。私が真に彼女を助けるためには，彼女の深く暗い寂寥に耐える必要があった。このような絶望的な抑うつに耐え，そこにとどまり，回復することができるということ，そして，こうした暗いトンネルの

終わりには光があるのだと自らを信じる必要があった。そうしてはじめて，私は真に彼女の経験にこころを通わせ，彼女を助けることができたのである。

　同様に，彼女がポジティブな情緒を真に経験するのを助けるためには，活気，喜び，そして積極的で主体的になるということについて，十分に知る必要があった。当初，彼女が絆創膏を貼ってやった動物のぬいぐるみに対して共感してしまったのは，彼女の屈強な面ではなく，壊れやすく，損なわれた内的世界への思いの表れだったのであり，偶然ではなかった。私は，アン・アルヴァレズという素晴らしいスーパーヴァイザーの活気ある存在を必要としていたが，真にモリーを助けるには，自分自身の抑制された恐怖から，より勇気を持って人生に立ち向かう姿勢も必要だったのである。楽しそうにしている彼女と一緒に，部屋の向こう側におもちゃを投げることがいかに困難だったか，しかし同時に，いかに開放的な気持ちになったのか，私は決して忘れることはないだろう。

　その人のこころに近づこうとしたり，ただ単に一緒にいようとしたりすることにはさまざまな困難がついて回る。ある意味で機能不全の家族の中で共感のスキルを磨いた私たちにとっての大きな問題は，他者を気遣う気持ちが強すぎたり，他者を良い気分にすることにあまりにも執着しすぎたりすることである。これは，ビオン（Bion, 1967）が「記憶と欲望」を抱きすぎると述べたことの一部であり，瞑想の伝統の多くが結果に執着しすぎだと警告していることである。ここには，燃え尽きなどのあらゆる危険が伴う。「親切な心遣い」が受け入れられないと，私たちは傷つき，落胆し，拒絶されたと感じたり，不適切だと感じたりする。最も重要なのは，誰かの気分を良くするために自分を変えなければならないというプレッシャーなど，誰も感じたくはないということである。他者と共にいて，純粋にその人にとっての最善を望みつつも，ある特定の結果に過度に執着しないというのは，私たちが培うべき大切なこころのありようである。私は特に，良き同僚とスーパーヴィジョン，そしてマインドフルネスの実践に助けられている。

　問題や精神病理を私たち自身の中に見るよりも，他者のものとして見るという防衛に退却するのは，非常に容易なことである。慇懃無礼は，受ける側としては気分の良いものではない。私たちは皆，それぞれに自分自身の否認

の仕方がある。たとえば，暴力的な若者と会うと，私には彼らのような凶悪な行為はできないと，容易に仮定してしまう。もし，ナチス・ドイツに生まれていたならば，自分はまれにも道徳的に勇気ある者であったはずだと考えるのと同じく，私たちは皆，「自分」にはそのような行為をする能力はないと考えたいものである。とりわけ，ミルグラム実験 (Milgram, 1974) などを見ると，私たちが自身をどう欺くのかは明白である。

　第12章で言及したディロンは，強力な小児性愛衝動を持っていたが，これは私自身の道徳観と私が許容できるもの，そして私の感情移入の能力にとっても挑戦的なものだった。司法領域の患者との仕事では，彼らの中の加害者と被害者の両方に届くことができたときにのみ，うまくいく。彼らの心的現実を揺さぶるのではなく，彼らの窮地に対する共感を，なんとか保持するのである。

　私たちは皆，きょうだい，恋敵，仕事の競争相手，あるいは私たちを不当に扱った人々に対する怒りや殺害的な感情すら持っている。自分の中のそうした憎しみ，羨望，怒り，あるいは絶望のような感情を持つ側面と折り合いをつけ，それらとの親交を深め，「飼いならす」ことによってのみ，私たちは真に他者を助けることができるのである。溝に深くはまっている人が，そこにいるのはどんな感じがすることなのかを，私たちも理解しており，そのような感情を感じることに私たちは耐えることができること，しかし，そのような感情が自分を定義するものではないということを，私たちは知っているということを知る必要がある。精神分析はマインドフルネスと同様に，私たちが当然嫌うようなものにとどまり，それと折り合いをつけるのを助けてくれる。

　先述のとおり，私の最も困難なケースのいくつかは，ネグレクトに関するものである。私たちの多くは，ネグレクトを受けた子どもとの面接で出会う枯れた感覚，遮断性，そして対人関係の希薄さに直面させられる。私たちは情緒的に共鳴する種であり，無味乾燥さに共鳴したり，人間以下に扱われたりするのを好まない。しかし，このような患者と仕事をするためには，私は自分自身の枯れた特性，つまり，脅されると扉を閉めることができる自分の部分，長い間知らない人のところに預けられていたことのある赤ん坊，寄宿学校に入れられた9歳の少年，誰にも「分かってもらえない」思春期青年に

ついて，知る必要があった。これは，自分で自分を守らなければならなかった私であり，半解離状態で反復的な行動に退却することで何とかやり過ごし，生き生きとした情熱的な関係をほとんど諦めかけていた私である。今，私は，かつての私である小さな男の子を理解し，本当に愛していると感じている。そして，これが遮断した子どものこころに届いていくのを助けてくれるのである。

　これは，私が世界に提示したい自分の一面ではない。究極的には，学校で人気者になって，皆に好かれ，陸上競技の才能があり，サッカーも抜群で，多くの科目が良くでき，ユーモアのセンスもあって，思いやりと情熱を持つ少年として見てもらいたい。これもすべて私ではあるが，とはいえ，私はいまだに，ネグレクトを受けた退避する患者のようになってしまう傾向がある。それは，コンピューターに余りにも長い時間を費やすことができる私であり，強迫的に我慢強く，調整ができすぎる私である。自分自身のこうした部分を受け入れ，実際にそれを愛することを学んでこそ，私たちは同じような溝にはまっている人に，私たちの全存在を提供することができるのである。

　こうした自己開示には理由がある。もちろん，この仕事をし，人々が呈する問題を理解し，何が役に立つのかを知るためには，十分な訓練を受ける必要がある。それなしでは，先述のように，彼らが何を必要としているのかを理解することもなく，トラウマを負い，解離した人々との役に立たなかった私の初期の仕事のように，彼らを失望させてしまうことになる。

　また，良いスーパーヴィジョン，頼りにできる同僚，そして仕事に対してオープンに，好奇心と，まさに情熱を保ち続けるける力も必要である。さらには，面接室の外でも十分に豊かな生活が必要である。私は何年にもわたる週に複数回の自分自身の個人心理療法，あるいは分析を受けることなく，この仕事を行うことはできなかった。また，主には，毎日マインドフルネスのために座り，定期的にヨガやジムに通い，ランニングによって得られる至福の時間など，個人的な実践を続けることなしには，この仕事をすることはできなかった。それでもなお，対人関係における親密な出会いこそが，私たちを最も成長させ，何よりも生命への道を再燃させ，保護してくれる。これが，面接室でのはかり知れない恩恵を与えてくれるのである。

　この仕事を行うには，自分自身の最も暗く困難な側面，否認し，無視し，あるいは他者に投影するような側面を開く必要がある。これは実際，私たち自身が深く陥りがちな溝に，自ら入っていくことを意味する。つまり，うまくいくセラピーの根底にある，寛大で共感的ではあるが，断固として正直な関係，そして治療同盟を，他者とも自身とも十分に持つということを意味する。

　治療のプロトコル，技法，方法論，そして諸学派の思考は，役に立ち，また不可欠ですらあるが，決して十分ではない。マニュアルは効果的な技法を示唆することはできても，深いところで他者と出会うことのできる，率直で勇気のある人間になる方法を提案することはできない。むしろ，暗闇の中で模索し，迷子になり，不確実になり，リスクを冒し，正直になり，自身や他者の最も困難な側面にも最も希望に満ちた側面にも，対峙する必要がある。他者との純粋な出会いとは，どう定義しようとも，決して技術やスキルについてではなく，感情に満ち，欠陥もあり，しかし情緒的に開かれた，血の通った人間についてである。結局のところ，自分自身や他者との関係こそが，治癒をもたらしてくれるのである。これをマニュアル化された治療，国のガイドライン，依頼の優先順位，そして黒か白かといった世界の中で保ち続けるのは容易なことではない。他者や自分自身との共感的な関係への深い関与は，クライエントにとって，私たち自身にとって，そして人類の未来のために，極めて必要とされているのだと私は信じている。

文　献

Alvarez, A. (1992) *Live Company*. London: Routledge.
　［千原雅代・中川純子・平井正三訳（2002）．こころの再生を求めて――ポスト・クラ
　イン派による子どもの心理療法．岩崎学術出版社］
Alvarez, A. (1995) Motiveless malignity: Problems in the psychotherapy of psychopathic patients, *Journal of Child Psychotherapy*, 21 (2), pp. 167–182.
　［長谷川昌子訳（2017）．動機のない悪意――サイコパスの特徴を有する患者との心理
　療法における諸問題．脇谷順子監訳　子どものこころの生きた理解に向けて――発達
　障害・被虐待児との心理療法の3つのレベル．金剛出版］
Alvarez, A. (2012) *The Thinking Heart: Three Levels of Psychoanalytic Therapy with Disturbed Children*. Oxford: Routledge.
　［脇谷順子監訳（2017）．子どものこころの生きた理解に向けて――発達障害・被虐待
　児との心理療法の3つのレベル．金剛出版］
Armstrong, D. and Rustin, M. (eds) (2014) *Social Defences against Anxiety: Explorations in a Paradigm*. London: Karnac.
Aron, L. (2001) *A Meeting of Minds: Mutuality in Psychoanalysis*. New York: Analytic Press.
Arsenio, W. F. and Gold, J. (2006) The effects of social injustice and inequality on children's moral judgments and behavior: Towards a theoretical model, *Cognitive Development*, 21 (4), pp. 388–400.
Bakermans-Kranenburg, M. J. and van IJzendoorn, M. H. (2015) The hidden efficacy of interventions: Gene × environment experiments from a differential susceptibility perspective, *Annual Review of Psychology*, 66 (1), pp. 381–409.
Balint, M. (1968) *The Basic Fault: Therapeutic Aspects of Regression*. London: Tavistock.
　［中井久夫訳（1978/2017）．治療論からみた退行――基底欠損の精神分析．金剛出版］
Barkley, R. A. (2012) *Executive Functions: What They Are, How They Work, and Why They Evolved*. New York: Guilford Press.
Bateson, M. C. (1971) The interpersonal context of infant vocalization, *Quarterly Progress Report of the Research Laboratory of Electronics*, 100, pp. 170–176.
Beebe, B., Knoblauch, S., Rustin, J., Sorter, D., Jacobs, T. J. and Pally, R. (2005) *Forms of Intersubjectivity in Infant Research and Adult Treatment*. New York: Other Press.
Beebe, B. and Lachmann, F. M. (2002) *Infant Research and Adult Treatment:*

Co-Constructing Interactions. New York: Analytic Press.
［富樫公一監訳（2008）. 乳児研究と成人の精神分析――共構築され続ける相互交流の
理論. 誠信書房］

Bekhterev, V. M. (1907) *Objective Psychology*. St. Petersburg: Soikin.

Benjamin, J. (1998) *Like Subjects, Love Objects: Essays on Recognition and Sexual Difference*. New Haven, CT: Yale University Press.

Bhanji, J. P. and Delgado, M. R. (2014) The social brain and reward: Social information processing in the human striatum, *Wiley Interdisciplinary Reviews: Cognitive Science*, 5 (1), pp. 61–73.

Bick, E. (1968) The experience of the skin in early object relations, *International Journal of Psycho-Analysis*, 49, pp. 484–486.
［松木邦裕監訳（1993）. 早期対象関係における皮膚の体験. メラニー・クライントゥ
デイ 2　思索と人格病理. 岩崎学術出版社. pp. 45-49.］

Bion, W. R. (1962a) A theory of thinking, *Melanie Klein Today: Developments in Theory and Practice*, 1, pp. 178–186.
［中川慎一郎訳（2007）. 考えることに関する理論. 松木邦裕監訳　再考――精神病の
精神分析論. 金剛出版］

Bion, W. R. (1962b) *Learning from Experience*. London: Heinemann.
［福本修訳（1999）. 精神分析の方法 I　経験から学ぶ. 法政大学出版局］

Bion, W. R. (1967) Notes on memory and desire, *Psychoanalytic Forum*, 2 (3), pp. 271–280.

Bion, W. R. (2013) *Attention and Interpretation: A Scientific Approach to Insight in Psycho-Analysis and Groups*. Oxford: Routledge.

Bisby, M. A., Kimonis, E. R. and Goulter, N. (2017) Low maternal warmth mediates the relationship between emotional neglect and callous-unemotional traits among male juvenile offenders, *Journal of Child and Family Studies*, 26 (7), pp. 1790–1798.

Bischof-Köhler, D. (2012) Empathy and self-recognition in phylogenetic and ontogenetic perspective, *Emotion Review*, 4 (1), pp. 40–48.

Bjorklund, D. F. (2007) *Why Youth Is Not Wasted on the Young: Immaturity in Human Development*. Oxford: Blackwell.

Blair, R. J. R. (2018) Traits of empathy and anger: Implications for psychopathy and other disorders associated with aggression, *Philosophical Transactions of the Royal Society B*, 373, p. 1744. doi: 10.1098/rstb.2017.0155.

Bogdan, R. and Pizzagalli, D. A. (2006) Acute stress reduces reward responsiveness: Implications for depression, *Biological Psychiatry*, 60 (10), pp. 1147–1154.

Bollas, C. (1987) *The Shadow of the Object: Psychoanalysis of the Unthought Known*. London: Free Association Books.
［館直彦監訳（2009）. 対象の影――対象関係論の最前線. 岩崎学術出版社］

Bollas, C. (1989) *Forces of Destiny: Psychoanalysis and Human Idiom*. London: Free Association Books.

Borelli, J. L., Ho, L. C., Sohn, L., Epps, L., Coyiuto, M. and West, J. L. (2016) School-aged children's attachment dismissal prospectively predicts divergence of their behavioral and self-reported anxiety, *Journal of Child and Family Studies*, 26, pp. 1018–1026.

Bos, P. A. (2017) The endocrinology of human caregiving and its intergenerational transmission, *Development and Psychopathology*, 29 (3), pp. 971–999.

Boston Process of Change Group. (2010) *Change in Psychotherapy: A Unifying Paradigm*. New York: W.W. Norton & Company.
［丸田俊彦訳（2011）. 解釈を越えて——サイコセラピーにおける治療的変化プロセス. 岩崎学術出版社］

Bowlby, J. (1969) *Attachment and Loss. Vol. 1, Attachment*. London: Hogarth.
［黒田実郎ほか訳（1991）. 母子関係の理論1 愛着行動（新版）. 岩崎学術出版社］

Brand, M., Snagowski, J., Laier, C. and Maderwald, S. (2016) Ventral striatum activity when watching preferred pornographic pictures is correlated with symptoms of internet pornography addiction, *NeuroImage*, 129, pp. 224–232.

Bråten, S. (1998) *Intersubjective Communication and Emotion in Early Ontogeny*. Cambridge: Cambridge University Press.

Brazelton, T. B. and Cramer, B. G. (1991) *The Earliest Relationship: Parents, Infants, and the Drama of Early Attachment*. London: Karnac.

Britton, R., O'Shaughnessy, M. and Feldman, M. (1989) *The Oedipus Complex Today: Clinical Implications*. London: Karnac.

Bronfenbrenner, U. (2004) *Making Human Beings Human: Bioecological Perspectives on Human Development*. CA: Sage.

Calhoun, L. G. and Tedeschi, R. G. (2014) *Handbook of Posttraumatic Growth: Research and Practice*. Oxford: Routledge.

Carpenter, M., Uebel, J. and Tomasello, M. (2013) Being mimicked increases prosocial behavior in 18-month-old infants, *Child Development*, 84 (5), pp. 1511–1518.

Carr, N. (2011) *The Shallows: What the Internet Is Doing to Our Brains*. New York: Norton.
［篠儀直子（2010）. ネット・バカ——インターネットがわたしたちの脳にしていること. 青土社］

Chiesa, A., Serretti, A. and Jakobsen, J. C. (2013) Mindfulness: Top-down or bottom-up emotion regulation strategy? *Clinical Psychology Review*, 33 (1), pp. 82–96.

Cicchetti, D. (2010) Resilience under conditions of extreme stress: A multilevel perspective, *World Psychiatry*, 9 (3), pp. 145–154.

Coltart, N. (1992) *Slouching towards Bethlehem*. London: Free Association

Books.

Cooper, A. and Lousada, J. (2005) *Borderline Welfare: Feeling and Fear of Feeling in Modern Welfare*. London: Karnac.

Corrigan, E. and Gordon, P.-E. (1995) *The Mind Object*. London: Karnac.

Cozolino, L. (2006) *The Neuroscience of Human Relationships: Attachment and the Developing Social Brain*. New York: W. W. Norton & Co.

Dalley, J. W. and Robbins, T. W. (2017) Fractionating impulsivity: Neuropsychiatric implications, *Nature Reviews Neuroscience*, 18 (3), pp. 158–171.

Damasio, A. R. (1999) *The Feeling of What Happens: Body, Emotion and the Making of Consciousness*. London: Heineman.
〔田中三彦訳（2018）．意識と自己．講談社〕

Damasio, A. R. (2012) *Self Comes to Mind: Constructing the Conscious Brain*. London: Vintage.
〔山形浩生訳（2013）．自己が心にやってくる――意識ある脳の構築．早川書房〕

Davidson, R. J. (2000) Affective style, psychopathology, and resilience: Brain mechanisms and plasticity, *The American Psychologist*, 55 (11), pp. 1196–1214.

Dawkins, R. (2006) *The Selfish Gene*. Oxford: Oxford University Press.
〔日髙敏隆・岸由二・羽田節子・垂水雄二訳（2018）．利己的な遺伝子．紀伊國屋書店〕

DeJong, M. (2010) Some reflections on the use of psychiatric diagnosis in the looked after or 'in care' child population, *Clinical Child Psychology and Psychiatry*, 15 (4), pp. 589–599.

Duckworth, A. L., Quinn, P. D. and Tsukayama, E. (2011) What no child left behind leaves behind: The roles of IQ and self-control in predicting standardized achievement test scores and report card grades, *Journal of Educational Psychology*, 104 (2), pp. 439–451.

Duffell, N. (2000) *The Making of Them: The British Attitude to Children and the Boarding School System*. Bland, R. (ed.) London: Lone Arrow Press.

Eagleman, D. (2011) *Incognito: The Secret Lives of the Brain*. New York: Pantheon.
〔大田直子（2016）．あなたの知らない脳――意識は傍観者である．早川書房〕

Eliot, G. (1985) *The Mill on the Floss. 1860*. Byatt, A. S. (ed.). Harmondsworth: Penguin.

Eluvathingal, T. J., Chugani, H. T., Behen, M. E., Juhasz, C., Muzik, O., Maqbool, M., Chugani, D. C. and Makki, M. (2006) Abnormal brain connectivity in children after early severe socioemotional deprivation: A diffusion tensor imaging study, *Pediatrics*, 117 (6), pp. 2093–2100.

Emanuel, L. (2002) Deprivation× 3, *Journal of Child Psychotherapy*, 28 (2), pp. 163–179.

Fairbairn, W. R. D. (1962) *An Object-Relations Theory of the Personality*. New

York: Basic Books.
［山口泰司（1986/2002）. 人格の精神分析学的研究. 文化書房博文社］
Farb, N., Daubenmier, J., Price, C. J., Gard, T., Kerr, C., Dunn, B. D., Klein, A. C., Paulus, M. P. and Mehling, W. E. (2015) Interoception, contemplative practice, and health, *Frontiers in Psychology*, 6 [online]. doi: 10.3389/fpsyg.2015.00763.
Field, T. (2011) Prenatal depression effects on early development: A review, *Infant Behavior and Development*, 34 (1), pp. 1–14.
Field, T., Diego, M. and Hernandez-Reif, M. (2006) Prenatal depression effects on the fetus and newborn: A review, *Infant Behavior and Development*, 29 (3), pp. 445–455.
Fonagy, P. and Allison, E. (2014) The role of mentalizing and epistemic trust in the therapeutic relationship, *Psychotherapy*, 51 (3), pp. 372–380.
Fonagy, P., Gyorgy, G., Jurist, E. L. and Target, M. (2004) *Affect Regulation, Mentalization, and the Development of the Self*. London: Karnac.
Fonagy, P., Target, M., Cottrell, D., Phillips, J. and Kurtz, Z. (2005) *What Works for Whom? A Critical Review of Treatments for Children and Adolescents*. New York: Guilford.
Ford, T., Vostanis, P., Meltzer, H. and Goodman, R. (2007) Psychiatric disorder among British children looked after by local authorities: Comparison with children living in private households, *British Journal of Psychiatry*, 190 (4), pp. 319–325.
Foucault, M. (2002) *Power: The Essential Works of Michel Foucault 1954–1984* (3rd ed.). London: Penguin.
［小林康夫ほか編（2006）. フーコー・コレクション4　権力・監禁. 筑摩書房］
Fraiberg, S. (1974) Blind infants and their mothers: An examination of the sign system, in: Lewis, M. and Rosenblum, L. A. (eds) *The Effect of the Infant on Its Caregiver*. Oxford: Wiley, pp. 215–232.
Freud, S. (1920/2001) Beyond the pleasure principle, in: Strachey, J. (ed.) *The Standard Edition of the Complete Psychological Works of Sigmund Freud*. London: Vintage, p. 18.
［須藤訓任訳（2006）. 快原理の彼岸. 新宮一成・鷲田清一・道籏泰三・高田珠樹・須藤訓任編　フロイト全集17　1919-1922. 岩波書店］
Fumero, A., Marrero, R. J., Voltes, D. and Peñate, W. (2018) Personal and social factors involved in internet addiction among adolescents: A meta-analysis, *Computers in Human Behavior*, 86, pp. 387–400. doi: 10.1016/j.chb.2018.05.005.
Gazzaniga, M. S. (2006) *The Ethical Brain: The Science of Our Moral Dilemmas*. New York: Harper.
［梶山あゆみ訳（2006）. 脳のなかの倫理――脳倫理学序説. 紀伊國屋書店］

Gelso, C. J. (2010) *The Real Relationship in Psychotherapy: The Hidden Foundation of Chance.* Washington, DC: American Psychological Association.

Gentile, D. A., Swing, E. L., Lim, C. G. and Khoo, A. (2012) Video game playing, attention problems, and impulsiveness: Evidence of bidirectional causality, *Psychology of Popular Media Culture*, 1 (1), pp. 62–70.

Gilbert, P. (2014) The origins and nature of compassion-focused therapy, *British Journal of Clinical Psychology*, 53 (1), pp. 6–41.

Gilligan, J. (2009) Sex, gender and violence: Estela Welldon's contribution to our understanding of the psychopathology of violence, *British Journal of Psychotherapy*, 25 (2), pp. 239–256.

Glasser, M. (1986) Identification and its vicissitudes as observed in the perversions, *International Journal of Psychoanalysis*, 67 (1), pp. 9–17.

Glasser, M. (1992) Problems in the psychoanalysis of certain narcissistic disorders, *International Journal of Psychoanalysis*, 73 (3), pp. 493–503.

Goleman, D. (2006) *Emotional Intelligence.* New York: Bantam.
　［土屋京子訳（1998）．EQ――こころの知能指数．講談社］

Gordon, P. (1999) *Face to Face: Therapy as Ethics.* London: Constable.

Graf, D. L., Pratt, L. V., Hester, C. N. and Short, K. R. (2009) Playing active video games increases energy expenditure in children, *Pediatrics*, 124 (2), pp. 534–540.

Graziano, P. and Derefinko, K. (2013) Cardiac vagal control and children's adaptive functioning: A meta-analysis, *Biological Psychology*, 94 (1), pp. 22–37.

Greenspan, S. I. and Downey, J. I. (1997) *Developmentally Based Psychotherapy.* Madison, WI: International Universities Press.

Griffiths, M. D., Kuss, D. J. and Ortiz de Gortari, A. B. (2017) Video games as therapy: An updated selective review of the medical and psychological literature, *International Journal of Privacy and Health Information Management*, 5 (2), pp. 71–96.

Grubbs, J. B., Stauner, N., Exline, J. J., Pargament, K. I. and Lindberg, M. J. (2015) Perceived addiction to internet pornography and psychological distress: Examining relationships concurrently and over time, *Psychology of Addictive Behaviors*, 29 (4), pp. 1056–1067.

Gullhaugen, A. S. and Nøttestad, J. A. (2012) Under the surface the dynamic interpersonal and affective world of psychopathic high-security and detention prisoners, *International Journal of Offender Therapy and Comparative Criminology*, 56 (6), pp. 917–936.

Guntrip, H. (1995) *Schizoid Phenomena, Object Relations and the Self.* London: Karnac.

Hafiz. (1999) *The Gift: Poems by Hafiz the Great Sufi Master.* New York: Penguin Books.

［黒柳恒男訳（1976）．ハーフィズ詩集．平凡社］

Haglund, M. E. M., Nestadt, P. S., Cooper, N. S., Southwick, S. M. and Charney, D. S. (2007) Psychobiological mechanisms of resilience: Relevance to prevention and treatment of stress-related psychopathology, *Development and Psychopathology*, 19 (3), pp. 889–920.

Hamlin, J. K., Wynn, K. and Bloom, P. (2007) Social evaluation by preverbal infants, *Nature*, 450 (7169), pp. 557–559.

Hatfield, E., Cacioppo, J. T. and Rapson, R. L. (1993) Emotional contagion, *Current Directions in Psychological Science*, 2 (3), pp. 96–99.

Hazell, J. (1996) *H.J.S. Guntrip: A Psychoanalytical Biography*. London; New York: Free Association Books.

Heller, M. and Haynal, V. (1997) The doctor's face: A mirror of his patient's suicidal projects, in: Guimón, J. (ed.) *The Body in Psychotherapy*. Basel, Switzerland: Karger, pp. 46–51.

Henry, G. (1974) Doubly deprived, *Journal of Child Psychotherapy*, 3 (4), pp. 15–28.

Hobson, R. P. and Lee, A. (1989) Emotion-related and abstract concepts in autistic people: Evidence from the British picture vocabulary scale, *Journal of Autism and Developmental Disorders*, 19 (4), pp. 601–623.

Holmes, J. and Slade, A. (2017) *Attachment in Therapeutic Practice*. Thousand Oaks, CA: Sage.

Hughes, D. A. (2007) *Attachment-Focused Family Therapy*. New York: Norton.

Jackson, E. (2008) The development of work discussion groups in educational settings, *Journal of Child Psychotherapy*, 34 (1), pp. 62–82.

Jankowski, K. F. and Takahashi, H. (2014) Cognitive neuroscience of social emotions and implications for psychopathology: Examining embarrassment, guilt, envy, and schadenfreude, *Psychiatry and Clinical Neurosciences*, 68 (5), pp. 319–336.

Jessen, S. and Grossmann, T. (2014) Unconscious discrimination of social cues from eye whites in infants, *Proceedings of the National Academy of Sciences*, 111 (45), pp. 16208–16213.

Johnson, S. C., Dweck, C. S. and Chen, F. S. (2007) Evidence for infants' internal working models of attachment, *Psychological Science*, 18 (6), pp. 501–502.

Joyce, J. (1914/1992) *Dubliners*. Harmondsworth: Penguin.
［柳瀬尚紀（2009）．ダブリナーズ．新潮社］

Kalivas, P. W. and Volkow, N. D. (2014) The neural basis of addiction: A pathology of motivation and choice, *American Journal of Psychiatry*, 162 (8), pp. 1403–1413.

Kasser, T. (2003) *The High Price of Materialism*. Cambridge, MA: MIT Press.

Keats, J. (1899) *The Complete Poetical Works and Letters of John Keats*. Scudder, H. E. (ed.). Boston, MA: Riverside Press.
［中村健二訳（2016）. キーツ詩集. 岩波書店］

Keleman, S. (1975) *Your Body Speaks Its Mind: The Bio-Energetic Way to Greater Emotional and Sexual Satisfaction*. New York: Simon & Schuster.

Kidd, D., Ongis, M. and Castano, E. (2016) On literary fiction and its effects on theory of mind, *Scientific Study of Literature*, 6 (1), pp. 42–58.

Kimonis, E. R., Centifanti, L. C., Allen, J. L. and Frick, P. J. (2014) Reciprocal influences between negative life events and callous-unemotional traits, *Journal of Abnormal Child Psychology*, 42 (8), pp. 1287–1298.

Klein, M. (1946) Notes on some schizoid mechanisms, *International Journal of Psycho-Analysis*, 27, pp. 99–110.
［狩野力八郎・渡辺明子・相田信夫訳（1985）. 分裂機制についての覚書. 小此木啓吾・岩崎徹也責任編訳　メラニー・クライン著作集4　妄想的・分裂的世界. 誠信書房］

Klein, M. (1975) *The Psycho-Analysis of Children*. New York: Delacorte Press.
［小此木啓吾・岩崎徹也責任編訳（1997）. メラニー・クライン著作集2　児童の精神分析. 誠信書房］

Knibbs, C. (2016) *Cybertrauma: The Darker Side of the Internet for Children and Young People*. Cybertrauma Works. [online].

Kochanska, G. and Kim, S. (2012) Toward a new understanding of legacy of early attachments for future antisocial trajectories: Evidence from two longitudinal studies, *Development and Psychopathology*, 1 (1), pp. 1–24.

Koole, S. L. and Tschacher, W. (2016) Synchrony in psychotherapy: A review and an integrative framework for the therapeutic alliance, *Frontiers in Psychology*, 7 [online]. doi: 10.3389/fpsyg.2016.00862.

Kowalski, R. M., Giumetti, G. W., Schroeder, A. N. and Lattanner, M. R. (2014) Bullying in the digital age: A critical review and meta-analysis of cyberbullying research among youth, *Psychological Bulletin*, 4, pp. 1073–1137.

Kraus, S. W., Voon, V. and Potenza, M. N. (2016) Neurobiology of compulsive sexual behavior: Emerging science, *Neuropsychopharmacology*, 41 (1), pp. 385–386.

Krause, A. L., Borchardt, V., Li, M., van Tol, M.-J., Demenescu, L. R. and Strauss, B., Kirchmann, H., Buchheim, A., Metzger, C. D., Nolte, T. and Walter, M. (2016) Dismissing attachment characteristics dynamically modulate brain networks subserving social aversion, *Frontiers in Human Neuroscience*, 10 [online]. doi: 10.3389/fnhum.2016.00077.

Kuhlmeier, V., Wynn, K. and Bloom, P. (2003) Attribution of dispositional states by 12-month-olds, *Psychological Science*, 14 (5), pp. 402–408.

Kujawa, A., Wu, M., Klumpp, H., Pine, D. S., Swain, J. E., Fitzgerald, K. D.,

Monk, C. S. and Phan, K. L. (2016) Altered development of amygdala-anterior cingulate cortex connectivity in anxious youth and young adults, *Biological Psychiatry: Cognitive Neuroscience and Neuroimaging*, 1 (4), pp. 345–352.

Kungl, M. T., Leyh, R. and Spangler, G. (2016) Attachment representations and brain asymmetry during the processing of autobiographical emotional memories in late adolescence, *Frontiers in Human Neuroscience*, 10 [online]. doi: 10.3389/fnhum.2016.00644.

LaFrance, M. (1979) Nonverbal synchrony and rapport: Analysis by the cross-lag panel technique, *Social Psychology Quarterly*, 42, pp. 66–70.

Lambert, M. J. (2005) Early response in psychotherapy: Further evidence for the importance of common factors rather than 'placebo effects', *Journal of Clinical Psychology*, 61 (7), pp. 855–869.

Lee, Y.-K., Chang, C.-T., Cheng, Z.-H. and Lin, Y. (2018) How social anxiety and reduced self-efficacy induce smartphone addiction in materialistic people, *Social Science Computer Review*, 36 (1), pp. 36–56.

Leff, J., Williams, G., Huckvale, M., Arbuthnot, M. and Leff, A. P. (2014) Avatar therapy for persecutory auditory hallucinations: What is it and how does it work? *Psychosis*, 6 (2), pp. 166–176.

Lilliengren, P., Falkenström, F., Sandell, R., Mothander, P. R. and Werbart, A. (2015) Secure attachment to therapist, alliance, and outcome in psychoanalytic psychotherapy with young adults, *Journal of Counseling Psychology*, 62 (1), pp. 1–13.

Lockwood, P. L., Sebastian, C. L., McCrory, E. J., Hyde, Z. H., Gu, X., De Brito, S. A. and Viding, E. (2013) Association of callous traits with reduced neural responses to others' pain in children with conduct problems, *Current Biology*, 23 (10), pp. 901–905.

Lowen, A. (1975) *Bioenergetics*. New York: Coward, McCann & Geoghegan.

Luria, A. R. (1966) *Higher Cortical Functions in Man*. New York: Basic Books.

Lyons, D. M., Parker, K. J., Katz, M. and Schatzberg, A. F. (2009) Developmental cascades linking stress inoculation, arousal regulation, and resilience, *Frontiers in Behavioral Neuroscience*, 3 (32) [online]. doi: 10.3389/neuro.08.032.2009.

Lyth, I. M. (1988) *Containing Anxiety in Institutions*. London: Free Association Books.

McCrory, E. J., Puetz, V., Maguire, E., Mechelli, A., Palmer, A., Gerin, M., Kelly, P., Koutoufa, I. and Viding, E. (2017) Autobiographical memory: A candidate latent vulnerability mechanism for psychiatric disorder following childhood maltreatment, *British Journal of Psychiatry*, 211 (4), pp. 216–222.

McDougall, J. (1992) *Plea for a Measure of Abnormality*. London: Routledge.

McGilchrist, I. (2010) *The Master and His Emissary: The Divided Brain and the*

Making of the Western World. New Haven, CT: Yale University Press.

MacKinnon, N., Kingsbury, M., Mahedy, L., Evans, J. and Colman, I. (2018) The association between prenatal stress and externalizing symptoms in childhood: Evidence from the Avon longitudinal study of parents and children, *Biological Psychiatry*, 83 (2), pp. 100–108. doi: 10.1016/j.biopsych.2017.07.010.

McLaughlin, K. A., Sheridan, M. A., Alves, S. and Mendes, W. B. (2014) Child maltreatment and autonomic nervous system reactivity: Identifying dysregulated stress reactivity patterns by using the biopsychosocial model of challenge and threat, *Psychosomatic Medicine*, 76 (7), pp. 538–546.

McTavish, J. R., MacGregor, J. C., Wathen, C. N. and MacMillan, H. L. (2016) Children's exposure to intimate partner violence: An overview, *International Review of Psychiatry*, 28 (5), pp. 504–518.

Maddi, S. R. (2005) On hardiness and other pathways to resilience, *American Psychologist*, 60 (3), pp. 261–262.

Maheu, F. S., Dozier, M., Guyer, A. E., Mandell, D., Peloso, E., Poeth, K., Jenness, J., Lau, J. Y., Ackerman, J. P., Pine, D. S. and Ernst, M. (2010) A preliminary study of medial temporal lobe function in youths with a history of caregiver deprivation and emotional neglect, *Cognitive, Affective, and Behavioral Neuroscience*, 10 (1), pp. 34–49.

Main, M. and George, C. (1985) Responses of abused and disadvantaged toddlers to distress in agemates: A study in the day care setting. *Developmental Psychology*, 21 (3), pp. 407–412.

Malin, A. J. and Pos, A. E. (2015) The impact of early empathy on alliance building, emotional processing, and outcome during experiential treatment of depression, *Psychotherapy Research*, 25 (4), pp. 445–459.

Márquez, C., Poirier, G. L., Cordero, M. I., Larsen, M. H., Groner, A., Marquis, J., Magistretti, P. J., Trono, D. and Sandi, C. (2013) Peripuberty stress leads to abnormal aggression, altered amygdala and orbitofrontal reactivity and increased prefrontal MAOA gene expression, *Translational Psychiatry*, 3 [online]. doi: 10.1038/tp.2012.144.

Marshall, P. J., Fox, N. A. and Group, B. C. (2004) A comparison of the electroencephalogram between institutionalized and community children in Romania, *Journal of Cognitive Neuroscience*, 16 (8), pp. 1327–1338.

Meins, E. (2012) Social relationships and children's understanding of, in: Siegal, M. and Surian, L. (eds) *Access to Language and Cognitive Development*. Oxford: Oxford University Press, pp. 1134–1145.

Meins, E., Fernyhough, C., Wainwright, R., Gupta, M. D., Fradley, E. and Tuckey, M. (2002) Maternal mind-mindedness and attachment security as predictors of theory of mind understanding, *Child Development*, 73 (6), pp. 1715–1726.

Meins, E. and Russell, J. (2011) Security and symbolic play: The relation between security of attachment and executive capacity, *British Journal of Developmental Psychology*, 15 (1), pp. 63–76.

Meltzer, D. (1975) Adhesive identification, *Contemporary Psychoanalysis*, 11, pp. 289–310.

Meltzer, D. (1976/2018) Temperature and distance as technical dimensions of interpretation, in: Hahn, A. (ed.) *Sincerity and Other Works: Collected Papers of Donald Meltzer*. London: Routledge, pp. 374–386.

Meltzer, D. (2008) *The Psycho-Analytical Process*. London: Karnac.
［松木邦裕監訳（2010）．精神分析過程．金剛出版］

Meltzer, D., Williams, M. H. and Trust, R. H. (1988) *The Apprehension of Beauty: The Role of Aesthetic Conflict in Development, Violence and Art*. Perthshire: Clunie Press.
［細澤仁監訳（2010）．精神分析と美．みすず書房］

Meltzoff, A. N. (1988) Infant imitation and memory: Nine-month-olds in immediate and deferred tests, *Child Development*, 59 (1), pp. 217–225.

Mikulincer, M., Shaver, P. R., Gillath, O. and Nitzberg, R. A. (2005) Attachment, caregiving, and altruism: Boosting attachment security increases compassion and helping, *Journal of Personality and Social Psychology*, 89 (5), pp. 817–839.

Milgram, S. (1974) *Obedience to Authority: An Experimental View*. London: Tavistock.
［山形浩生訳（2012）．服従の心理．河出書房新社］

Milner, M. (1936) *A Life of One's Own*. London: Chatto & Windus.

Mischel, W. (2014) *Marshmallow Test*. New York: Little, Brown & Company.
［柴田裕之訳（2015）．マシュマロ・テスト——成功する子・しない子．早川書房］

Moffitt, T. E., Arseneault, L., Belsky, D., Dickson, N., Hancox, R. J., Harrington, H. L., Houts, R., Poulton, R., Roberts, B. W., Ross, S., Sears, M. R., Thomson, W. M. and Caspi, A. (2011) A gradient of childhood self-control predicts health, wealth, and public safety, *Proceedings of the National Academy of Sciences*, 108 (7), pp. 2693–2698.

Moll, J., Zahn, R., de Oliveira-Souza, R., Krueger, F. and Grafman, J. (2005) The neural basis of human moral cognition, *Nature Reviews Neuroscience*, 6 (10), pp. 799–809.

Morgan, S. P. (2005) Depression: Turning toward life. Mindfulness and psychotherapy, in: Christopher, K., Siegel, R. D. and Fulton, R. (eds) *Mindfulness and Psychotherapy*. New York: Guilford, pp. 130–151.

Morrison, B. (2011) *As If*. London: Granta Books.

Moyers, T. B. and Miller, W. R. (2013) Is low therapist empathy toxic? *Psychology of Addictive Behaviors*, 27 (3), pp. 878–884.

Murray, L. and Cooper, P. (1999) *Postpartum Depression and Child Development.* New York: Guilford.

Music, G. (2005) Surfacing the depths: Thoughts on imitation, resonance and growth, *Journal of Child Psychotherapy*, 31 (1), pp. 72–90.

Music, G. (2009) What has psychoanalysis got to do with happiness? Reclaiming the positive in psychoanalytic psychotherapy, *British Journal of Psychotherapy*, 25 (4), pp. 435–455.

Music, G. (2011) Trauma, helpfulness and selfishness: The effect of abuse and neglect on altruistic, moral and pro-social capacities, *Journal of Child Psychotherapy*, 37 (2), pp. 113–128.

Music, G. (2016) *Nurturing Natures: Attachment and Children's Emotional, Social and Brain Development.* London: Psychology Press.
［鵜飼奈津子監訳（2016）．子どものこころの発達を支えるもの──アタッチメントと神経科学，そして精神分析の出会うところ．誠信書房］

Nathanson, A. (2016) Embracing darkness: Clinical work with adolescents and young adults addicted to sexual enactments, *Journal of Child Psychotherapy*, 43 (3), pp. 272–284.

Negash, S., Sheppard, N. V. N., Lambert, N. M. and Fincham, F. D. (2016) Trading later rewards for current pleasure: Pornography consumption and delay discounting, *Journal of Sex Research*, 53 (6), pp. 689–700.

Nelson, C. A., Westerlund, A., McDermott, J. M., Zeanah, C. H. and Fox, N. A. (2013) Emotion recognition following early psychosocial deprivation, *Development and Psychopathology*, 25 (2), pp. 517–525.

Norcross, J. C. and Karpiak, C. P. (2017) Our best selves: Defining and actualizing expertise in psychotherapy, *The Counseling Psychologist*, 45 (1), pp. 66–75.

Norcross, J. C. and Lambert, M. J. (2014) Relationship science and practice in psychotherapy: Closing commentary, *Psychotherapy*, 51 (3), p. 398.

Oakley, B., Knafo, A., Madhavan, G. and Wilson, D. (eds) (2012) *Pathological Altruism.* Oxford: Oxford University Press.

Obholzer, A. and Roberts, D. V. Z. (eds) (2003) *The Unconscious at Work: Individual and Organizational Stress in the Human Services.* Oxford: Routledge.
［武井麻子監訳（2014）．組織のストレスとコンサルテーション──対人援助サービスと職場の無意識．金剛出版］

Oei, A. C. and Patterson, M. D. (2013) Enhancing cognition with video games: A multiple game training study, *PLoS One*, 8 (3) [online]. doi: 10.1371/journal.pone.0058546.

Ogden, P. (2006) *Trauma and the Body: A Sensorimotor Approach to Psychotherapy.* New York: W. W. Norton & Co.

［日本ハコミ研究所訳（2012）．トラウマと身体——センサリーモーター・サイコセラ ピー（SP）の理論と実践：マインドフルネスにもとづくトラウマセラピー．星和書店］

Ogden, T. H. (1999) *Reverie and Interpretation: Sensing Something Human.* London: Karnac.

［大矢泰士訳（2006）．もの想いと解釈——人間的な何かを感じとること．岩崎学術出 版社］

Ogloff, J. R., Cutajar, M. C., Mann, E., Mullen, P., Wei, F. T. Y., Hassan, H. A. B. and Yih, T. H. (2012) Child sexual abuse and subsequent offending and victimisation: A 45-year follow-up study, *Trends and Issues in Crime and Criminal Justice*, 440 (1), pp. 1836–2206.

Olds, J. and Milner, P. (1954) Positive reinforcement produced by electrical stimulation of septal area and other regions of rat brain, *Journal of Comparative and Physiological Psychology*, 47 (6), pp. 419–427.

Pakulak, E., Stevens, C. and Neville, H. (2018) Neuro-, cardio-, and immunoplasti- city: Effects of early adversity, *Annual Review of Psychology*, 69 (1), pp. 131–156.

Pan, W., Gao, X., Shi, S., Liu, F. and Li, C. (2018) Spontaneous brain activity did not show the effect of violent video games on aggression: A resting-state fMRI study, *Frontiers in Psychology*, 8 [online]. doi: 10.3389/fpsyg.2017.02219.

Panksepp, J. and Biven, L. (2012) *The Archaeology of Mind: Neuroevolutionary Origins of Human Emotion.* New York: Norton.

Park, B. Y., Wilson, G., Berger, J., Christman, M., Reina, B., Bishop, F., Klam, W. P. and Doan, A. P. (2016) Is internet pornography causing sexual dysfunctions? A review with clinical reports, *Behavioral Sciences*, 6 (3) [online]. doi: 10.3390/bs6030017.

Parnell, L., Felder, E., Prichard, H., Milstein, P. and Ewing, N. (2013) *Attach- ment-Focused EMDR: Healing Relational Trauma* (1st ed.). New York; London: W. W. Norton & Company.

Peake, P. K. (2017) Delay of gratification: Explorations of how and why children wait and its linkages to outcomes over the life course, in: Stevens, J. R. (ed.) *Impulsivity: How Time and Risk Influence Decision Making*. Cham: Springer, pp. 7–60.

Perry, B. D., Pollard, R. A., Blakley, T. L., Baker, W. L. and Vigilante, D. (1995) Childhood trauma, the neurobiology of adaptation, and 'use-dependent' devel- opment of the brain: How 'states' become 'traits', *Infant Mental Health Journal*, 16 (4), pp. 271–291.

Peterson, C., Maier, S. F. and Seligman, M. E. P. (1993) *Learned Helplessness: A Theory for the Age of Personal Control.* New York: Oxford University Press.

［津田彰監訳（2000）．学習性無力感——パーソナル・コントロールの時代をひらく理 論．二瓶社］

Piaget, J. (1965) *The Moral Judgement of the Child.* New York: Free Press.

［大供茂（1968/1977）．児童道徳判断の発達．同文書院］

Pinney, R., Schlachter, M. and Courtenay, A. (1983) *Bobby: Breakthrough of an Autistic Child.* London: Harvill.

Porges, S. W. (2011) *The Polyvagal Theory: Neurophysiological Foundations of Emotions, Attachment, Communication, and Self-Regulation.* New York: Norton.

Porto, J. A., Nunes, M. L. and Nelson, C. A. (2016) Behavioral and neural correlates of emotional development: Typically developing infants and infants of depressed and/or anxious mothers, *Journal de Pediatria*, 92 (3), pp. 14–22.

Provenzi, L., Casini, E., de Simone, P., Reni, G., Borgatti, R. and Montirosso, R. (2015) Mother–infant dyadic reparation and individual differences in vagal tone affect 4-month-old infants' social stress regulation, *Journal of Experimental Child Psychology*, 140, pp. 158–170.

Qiao, Y., Xie, B. and Du, X. (2012) Abnormal response to emotional stimulus in male adolescents with violent behavior in China, *European Child and Adolescent Psychiatry*, 21, pp. 193–198.

Rayner, E. (1991) *The Independent Mind in British Psychoanalysis.* New York: Jason Aronson.

Reddy, V. (2008) *How Infants Know Minds.* Cambridge, MA: Harvard University Press.

Reich, W. (1945) *Character Analysis.* New York: Farrar, Straus & Giroux.
［小此木啓吾訳（1995）．性格分析——その技法と理論．岩崎学術出版社］

Rey, H. and Magagna, J. E. (1994) *Universals of Psychoanalysis in the Treatment of Psychotic and Borderline States: Factors of Space-Time and Language.* London: Free Association Books.

Riser, D. K., Pegram, S. E. and Farley, J. P. (2013) Adolescent and young adult male sex offenders: Understanding the role of recidivism, *Journal of Child Sexual Abuse*, 22 (1), pp. 9–31.

Rizzolatti, G., Fogassi, L. and Gallese, V. (2006) Mirrors in the mind mirror neurons, a special class of cells in the brain, may mediate our ability to mimic, learn and understand the actions and intentions of others, *Scientific American*, 295 (5), pp. 54–61.

Roberts, J. A. and David, M. E. (2016) My life has become a major distraction from my cell phone: Partner phubbing and relationship satisfaction among romantic partners, *Computers in Human Behavior*, 54, pp. 134–141.

Roberts, J. A., Pullig, C. and Manolis, C. (2015) I need my smartphone: A hierarchical model of personality and cell-phone addiction, *Personality and Individual Differences*, 79, pp. 13–19.

Rogers, C. R. (1957) The necessary and sufficient conditions of therapeutic personality change, *Journal of Consulting Psychology*, 21 (2), pp. 240–248.

Rosenfeld, H. A. (1987) *Impasse and Interpretation: Therapeutic and Anti-Therapeutic Factors in the Psycho-Analytic Treatment of Psychotic, Borderline, and Neurotic Patients*. Oxford: Routledge.
［神田橋條治監訳（2001）. 治療の行き詰まりと解釈——精神分析療法における治療的／反治療的要因. 誠信書房］

Rudd, K. L., Alkon, A. and Yates, T. M. (2017) Prospective relations between intrusive parenting and child behavior problems: Differential moderation by parasympathetic nervous system regulation and child sex, *Physiology and Behavior*, 180, pp. 120–130.

Rutter, M., Andersen-Wood, L., Beckett, C., Bredenkamp, D., Castle, J., Groothues, C., Kreppner, J., Keaveney, L., Lord, C. and O'Connor, T. G. (1999) Quasi-autistic patterns following severe early global privation, *Journal of Child Psychology and Psychiatry and Allied Disciplines*, 40 (4), pp. 537–549.

Safran, J. D., Muran, J. C. and Proskurov, B. (2009) Alliance, negotiation, and rupture resolution, in: Levy, R. A. and Ablon, J. S. (eds) *Handbook of Evidence-Based Psychodynamic Psychotherapy: Bridging the Gap between Science and Practice*. New York: Springer, pp. 201–225.

Sandler, J. (1993) On communication from patient to analyst: Not everything is projective identification, *International Journal of Psycho-Analysis*, 74, pp. 1097–1107.

Schaverien, J. (2015) *Boarding School Syndrome: The Psychological Trauma of the 'Privileged' Child*. Oxford: Routledge.

Schore, A. N. (1994) *Affect Regulation and the Origin of the Self: The Neurobiology of Emotional Development*. Hillsdale, NJ: Lawrence Erlbaum.

Schore, A. N. (2012) *The Science of the Art of Psychotherapy*. New York: Norton.

Sektnan, M., McClelland, M. M., Acock, A. and Morrison, F. J. (2010) Relations between early family risk, children's behavioral regulation, and academic achievement, *Early Childhood Research Quarterly*, 25 (4), pp. 464–479. doi: 10.1016/j.ecresq.2010.02.005.

Shai, D. and Belsky, J. (2017) Parental embodied mentalizing: How the nonverbal dance between parents and infants predicts children's socio-emotional functioning, *Attachment and Human Development*, 19 (2), pp. 191–219.

Shakespeare, W. (1914) *Macbeth*. Oxford: Oxford University Press.
［安西徹雄訳（2008）. マクベス. 光文社］

Shedler, J. (2018) Where is the evidence for 'evidence-based' therapy? *Psychiatric Clinics of North America*, 41 (2), pp. 319–329.

Sheridan, M. A., Fox, N. A., Zeanah, C. H., McLaughlin, K. A. and Nelson, C. A.

(2012) Variation in neural development as a result of exposure to institutionaliza-
tion early in childhood, *Proceedings of the National Academy of Sciences*, 109
(32), pp. 12927–12932.

Shevrin, H., Smith, W. H. and Fitzler, D. E. (1971) Average evoked response and
verbal correlates of unconscious mental processes, *Psychophysiology*, 8 (2), pp.
149–162.

Singer, T. and Klimecki, O. M. (2014) Empathy and compassion, *Current
Biology*, 24 (18), pp. 875–878.

Sletvold, J. (2014) *The Embodied Analyst: From Freud and Reich to Relationality.*
Oxford; New York: Routledge.

Sliwinski, J., Katsikitis, M. and Jones, C. M. (2017) A review of interactive
technologies as support tools for the cultivation of mindfulness, *Mindfulness*,
8 (5), pp. 1150–1159.

Slutske, W. S., Moffitt, T. E., Poulton, R. and Caspi, A. (2012) Undercontrolled
temperament at age 3 predicts disordered gambling at age 32: A longitudinal
study of a complete birth cohort, *Psychological Science*, 23 (5), pp. 510–516.

Smith, C. E., Chen, D. and Harris, P. (2010) When the happy victimizer says
sorry: Children's understanding of apology and emotion, *British Journal of
Developmental Psychology*, 28 (Pt 4), pp. 727–746.

Smyke, A. T., Zeanah, C. H., Gleason, M. M., Drury, S. S., Fox, N. A., Nelson, C.
A. and Guthrie, D. (2014) A randomized controlled trial comparing foster care
and institutional care for children with signs of reactive attachment disorder,
American Journal of Psychiatry, 169 (5), pp. 508–514.

Solms, M. and Panksepp, J. (2012) The 'id' knows more than the 'ego'
admits: Neuropsychoanalytic and primal consciousness perspectives on the
interface between affective and cognitive neuroscience, *Brain Sciences*, 2
(2), pp. 147–175.

Spitz, R. A. (1945) Hospitalism: An inquiry into the genesis of psychiatric
conditions in early childhood, *Psychoanalytic Study of the Child*, 1, pp. 53–74.

Steiner, J. (1994) Patient-centered and analyst-centered interpretations: Some
implications of containment and countertransference, *Psychoanalytic Inquiry*,
14 (3), pp. 406–422.

Stellar, J. E., Cohen, A., Oveis, C. and Keltner, D. (2015) Affective and
physiological responses to the suffering of others: Compassion and vagal
activity, *Journal of Personality and Social Psychology*, 108 (4), pp. 572–585.

Stern, D. N. (1985) *The Interpersonal World of the Infant.* New York: Basic
Books.
［神庭靖子・神庭重信訳（1989）．乳児の対人世界　理論編．岩崎学術出版社］

Stipek, D. and Gralinski, J. H. (1996) Children's beliefs about intelligence and school performance, *Journal of Educational Psychology*, 88 (3), pp. 397–407.

Symington, N. (1983) The analyst's act of freedom as agent of therapeutic change, *International Review of Psycho-Analysis*, 10, pp. 283–291.

Symington, N. (1993) *Narcissism: A New Theory*. London: Karnac.

［成田善弘監訳（2007）. 臨床におけるナルシシズム――新たな理論. 創元社］

Teicher, M. H. and Samson, J. A. (2016) Annual research review: Enduring neurobiological effects of childhood abuse and neglect, *Journal of Child Psychology and Psychiatry*, 57 (3), pp. 241–266.

Teicher, M. H., Samson, J. A., Anderson, C. M. and Ohashi, K. (2016) The effects of childhood maltreatment on brain structure, function and connectivity, *Nature Reviews Neuroscience*, 17 (10), pp. 652–666.

Tizard, B. and Hodges, J. (1978) The effect of early institutional rearing on the development of 8-year-old children, *Journal of Child Psychology and Psychiatry*, 19 (2), pp. 99–118.

Tomasello, M. (2009) *Why We Cooperate*. Cambridge, MA: MIT Press.

［橋彌和秀訳（2013）. ヒトはなぜ協力するのか. 勁草書房］

Trevarthen, C. (2001) Intrinsic motives for companionship in understanding: Their origin, development, and significance for infant mental health, *Infant Mental Health Journal*, 22 (1–2), pp. 95–131.

Trevarthen, C. (2016) From the intrinsic motive pulse of infant actions to the lifetime of cultural meanings, in: Mölder, B., Arstila, V. and Øhrstrøm, P. (eds.) *Philosophy and Psychology of Time*. New York: Springer, pp. 225–265.

Trevarthen, C. and Hubley, P. (1978) Secondary intersubjectivity: Confidence, confiding and acts of meaning in the first year, in: Lock, A. (ed.) *Action, Gesture and Symbol: The Emergence of Language*. London: Academic Press, pp. 183–229.

Trivers, R. L. (1971) The evolution of reciprocal altruism, *Quarterly Review of Biology*, 46, pp. 35–57.

Tronick, E. (2007) *The Neurobehavioral and Social Emotional Development of Infants and Children*. New York: Norton.

Turkle, S. (2012) *Alone Together: Why We Expect More from Technology and Less from Each Other*. New York: Basic Books.

［渡会圭子（2018）. つながっているのに孤独――人生を豊かにするはずのインターネットの正体. ダイヤモンド社］

Tustin, F. (1992) *Autistic States in Children*. London: Tavistock.

van der Kolk, B. A. (2014) *The Body Keeps the Score*. London: Allen Lane.

［柴田裕之訳（2016）. 身体はトラウマを記憶する――脳・心・体のつながりと回復のための手法. 紀伊國屋書店］

Vanderwert, R. E., Zeanah, C. H., Fox, N. A. and Nelson, C. A. (2016) Normalization of EEG activity among previously institutionalized children placed into foster care: A 12-year follow-up of the Bucharest Early Intervention Project, *Developmental Cognitive Neuroscience*, 17, pp. 68–75.

Viding, E. and McCrory, E. J. (2018) Understanding the development of psychopathy: Progress and challenges, *Psychological Medicine*, 48 (4), pp. 566–577.

Voon, V. and Potenza, M. (2015) Compulsive sexual behaviour: The role of cue reactivity and attentional bias, *Journal of Behavioral Addictions*, 4 (S1), pp. 41–43.

Waller, R. and Hyde, L. W. (2018) Callous-unemotional behaviors in early childhood: The development of empathy and prosociality gone awry, *Current Opinion in Psychology*, 20, pp. 11–16.

Wampold, B. E. and Wampold, B. E. (2015) *The Great Psychotherapy Debate: Models, Methods, and Findings*. Oxford: Routledge.

Weierstall, R., Schalinski, I., Crombach, A., Hecker, T. and Elbert, T. (2012) When combat prevents PTSD symptoms: Results from a survey with former child soldiers in Northern Uganda, *BMC Psychiatry*, 12 (41), pp. 1–8.

Weierstall, R., Schauer, M. and Elbert, T. (2013) An appetite for aggression, *Scientific American Mind*, 24 (2), pp. 46–49.

Wiltermuth, S. S. and Heath, C. (2009) Synchrony and cooperation, *Psychological Science*, 20 (1), pp. 1–5.

Winnicott, D. W. (1953) *Through Paediatrics to Psycho-Analysis: Collected Papers*. New York: Basic Books.
［北山修監訳（2005）．小児医学から精神分析へ——ウィニコット臨床論文集．岩崎学術出版社］

Winnicott, D. W. (1965) *The Maturational Processes and the Facilitating Environment: Studies in the Theory of Emotional Development*. London: Hogarth Press.
［牛島定信監訳（1977）．情緒発達の精神分析理論．岩崎学術出版社］

Winnicott, D. W. (1971) *Playing and Reality*. New York: Basic Books.
［橋本雅雄・大矢泰士訳（2015）．遊ぶことと現実（改訳）．岩崎学術出版社］

Wood, H. (2013) Internet pornography and paedophilia, *Psychoanalytic Psychotherapy*, 27 (4), pp. 319–338.

Yakeley, J. (2009) *Working with Violence: A Contemporary Psychoanalytic Approach*. London: Palgrave Macmillan.

Zieber, N., Kangas, A., Hock, A. and Bhatt, R. S. (2014) Infants' perception of emotion from body movements, *Child Development*, 85 (2), pp. 675–684.

Zych, I., Baldry, A. C. and Farrington, D. P. (2017) School bullying and cyberbullying: Prevalence, characteristics, outcomes, and prevention, in: Hasselt, V. and Bourke, V. B. (eds.) *Handbook of Behavioral Criminology*. New York: Springer, pp. 113–138.

監訳者あとがき

　Graham Music 先生のご著書 *Nurturing Children* の翻訳書，『トラウマを抱える子どものこころを育むもの——アタッチメント・神経科学・マインドフルネスとの出会い』が，ようやく日本の読者の皆さんに届けられる次第となり，喜びもひとしおです。

　思い起こせば，2020年8月，Covid-19のパンデミックの最中に，本書の翻訳企画は立ち上がりました。翻訳者の一人である安達が，2019年に出版された原著をいち早く通読し，この本に描かれている内容の臨床的意義を強く訴えたことから，この企画は動き始めました。そこへ本書に魅了された有志が集い，訳出を進めていきました。翻訳者は皆，精神分析的心理療法に惹かれ，何らかの形でその訓練を受けている，子どもの臨床に関わる臨床心理士ですが，職場はさまざまです。それでも本書に描かれている Music 先生の臨床の実際に触れ，皆一様にその圧倒的な臨場感に感銘を受け，それぞれの職場で，本書に描かれているような臨床技法をいかに応用できるかについて思いを馳せています。何より我々が，楽しみながら訳出作業を行えたことが，本書の臨床的価値を物語っているように思います。本書の中で取り上げられているオーソドックスな精神分析理論から，アタッチメント理論，脳神経科学，身体的側面，新たなテクノロジー，学校現場などに関する多岐にわたる臨床例が，臨床家に必要な知識や技法をアップデートしてくれることでしょう。そして，そのために必要な訓練にも読者の目は向かうかもしれません。

　本書の訳出や監訳をする間，私はタビストック・クリニックの観察コースの訓練生だったのですが，Music 先生の講義を受講できる Child Development Research という講座は，パンデミックの影響であいにくすべてオンラインで実施され，対面での受講は叶いませんでした。しかし，オンラインであっても，Music 先生の圧倒的知識量と臨床経験から，精神分析理論と幅広い調査・研究とが私の中で「つがう」感覚を何度も体験することができました。この講義は，前作にあたる『子どものこころの発達を支えるもの——アタッ

チメントと神経科学，そして精神分析の出会うところ』をベースに行われていたのですが，たとえば「関係性のなかに生まれてくる（Born to relate）」という内容のなかで，ビオンが提唱した精神分析の概念である，生来的に他者や対象とのつながりを希求するという「前概念」が，いかに発達研究から裏付けられるものであるかを学ぶことができました。そしてさらに本書には，そういった関係性を剥奪され，「前概念」と現実とが「つがわなかった」子どもたちの，セラピーを通じてそれらが「つがう」具体的な臨床例が，鮮やかに描写されていると言うことができるでしょう。

　本書の訳出は丸2年かけて完了しました。その間，パンデミックを経て社会構造が大きく変化し，臨床スタイルも変革を余儀なくされました。対面での臨床からオンラインへの移行，あるいはハイブリット化などはその際たる変化でしょう。このような変化のなか，Music 先生がどのように子どもにアプローチされたのかに関心を抱く日本の読者も多いかもしれません。本書には，時代や支援対象のニーズに沿ったアプローチを追い求める気持ちを，インスパイアしてくれる力が宿っているように思います。本書を通じて，新たな臨床的発想や取り組みが生まれてくるかもしれません。もちろん，それは日々の臨床実践や知識のアップデート，そして訓練の上に積み上がっていくものであると思いますが。

　訳出にあたり，著者 Music 先生の意図をミスリードしないように，そして，なるべく分かりやすい日本語になるように，推敲を重ねました。ぜひ，前作『子どものこころの発達を支えるもの——アタッチメントと神経科学，そして精神分析の出会うところ』とともに，本書が多くの子どもに関わる人たちに読まれ，より良い支援の一助となることを期待してやみません。

　2022年　初夏

　　　　　　　　　　　　　　　　　　　　　　　　　　　　藤森 旭人

人名索引

ア　行

アインシュタイン（Einstein, A.）⋯⋯⋯6
アーセニオ（Arsenio, W. F.）⋯⋯⋯160
アルヴァレズ（Alvarez, A.）⋯⋯⋯28, 40, 42, 44, 68, 69, 71, 104, 105, 117, 129, 156, 162, 222
イーグルマン（Eagleman, D.）⋯⋯⋯197
ウィニコット（Winnicott, D. W.）⋯⋯⋯4, 8, 21, 26, 30, 31, 51, 53, 54, 56, 71, 75, 107, 120, 121, 122, 127, 220
エマニュエル（Emanuel, L.）⋯⋯⋯103
エリオット（Eliot, G.）⋯⋯⋯11
オグデン（Ogden, P.）⋯⋯⋯62, 112
オブホルツァー（Obholzer, A.）⋯⋯⋯217

カ　行

カー（Carr, N.）⋯⋯⋯196
ガザニガ（Gazzaniga, M. S.）⋯⋯⋯89
ガントリップ（Guntrip, H.）⋯⋯⋯122
キーツ（Keats, J.）⋯⋯⋯17
ギルバート（Gilbert, P.）⋯⋯⋯8, 109, 110, 151
クライン（Klein, M.）⋯⋯⋯31, 80, 174
グラッサー（Glasser, M.）⋯⋯⋯162
ケールマン（Keleman, S.）⋯⋯⋯130
コゾリーノ（Cozolino, L.）⋯⋯⋯113
ゴードン（Gordon, P. -E.）⋯⋯⋯123, 185
コリーガン（Corrigan, E.）⋯⋯⋯123
コルタート（Coltart, N.）⋯⋯⋯114

サ　行

シミントン（Symington, N.）⋯⋯⋯36, 114
ジャクソン（Jackson, E.）⋯⋯⋯208
ショアー（Schore, A. N.）⋯⋯⋯90
スターン（Stern, D. N.）⋯⋯⋯8
ソルム（Solms, M.）⋯⋯⋯75

タ　行

タークル（Turkle, S.）⋯⋯⋯196
タスティン（Tustin, F.）⋯⋯⋯25, 65
ダマシオ（Damasio, A. R.）⋯⋯⋯90, 125, 133, 134, 200
デイビットソン（Davidson, R. J.）⋯⋯⋯42
デカルト（Descartes, R.）⋯⋯⋯121
トレヴァーセン（Trevarthen, C.）⋯⋯⋯32, 184
トロニック（Tronick, E.）⋯⋯⋯38, 45

ナ　行

ネイサンソン（Nathanson, A.）⋯⋯⋯158
ノークロス（Norcross, J. C.）⋯⋯⋯11

ハ　行

バークレー（Barkley, R. A.）⋯⋯⋯71, 74, 75
バリント（Balint, M.）⋯⋯⋯122, 144
パンクセップ（Panksepp, J.）⋯⋯⋯75
バン・デル・コルク（van der Kolk, B. A.）⋯⋯⋯154
ピアジェ（Piaget, J.）⋯⋯⋯184
ビオン（Bion, W. R.）⋯⋯⋯17, 22, 57, 77, 222
ビック（Bick, E.）⋯⋯⋯38, 121
ピニー（Pinney, R.）⋯⋯⋯3, 4, 5, 7
ビービー（Beebe, B.）⋯⋯⋯30
ヒューブリー（Hubley, P.）⋯⋯⋯32
ビョークランド（Bjorklund, D. F.）⋯⋯⋯43
フェアバーン（Fairbairn, W. R. D.）⋯⋯⋯148
フォナギー（Fonagy, P.）⋯⋯⋯56, 57
フライバーグ（Fraiberg, S.）⋯⋯⋯106
ブラーテン（Bråten, S.）⋯⋯⋯184

フランクル（Frankl, V. E.）…………*70*
ブリトン（Britton, R.）………………*31*
フロイト（Freud, S.）……*48, 70, 71, 125*
ベクテレフ（Bekhterev, V. M.）………*70*
ペリー（Perry, B. D.）…………*8, 109*
ヘンリー（Henry, G.）………………*103*
ボウルビィ（Bowlby, J.）………………*63*
ポージェス（Porges, S. W.）……*70, 120, 125, 127*
ボストン変化プロセスグループ………*69*
ホブソン（Hobson, R. P.）……………*29*
ホームズ（Holmes, J.）………………*57*
ボラス（Bollas, C.）…………*41, 112, 113*

マ　行

マクギルクリスト（McGilchrist, I.）…………………………*89, 90, 91*
マクドゥーガル（McDougall, J.）……*112*
マックロリー（McCrory, E. J.）………*70*
ミシェル（Mischels, M.）……………*203*

ミルナー（Milner, M.）………………*124*
メイン（Mein, E.）……………………*56*
メルツァー（Meltzer, D.）………*20, 44*
モーガン（Morgan, S. P.）……………*114*

ラ　行

ライヒ（Reich, W.）……………………*130*
ラター（Rutter, M.）…………………*109*
ラックマン（Lachmann, F. M.）………*30*
リー（Lee, A.）…………………………*29*
リス（Lyth, I. M.）……………………*10*
ルリア（Luria, A. R.）…………………*70*
ローウェン（Lowen, A.）………………*130*
ロジャーズ（Rogers, C. R.）……………*6*
ローゼンフェルト（Rosenfeld, H. A.）
……………………………………*82*

ワ　行

ワムポルド（Wampold, B. E.）…………*11*

事項索引

ア　行

アセスメント‥‥‥‥‥‥‥‥‥‥‥‥ 37
アタッチメント‥‥‥‥‥‥‥‥‥‥‥ 47
　安全な――‥‥‥‥‥‥‥‥‥‥ 31, 54
　安定型――‥‥‥‥‥ 71, 81, 178, 184, 202
　安定した――‥‥‥‥ 17, 57, 59, 178, 195,
　196
　アンビヴァレント型――‥‥‥‥ 49, 50,
　54, 82, 105, 183
　回避型――‥‥‥‥‥‥‥‥ 87, 88, 105
　回避型・軽視型――‥‥‥‥‥‥‥ 88
　回避型の脱活性化――‥‥‥‥‥‥ 82
　回避的――‥‥‥‥‥‥‥‥‥ 103, 178
　拒絶的――‥‥‥‥‥‥‥‥‥‥‥ 88
　軽視型――‥‥‥‥‥‥‥‥‥‥‥ 88
　適応的な――‥‥‥‥‥‥‥‥‥‥ 55
　不安型――‥‥‥‥‥‥‥‥‥‥ 178
　不安定型――‥‥‥‥‥‥‥‥ 47, 49
　不安定-アンビヴァレント型――‥‥‥ 49
　不安定-回避型――‥‥‥‥‥‥‥‥ 49
　不安定な――‥‥‥‥ 30, 55, 178, 197
　無秩序型――‥‥‥‥‥ 49, 56, 58, 62
　――関係‥‥‥‥‥‥‥‥‥‥‥ 204
　――行動‥‥‥‥‥‥‥‥‥‥‥ 107
　――対象‥‥‥‥‥‥‥ 17, 88, 91, 203
　――理論‥‥‥‥‥‥‥ 14, 47, 104
アチューンメント‥‥‥ 6, 8, 12, 13, 14, 45
アルファ機能‥‥‥‥‥‥‥‥‥‥‥ 77
安心の基地‥‥‥‥‥‥‥‥‥ 7, 39, 57
安全地帯‥‥‥‥‥‥‥‥‥‥‥‥‥ 62
EMDR（眼球運動による脱感作と再処理
　法）‥‥‥‥‥‥‥‥‥‥‥ 140, 141
生きた仲間‥‥‥‥‥‥‥‥‥‥‥ 104
生きている仲間‥‥‥‥‥‥‥‥‥ 118
イド‥‥‥‥‥‥‥‥‥‥‥‥‥ 71, 202
意味形成の仲間‥‥‥‥‥‥‥‥‥ 184

意味づけをする仲間‥‥‥‥‥‥‥ 109
陰性‥‥‥‥‥‥‥‥‥‥‥‥‥‥ 141
　――転移‥‥‥‥‥‥‥‥‥‥‥ 141
ADHD（注意欠陥多動性障害）‥‥‥ 10, 59,
　71, 197, 208
延滞模倣‥‥‥‥‥‥‥‥‥‥‥‥ 116
オキシトシン‥‥‥‥‥‥‥‥‥‥ 109
思いやり‥‥‥‥‥‥ 3, 4, 13, 16, 172, 179
親子面接‥‥‥‥‥‥‥‥‥‥‥‥ 106
穏和‥‥‥‥‥‥‥‥‥‥‥‥‥‥ 151

カ　行

快感原則‥‥‥‥‥‥‥‥‥‥‥‥‥ 48
解離‥‥‥‥‥‥ 15, 136, 140, 153, 154, 165,
　225
　――性遁走‥‥‥‥‥‥‥‥‥‥ 150
学習性無力感‥‥‥‥‥‥‥‥‥ 26, 36
過量服薬‥‥‥‥‥‥‥‥‥‥‥‥ 145
考える人なき思考‥‥‥‥‥‥‥‥‥ 67
感情移入‥‥‥‥‥‥‥‥‥‥ 22, 23, 25
記憶‥‥‥‥‥‥‥‥‥‥‥‥‥‥‥ 75
気づく他者‥‥‥‥‥‥‥‥‥‥‥ 128
『基底欠損』‥‥‥‥‥‥‥‥‥‥‥ 144
機能不全家族‥‥‥‥‥‥‥‥‥‥‥ 49
基本的信頼感‥‥‥‥‥‥‥‥‥‥‥ 39
奇妙に対象が不在‥‥‥‥‥‥‥‥ 112
逆転移‥‥‥‥‥‥‥‥‥‥ 12, 114, 130
　――のなかの憎しみ‥‥‥‥‥‥ 220
脅威システム‥‥‥‥‥‥‥ 56, 110, 151
共感‥‥‥‥‥‥ 3, 4, 6, 8, 11, 14, 23, 38, 47,
　59, 61, 62, 89, 90, 141, 151, 172,
　178, 179, 181, 183, 184, 201, 202,
　209, 221, 222
　――性‥‥‥‥‥‥‥‥ 13, 59, 167, 196
　――的‥‥‥‥‥‥ 68, 170, 172, 177, 185
　――レベル‥‥‥‥‥‥‥‥‥ 3, 203
共存症‥‥‥‥‥‥‥‥‥‥‥‥‥‥ 10

共同注視‥‥‥‥‥‥‥‥‥‥‥‥*104*
ゲーム依存‥‥‥‥‥‥‥‥‥‥*186*
原-会話‥‥‥‥‥‥‥‥‥‥‥‥*24*
健康への逃避‥‥‥‥‥‥‥‥‥*86*
原-叙述の指差し‥‥‥‥‥‥‥*107*
原-要求‥‥‥‥‥‥‥‥‥‥‥‥*107*
コア・コンプレックス‥‥‥*160, 162, 166,*
　170, 171, 190, 191
行為障害‥‥‥‥‥‥‥‥‥‥*10, 59*
行為の主体の感覚‥‥‥‥‥‥*104*
交感神経系‥‥‥*57, 62, 68, 101, 141, 142,*
　154, 166
互恵性‥‥‥‥‥‥‥‥‥*27, 115, 116*
こころへの関心‥‥‥‥‥*30, 56, 106*
コンテイナー‥‥‥‥‥‥‥‥*78*
コンテイン‥‥‥‥*32, 57, 207, 212, 218*
コンテインメント‥‥‥‥*16, 22, 57, 77*
コンパッション・フォーカスト・セラピー
　（CFT）‥‥‥‥‥‥‥‥*8, 109, 140*

サ　行

再演‥‥‥‥‥‥‥‥*180, 182, 183, 201*
再生‥‥‥‥‥‥‥‥‥‥‥*40, 42, 69*
再体験‥‥‥‥‥‥‥‥‥‥‥‥*20*
サイバートラウマ‥‥‥‥‥‥*189*
サディズム‥‥‥‥‥‥*116, 156, 159*
サド・マゾ‥‥‥‥‥‥‥‥*162, 190*
左脳‥‥‥‥‥‥‥‥‥‥‥‥‥*42*
産後うつ‥‥‥‥‥‥‥‥‥‥‥*199*
3サークルモデル‥‥‥‥‥*151, 152*
三重の剝奪‥‥‥‥‥‥‥‥‥‥*103*
自我‥‥‥‥‥‥‥‥‥‥‥*70, 202*
識別する知恵‥‥‥‥‥‥‥‥*219*
自己‥‥‥‥‥‥‥‥‥‥‥‥‥*56*
　安楽な――‥‥‥‥‥‥‥‥*120*
　偽りの――‥‥‥‥‥‥‥‥*51*
　本当の――‥‥‥‥‥‥*46, 51, 108*
　――調整‥‥‥‥‥‥*68, 125, 128*
　――包容的‥‥‥‥‥‥‥‥*103*
視座‥‥‥‥‥‥‥‥‥‥‥*140, 146*

自傷行為‥‥‥‥‥‥‥*50, 51, 85, 145*
自身での授乳‥‥‥‥‥‥‥‥*106*
実行機能‥‥‥‥*68, 69, 70, 71, 72, 74, 75,*
　80
　――障害‥‥‥‥‥‥‥‥‥*70*
自閉症‥‥‥‥‥‥‥‥‥‥‥*3, 208*
　――スペクトラム‥‥‥‥*10, 24, 59*
シャーデンフロイデ‥‥‥‥‥*158*
社会的参照‥‥‥‥‥‥‥‥‥*104*
象徴化‥‥‥‥‥‥‥‥‥‥‥‥*33*
情緒的伝染‥‥‥‥‥‥‥‥‥*114*
小児性愛‥‥‥‥‥‥‥‥‥‥*193*
小脳扁桃‥‥‥‥‥‥‥‥‥*161, 166*
自律神経系‥‥‥‥‥‥‥*125, 127, 142*
シンクロニー‥‥‥‥‥‥‥‥*12*
　対人的身体的――‥‥‥‥‥*11*
進化心理学‥‥‥‥‥‥‥‥‥‥*8*
神経科学‥‥‥‥‥‥‥‥‥*8, 58,*
神経生物学‥‥‥‥‥‥‥‥‥‥*9*
心身二元論‥‥‥‥‥‥‥‥‥*121*
心的皮膚‥‥‥‥‥‥‥‥‥‥‥*54*
親和システム‥‥‥‥‥‥‥‥*151*
スキゾイド‥‥‥‥‥‥‥‥‥*89*
　古典的な――‥‥‥‥‥‥‥*92*
スケープゴート‥‥‥‥‥*16, 203, 209*
スティル・フェイス‥‥‥‥*38, 102*
ストレンジ・シチュエーション法‥‥‥*88,*
　110
スプリッティング‥‥‥*148, 212, 217, 218*
精神分析‥‥‥‥*iii, iv, v, 7, 8, 29, 45, 112,*
　116, 128, 139, 141, 223
摂食障害‥‥‥‥‥‥‥‥‥‥‥*90*
セラピスト中心‥‥‥‥‥‥‥*23*
セロトニン‥‥‥‥‥‥‥‥‥*109*
前概念‥‥‥‥‥‥‥‥‥‥‥*119*
前頭前皮質‥‥‥‥‥‥*70, 109, 146*
前頭前野‥‥‥‥‥‥*68, 69, 115, 202*
前頭葉‥‥‥‥‥‥‥‥*68, 70, 110*
　脳の――‥‥‥‥‥‥‥‥‥*154*
　――前部ワークアウト‥‥‥‥*197*

潜伏期·····························139
躁···························131, 145
　——的·························151
ソーシャルメディア·········16, 190
側坐核·······················158, 187
ソマティック・マーカー·············90
存在し続けること·······31, 121, 122, 125,
　127, 134

タ　行

退行·····························121
耐性の窓·········62, 141, 142, 151, 154
第二の天性·························125
第二の皮膚········38, 113, 121, 122, 134
他者に関心を引かれない·········28, 105
脱感作·····························143
探索システム·····················155
治療同盟··········3, 6, 10, 11, 13, 21, 220
鎮静·····························151
　——システム·········110, 151, 155
つまずき·························121
デジタルテクノロジー·······186, 188, 196,
　203
転移···············21, 87, 94, 137, 167
同一化·················29, 42, 60, 65
投影·········7, 59, 77, 82, 148, 174, 176,
　179, 209, 212, 217, 225
統合失調症·························66
統合的心理療法·····················130
闘争−逃走反応·····················125
闘争−逃走システム·················127
とうにでもなれボタン·········158, 199
ドーパミン·······109, 158, 159, 187, 200,
　201
トラウマ·········iv, 9, 15, 57, 68, 69, 70,
　102, 135, 166, 181, 184, 202, 220

ナ　行

内在化·······················81, 148
内的作業モデル·················48, 63

内的対象···············29, 42, 141, 192
　良い——···············31, 128, 141
内的に死んでいる·················101
二次的間主観性·····················32
二重の剥奪·························103
ニューロセプション·················70
認識論的警戒·······················56
認識論的信頼·······················56
ネガティブ・バイアス·················48
ネグレクト·········ii, 14, 49, 64, 101, 178,
　220, 223, 224
ネットいじめ·····················189
脳·········59, 70, 89, 109, 126, 133, 158,
　196
ノルモティック·····················112
ノルモパス·························112

ハ　行

背側迷走神経···············127, 142, 154
灰白質·······················109, 110
発達科学·······················104, 120
引きこもる·····23, 28, 34, 103, 105, 186,
　190, 208
左半球···············82, 90, 222, 225
　——のストーリーテラー·············89
PTSD···················76, 158, 208
一人で存在すること·················127
否認···············82, 89, 222, 225
病理的利他主義·····················52
副交感神経系·······················141
腹側線条体·······················158, 200
負の能力·························17
フラッシュバック·········15, 76, 135, 136,
　139, 140, 150, 152
ブローカ領野·····················154
ベータ要素·························77
変形性対象·························41
ほどよい子育て·····················71
ポルノグラフィー·······16, 190, 192, 197

マ 行

マインドフルネス……8, 9, 17, 134, 146, 194, 195, 197, 200, 202, 222, 223, 225

マーキング………………………57

マスターベーション………197, 198, 199

ミラーニューロン……………114, 128

ミルグラムの実験………………223

無意識………………………7

——への王道………………12

迷走神経………………125, 126

——ブレーキ………………125

メンタライジング………………12

——能力………………147, 166

妄想-分裂………………174

模倣………………12

ヤ 行

夢………………12

抑うつポジション………………80

ラ 行

ライフ・ギバー………………36, 42

ラッダイト恐怖………………196

ラディカル・アクセプタンス………219

離人症………………136

リビドー………………116

レジリエンス………13, 14, 34, 40, 45

レジリエント………………42

ワ 行

ワーク・ディスカッション・グループ
………………208

ワークスルー………137, 142, 149

■監訳者紹介

鵜飼奈津子（うかい　なつこ）

2004年　The Tavistock Centre, Child & Adolescent Psychotherapy 課程修了，University of East London, Masters in Psychoanalytic Psychotherapy 取得

現　在　大阪経済大学人間科学部人間科学科教授，臨床心理士，公認心理師

主著書　『胎児から子どもへ』（共訳）金剛出版 2021年，『子どもの精神分析的心理療法のアセスメントとコンサルテーション』（監訳）誠信書房 2021年，『虐待を受けた子どものアセスメントとケア』（共編著）誠信書房 2021年，『子どもの精神分析的心理療法の基本〈改訂版〉』誠信書房 2017年，『子どもの心の発達を支えるもの』（監訳）誠信書房 2016年，『子どもの精神分析的心理療法の応用』誠信書房 2012年　ほか

藤森旭人（ふじもり　あきひと）

2011年　京都府立医科大学大学院医学研究科統合医科学専攻博士課程修了

現　在　The Tavistock and Portman NHS Foundation Trust: A psychoanalytic observational approach course，認定 NPO 法人子どもの心理療法支援会広報・運営資金獲得グループ理事，臨床心理士，公認心理師，医学博士

主著書　『子どもと青年の精神分析的心理療法のアセスメント』（分担執筆）誠信書房 2021年，『児童養護施設の子どもへの精神分析的心理療法』（分担執筆）誠信書房 2018年，『小説・漫画・映画・音楽から学ぶ児童・青年期のこころの理解』ミネルヴァ書房 2016年，『メンタルヘルスを学ぶ』（分担執筆）ミネルヴァ書房 2015年　ほか

■訳者紹介 (担当箇所順)

鵜飼奈津子 (うかい　なつこ)
担当箇所：日本語版に寄せて，謝辞，監訳者まえがき，第1章，第14章
〈監訳者紹介参照〉

武藤　誠 (むとう　まこと)
担当箇所：第2章，第13章
2003年　京都大学大学院教育学研究科博士後期課程単位取得退学
現　在　むとう心理療法オフィス，臨床心理士，公認心理師

西野将史 (にしの　まさふみ)
担当箇所：第3章，第4章
2017年　川崎医療福祉大学大学院医療福祉学研究科臨床心理学専攻修了
現　在　東京女子大学大学院人間科学研究科生涯人間科学専攻博士後期課程在籍，臨床心理士，認
　　　　定NPO法人子どもの心理療法支援会専門会員

安達洋助 (あだち　ようすけ)
担当箇所：第5章，第6章
2014年　川崎医療福祉大学大学院医療福祉学研究科臨床心理学専攻修了
現　在　社会福祉法人恵聖会　児童養護施設玉島学園，臨床心理士

藤森旭人 (ふじもり　あきひと)
担当箇所：第7章，第8章，監訳者あとがき
〈監訳者紹介参照〉

南里裕美 (なんり　ひろみ)
担当箇所：第9章，第10章
2007年　京都府立医科大学大学院医学研究科精神機能病態学専攻博士課程後期課程単位取得退学
現　在　大阪府・市スクールカウンセラー，臨床心理士

林　秀樹 (はやし　ひでき)
担当箇所：第11章，第12章
2018年　川崎医療福祉大学大学院医療福祉学研究科臨床心理学専攻博士後期課程修了
現　在　就実大学教育学部教育心理学科講師，臨床心理士

グレイアム・ミュージック著

トラウマを抱える子どものこころを育むもの
──アタッチメント・神経科学・マインドフルネスとの出会い

2022年9月20日　第1刷発行

監 訳 者	鵜 飼	奈 津 子	
	藤 森	旭 人	
発 行 者	柴 田	敏 樹	
印 刷 者	田 中	雅 博	

発行所　株式会社　誠 信 書 房

〒112-0012　東京都文京区大塚 3-20-6
電話　03 (3946) 5666
https://www.seishinshobo.co.jp/

印刷／製本　創栄図書印刷㈱
検印省略
©Seishin Shobo, 2022

落丁・乱丁本はお取り替えいたします
無断で本書の一部または全部の複写・複製を禁じます
Printed in Japan
ISBN978-4-414-41485-1 C3011

子どものこころの発達を支えるもの
アタッチメントと神経科学、そして精神分析の出会うところ

グレイアム・ミュージック 著
鵜飼奈津子 監訳

タビストック・クリニックの指導的心理療法士が、子どもの心理・社会的発達に関する重要な問題について、解決に導く論点を提示する。

主要目次
第1章　序論：群盲象を評す
Part 1　情緒的・社会的発達の始まり
第2章　命の始まり：受精から誕生まで
第3章　関係性の中に生まれてくる / 他
Part 2　さまざまな観点から
第5章　共感、自己、そして他者のこころ / 他
Part 3　発達の力とその諸段階
第7章　言語、言葉、そして象徴 / 他
Part 4　早期の体験の結末
第11章　トラウマ、ネグレクト、そしてその影響
第12章　遺伝子、素質と養育
第13章　本書のまとめ：早期の体験とその長期的な結末

A5判並製　定価(本体3200円＋税)

子どもの精神分析的心理療法のアセスメントとコンサルテーション

アン・ホーン / モニカ・ラニヤード 編著
鵜飼奈津子 監訳

英国における子どもの精神分析的心理療法の実践を紹介。日本で本治療を活かしたいと考える臨床家にヒントと希望を与える必携の書。

主要目次
第1章　イントロダクション
　　　　──その場に適切なことを
第Ⅰ部　アセスメント
第2章　まずはアセスメント
　　　　──子どもと思春期の精神保健相談のアセスメントにおける、子どもの心理療法士の役割 /他
第Ⅱ部　重なり合う領域
第6章　乳幼児精神保健
　　　　──ディリス・ドーズとの対話 /他
第Ⅲ部　コンサルテーションとその先
第10章　アンダー・ファイブ・サービスへのコンサルテーション /他

A5判並製　定価(本体3200円＋税)

子どもの精神分析的
心理療法の基本
[改訂版]

鵜飼 奈津子 著

タビストック・クリニックのトレーニング内容
を紹介し定評ある書籍をリニューアル。改訂
では英国と日本での新たな効果研究を加えた。

主要目次
第Ⅰ部　子どもの精神分析的心理療法の基本
第1章　枠組み
第2章　相談の受付から心理療法に至るま
　　　　で、そして終結までのプロセス / 他
第Ⅱ部　子どもの精神分析的心理療法の実際
第4章　精神分析的心理療法のためのアセ
　　　　スメントの実際 / 他
第Ⅲ部　英国における公的医療制度と子ども・
　　　　青年心理療法士のトレーニング
第7章　子ども・青年心理療法士のトレーニ
　　　　ング / 他
第Ⅳ部　英国における子どもの精神分析的心
　　　　理療法の展開
第9章　英国における子どもの精神分析的
　　　　心理療法の調査・研究の展開
　　　　──GBOMの導入 / 他

A5判並製　定価(本体2700円＋税)

子どもの精神分析的
心理療法の応用

鵜飼 奈津子 著

児童養護施設での心理職のあり方を検討する
とともに、思春期や児童期の里子への実践例を
示すなかで、多職種協働のあり方を提示する。

主要目次
第Ⅰ部　児童養護施設における精神分析的心
　　　　理療法
第1章　児童養護施設における心理職の現
　　　　状と課題
第2章　児童養護施設における精神分析的
　　　　心理療法の実践 / 他
第Ⅱ部　子どもの精神分析的心理療法の応用
第5章　親の精神保健上の問題に対する取り組み
　　　　― Parental Mental Health Project/他
第Ⅲ部　心的外傷後ストレス障害と精神分析
　　　　的心理療法
　　　　──レフュジー・セラピー・センター
　　　　での体験から
第7章　レフュジー・セラピー・センターに
　　　　おける取り組みの実際
第8章　遠く離れて
　　　　―付添人のいない未成年難民との出会い

A5判上製　定価(本体2800円＋税)

親と離れて暮らす子どものための
絵本シリーズ

モリスといっぱいのしんぱいごと

ジル・シーニー 作　レイチェル・フーラー 絵 / 鵜飼奈津子 訳

心配事を抱えたモグラのモリスが、信頼できる存在に悩みを打ち明け、心が楽になる姿を描いた本。不安への対処法が理解できる。

A4変形判上製　定価(本体1700円＋税)

エルファと思い出のはこ

ミシェル・ベル 作　レイチェル・フーラー 絵 / 鵜飼奈津子 訳

養育者の交代や環境の変化で混乱しているゾウのエルファが、思い出を振り返り、自分のアイデンティティを確立していく物語。

A4変形判上製　定価(本体1700円＋税)

ルーファスのあんしんできるばしょ

ジル・シーニー 作　レイチェル・フーラー 絵
鵜飼奈津子 監訳　中澤鮎美 訳

ひどい飼い主のもとから新しい飼い主のところへやってきたネコのルーファスが、心から安らげる自分の居場所を見つけるお話。

A4変形判上製　定価(本体1700円＋税)